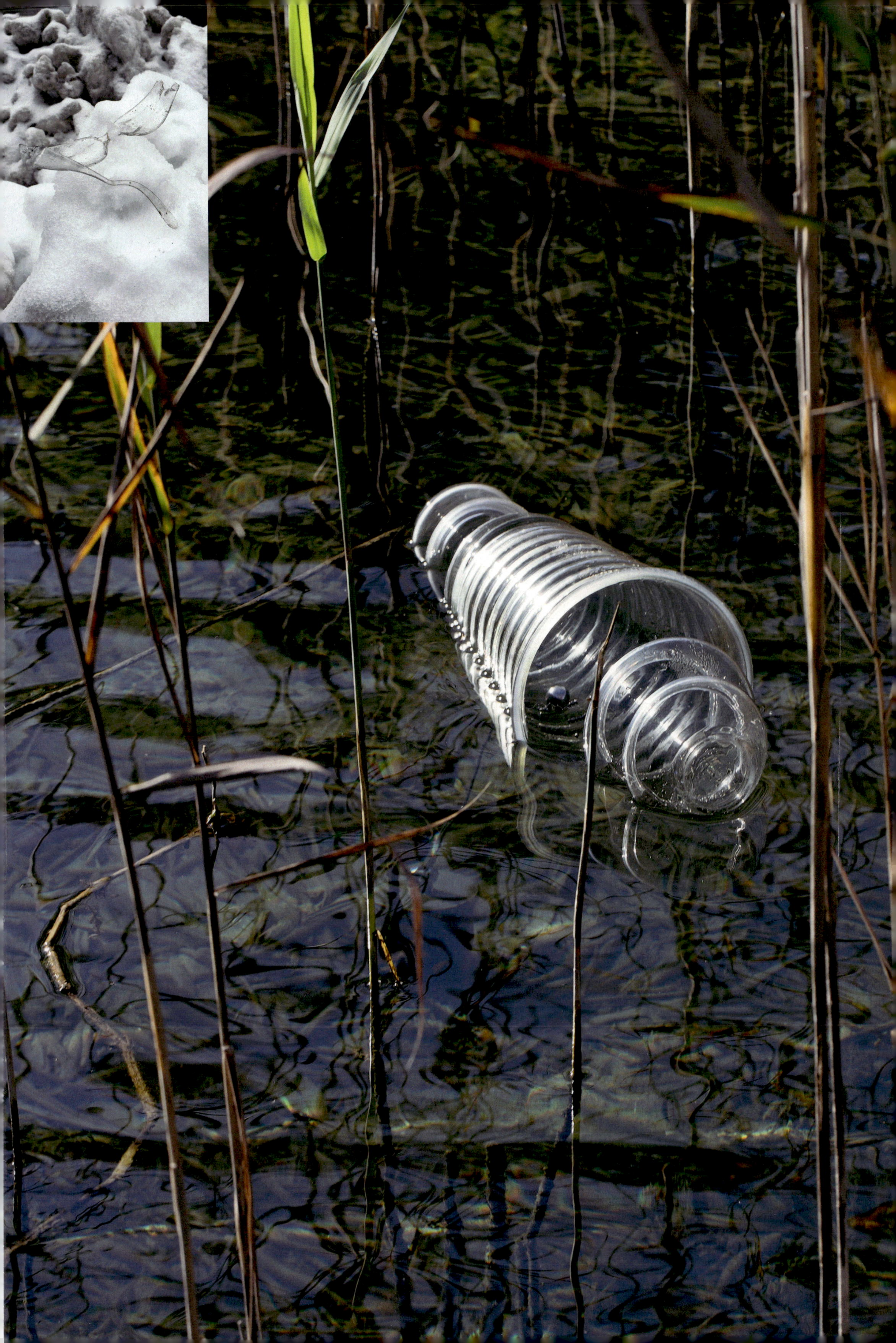

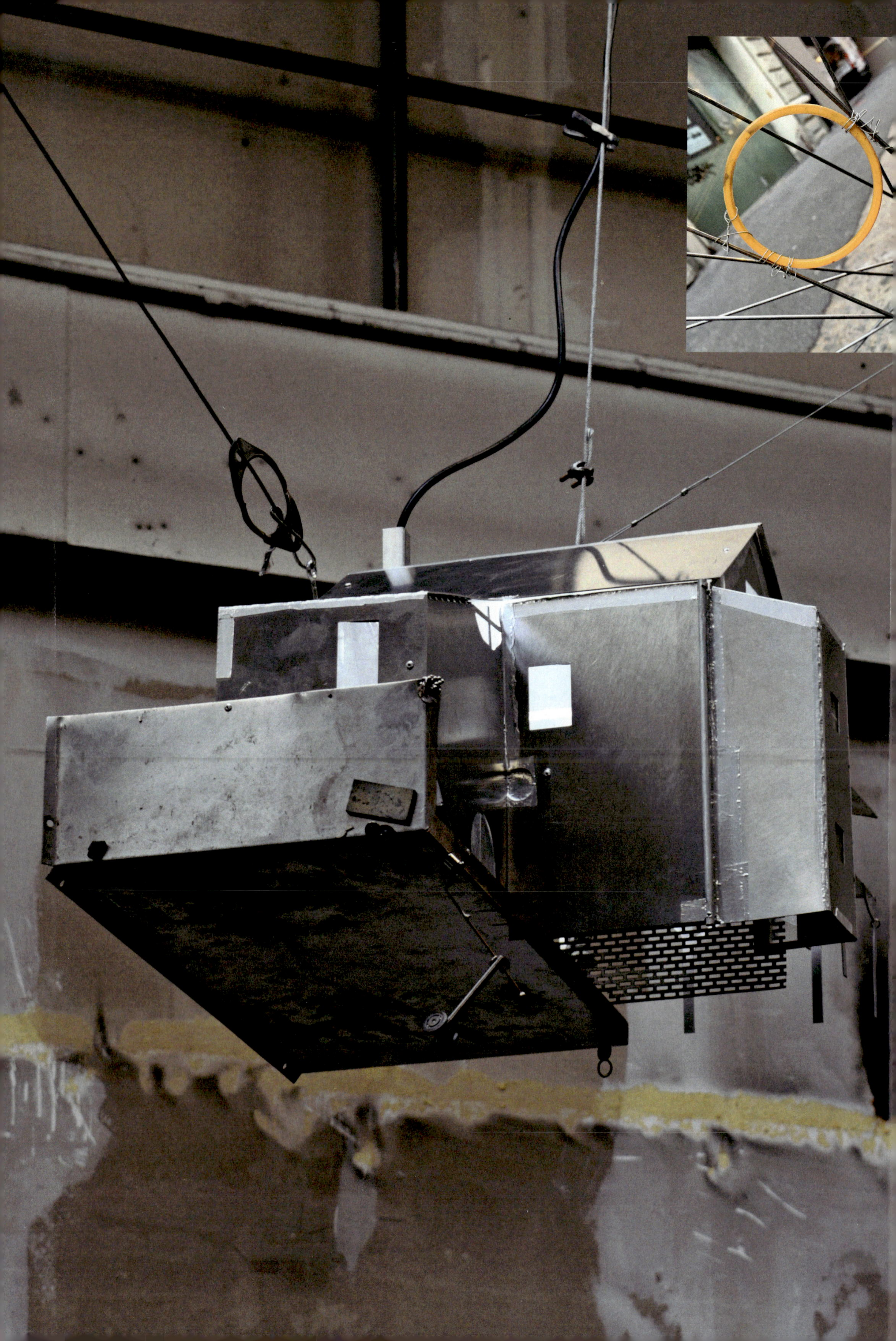

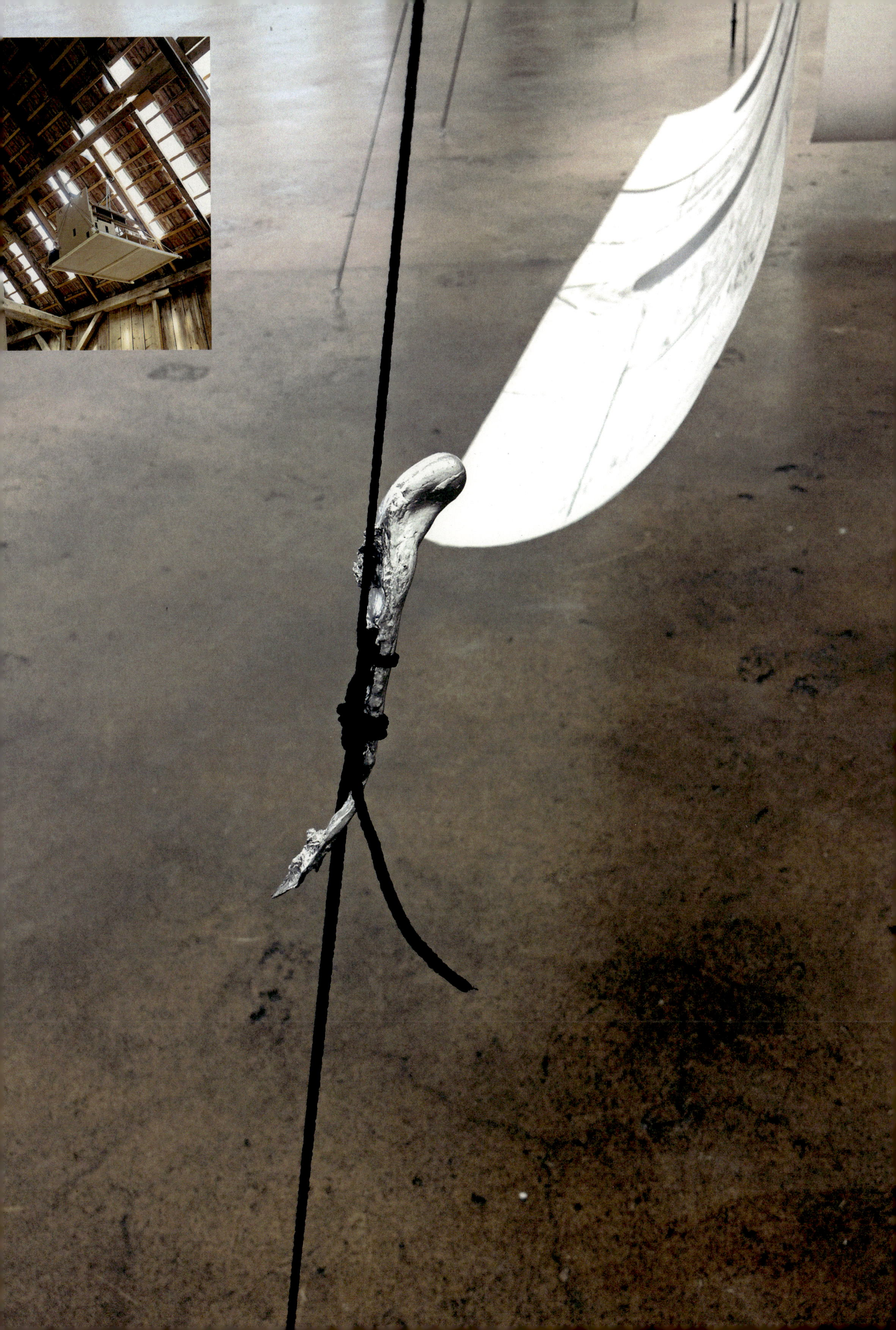

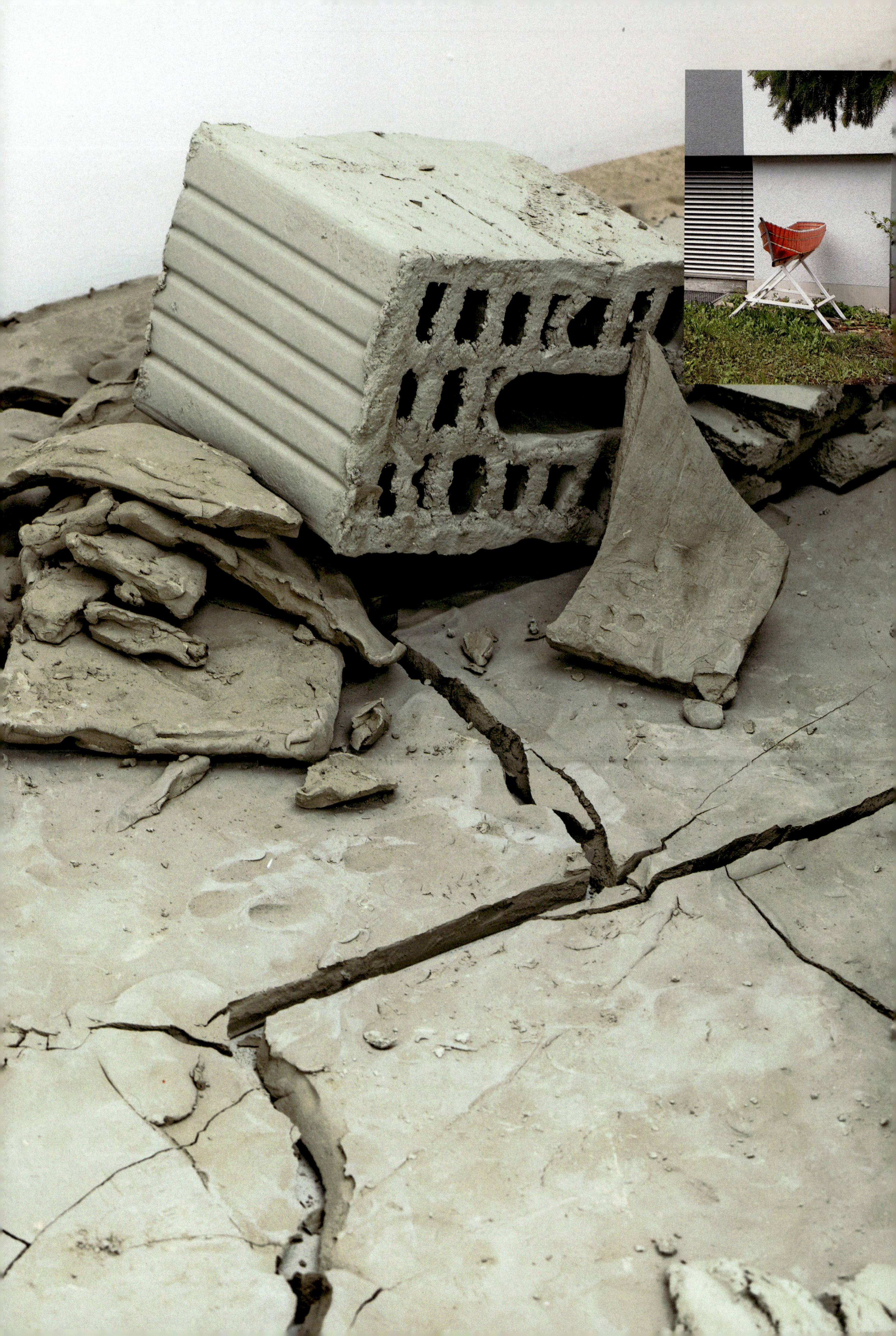

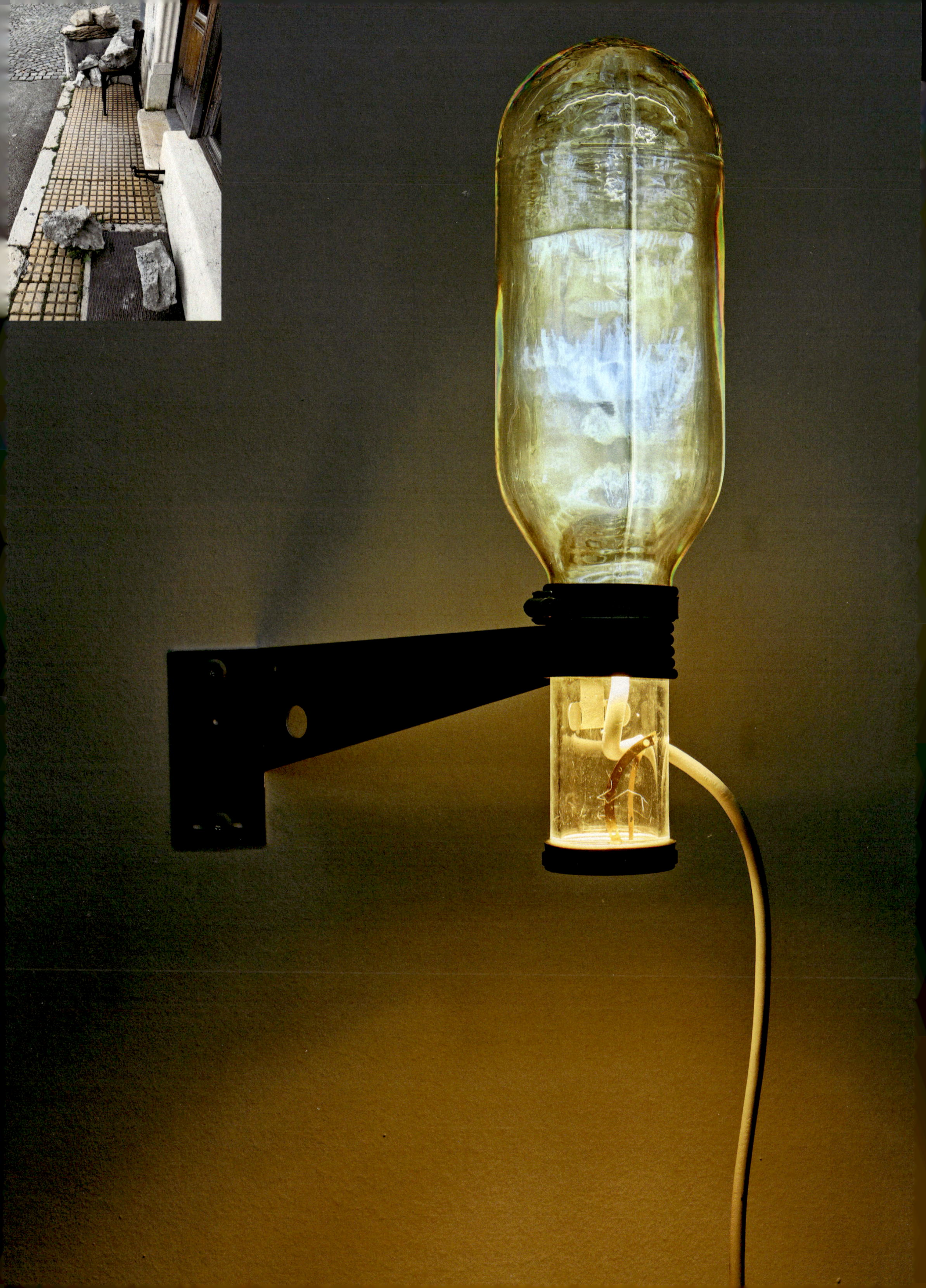

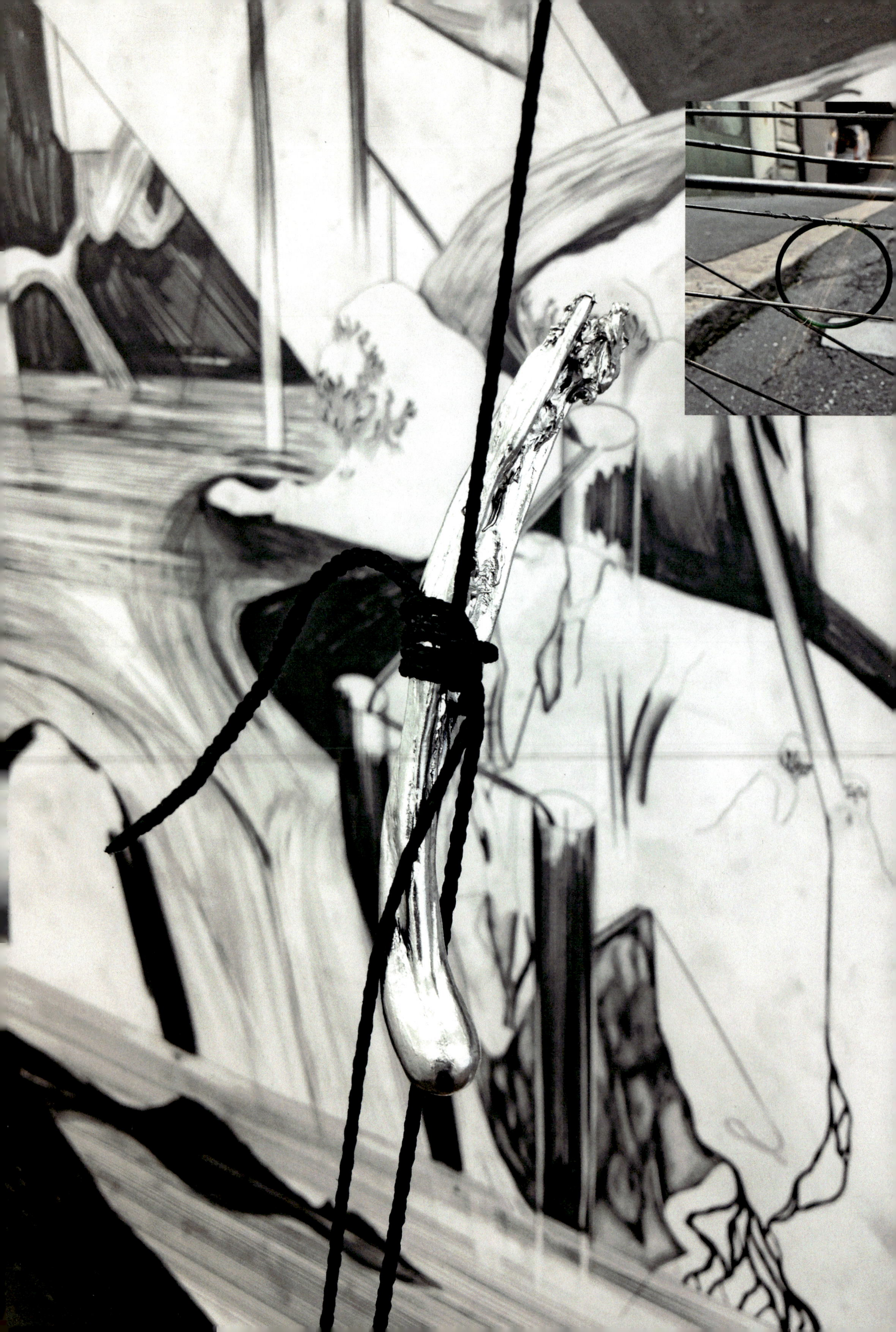

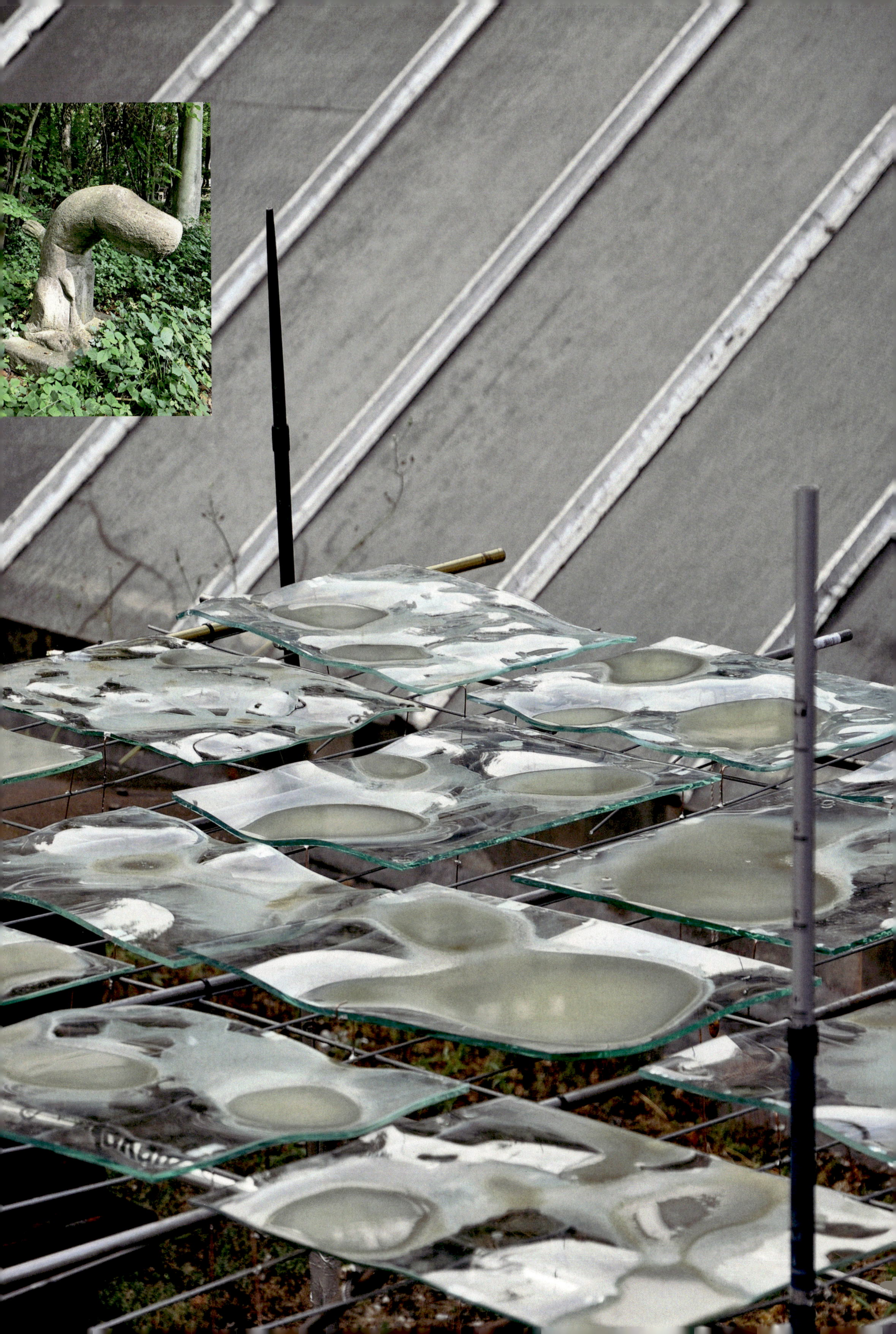

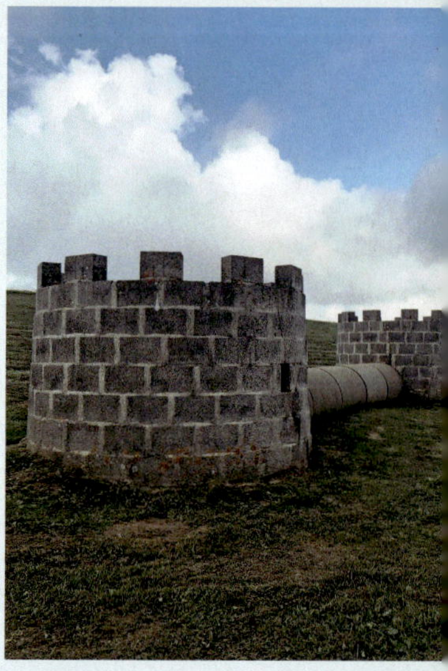
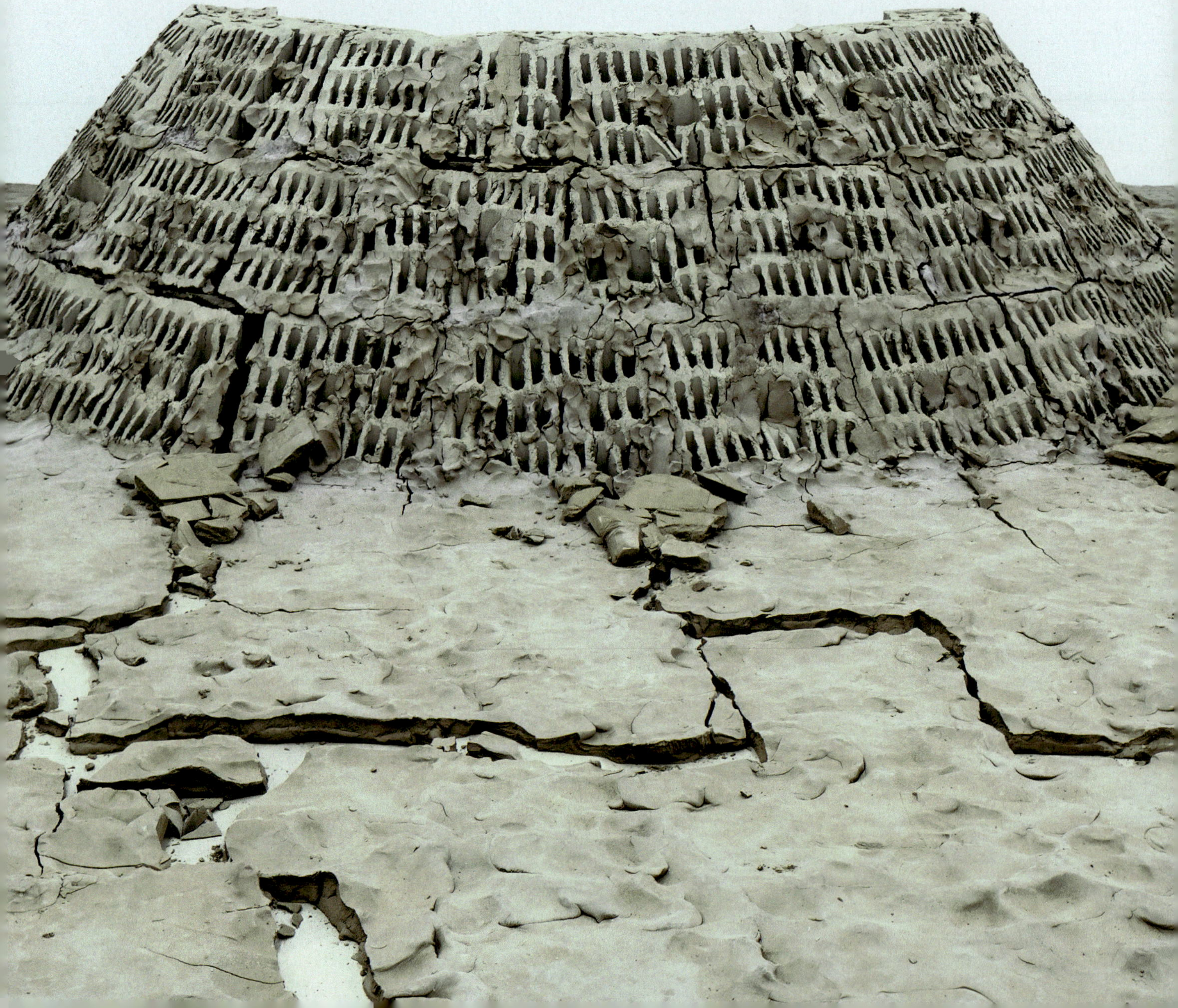

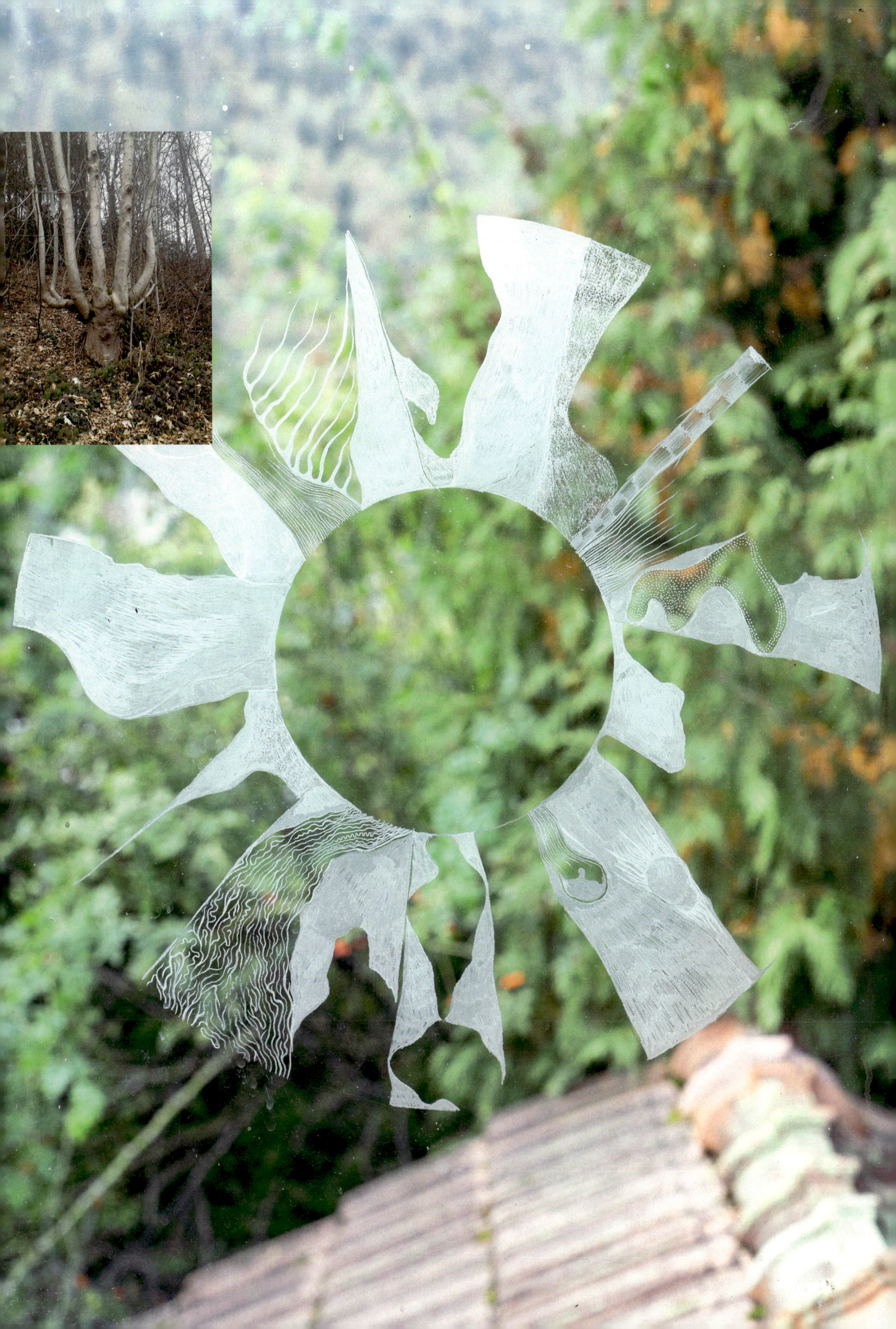

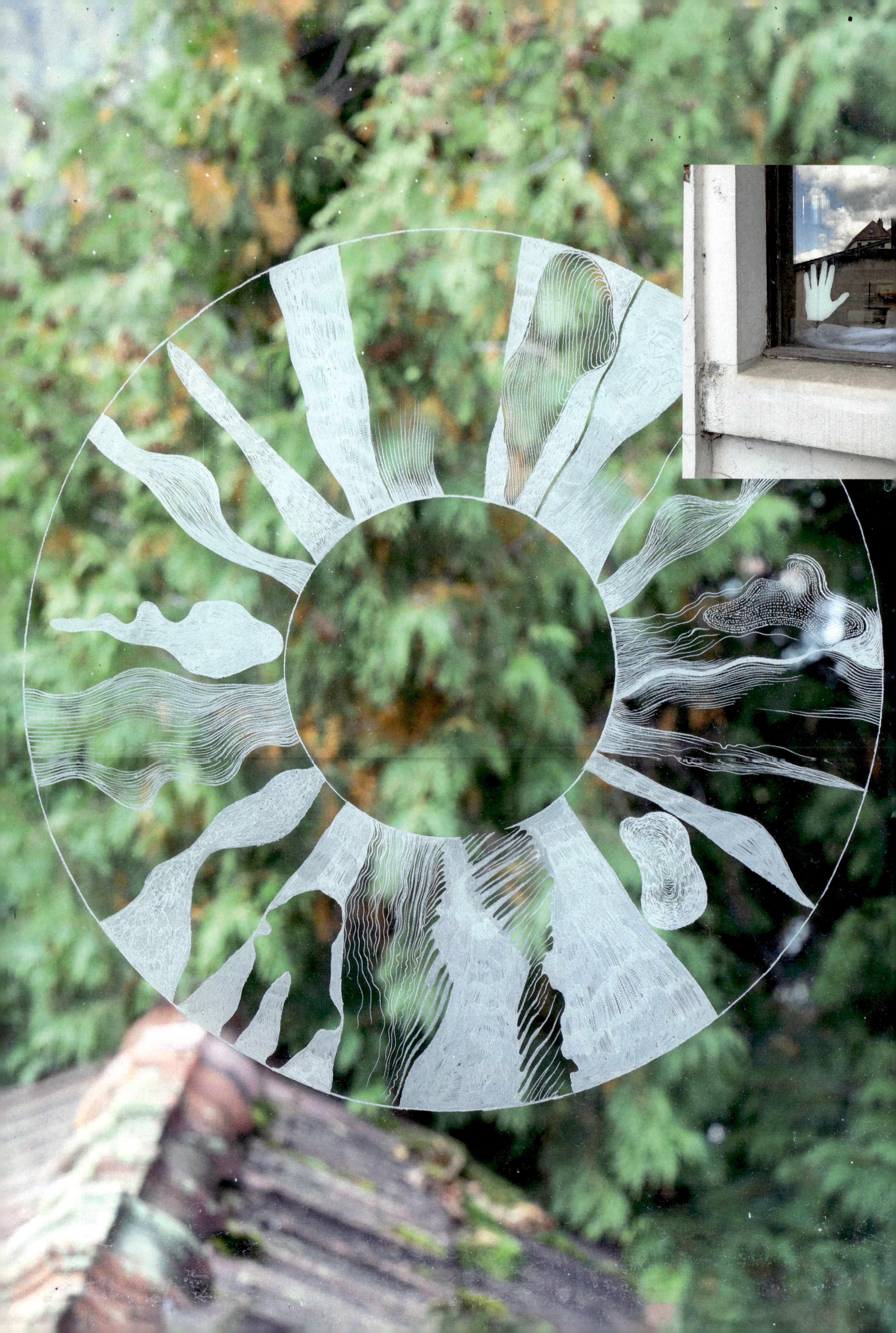

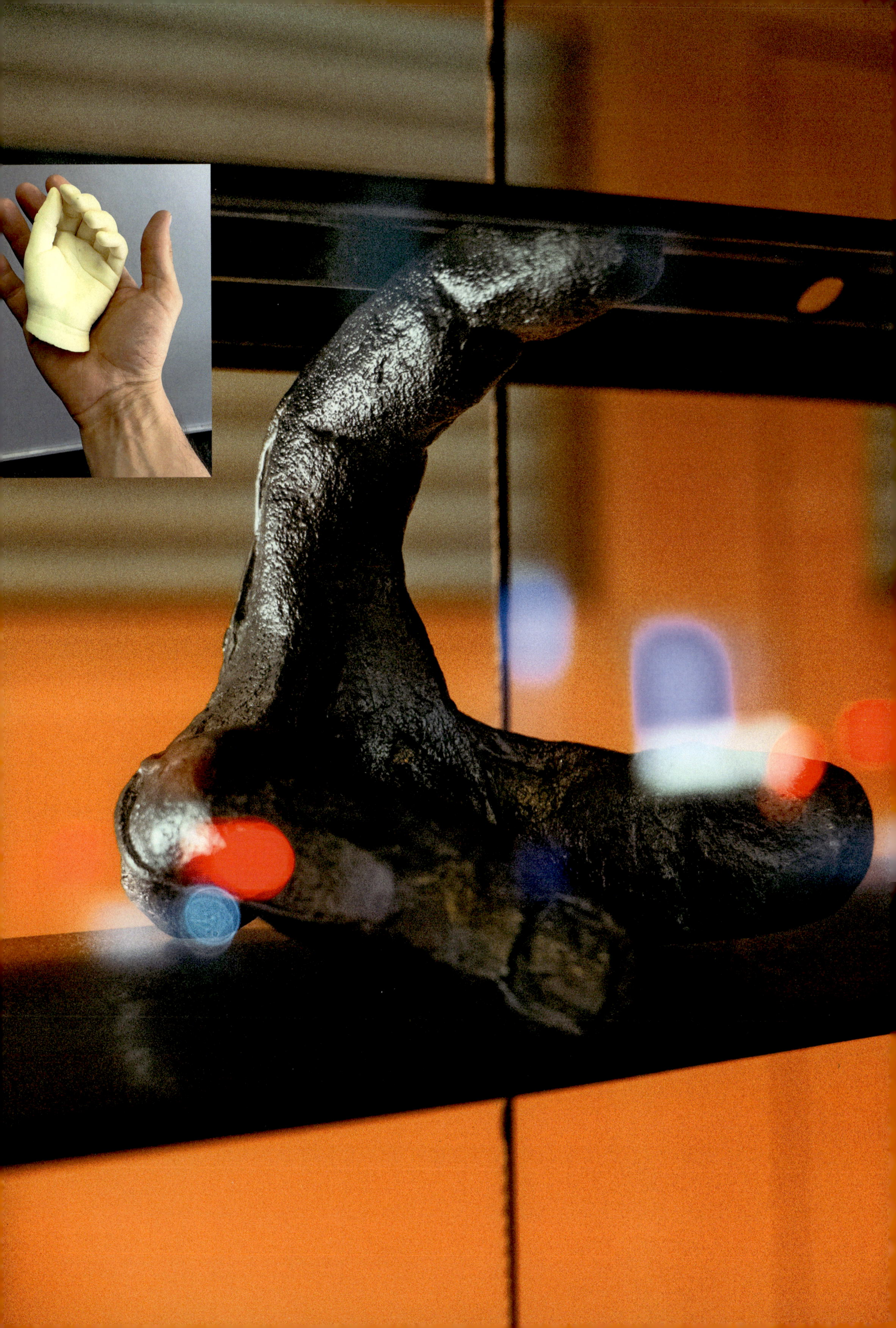

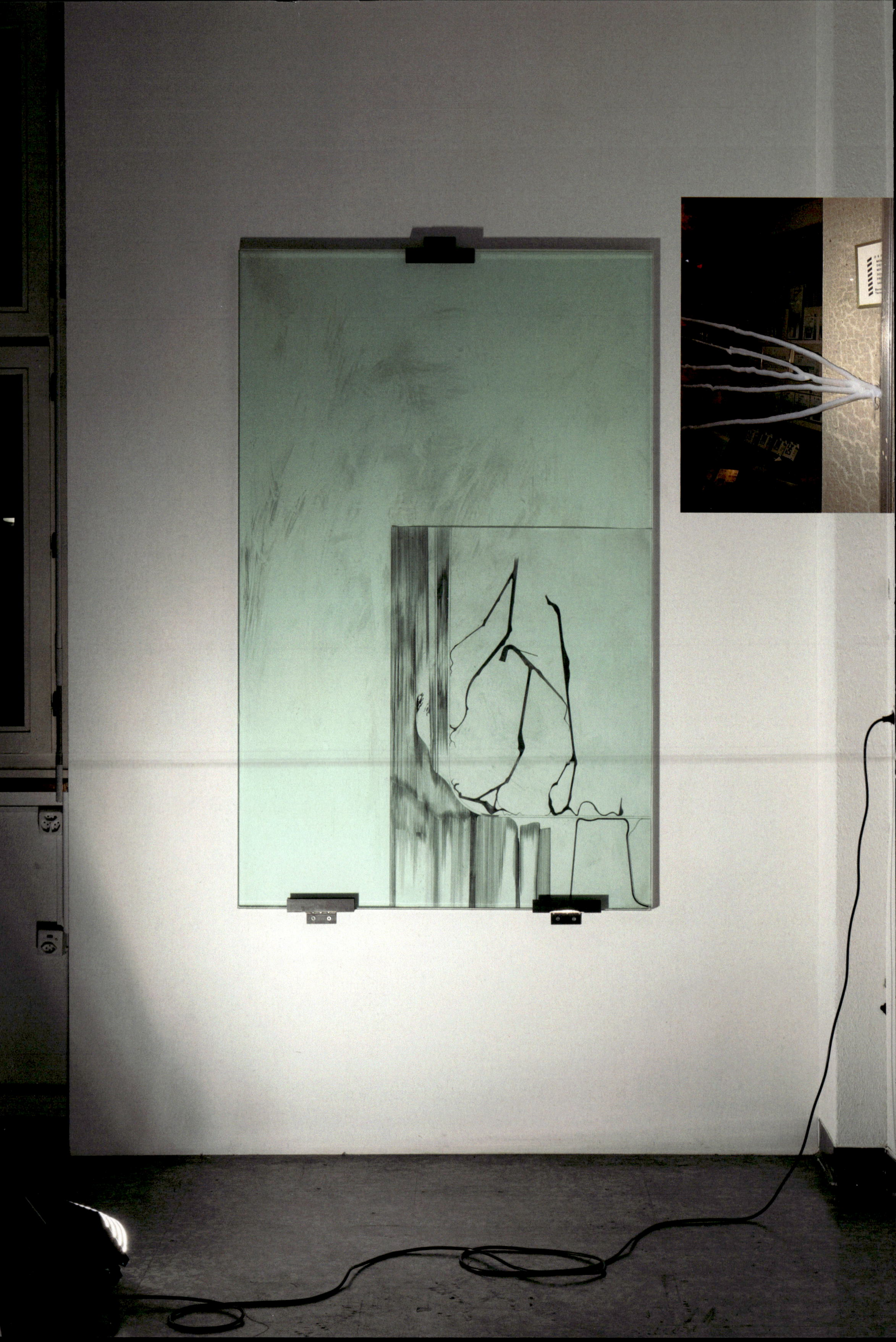

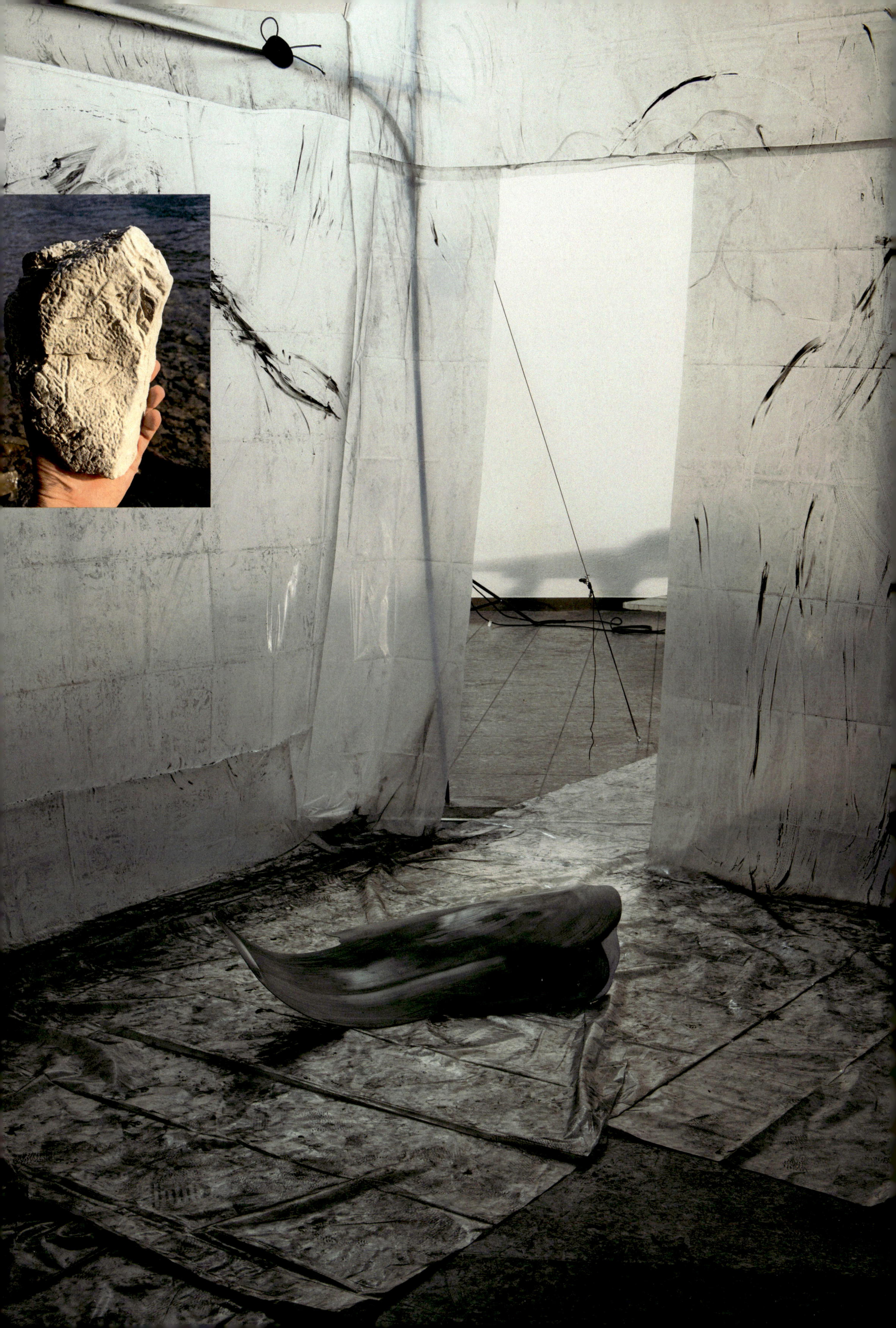

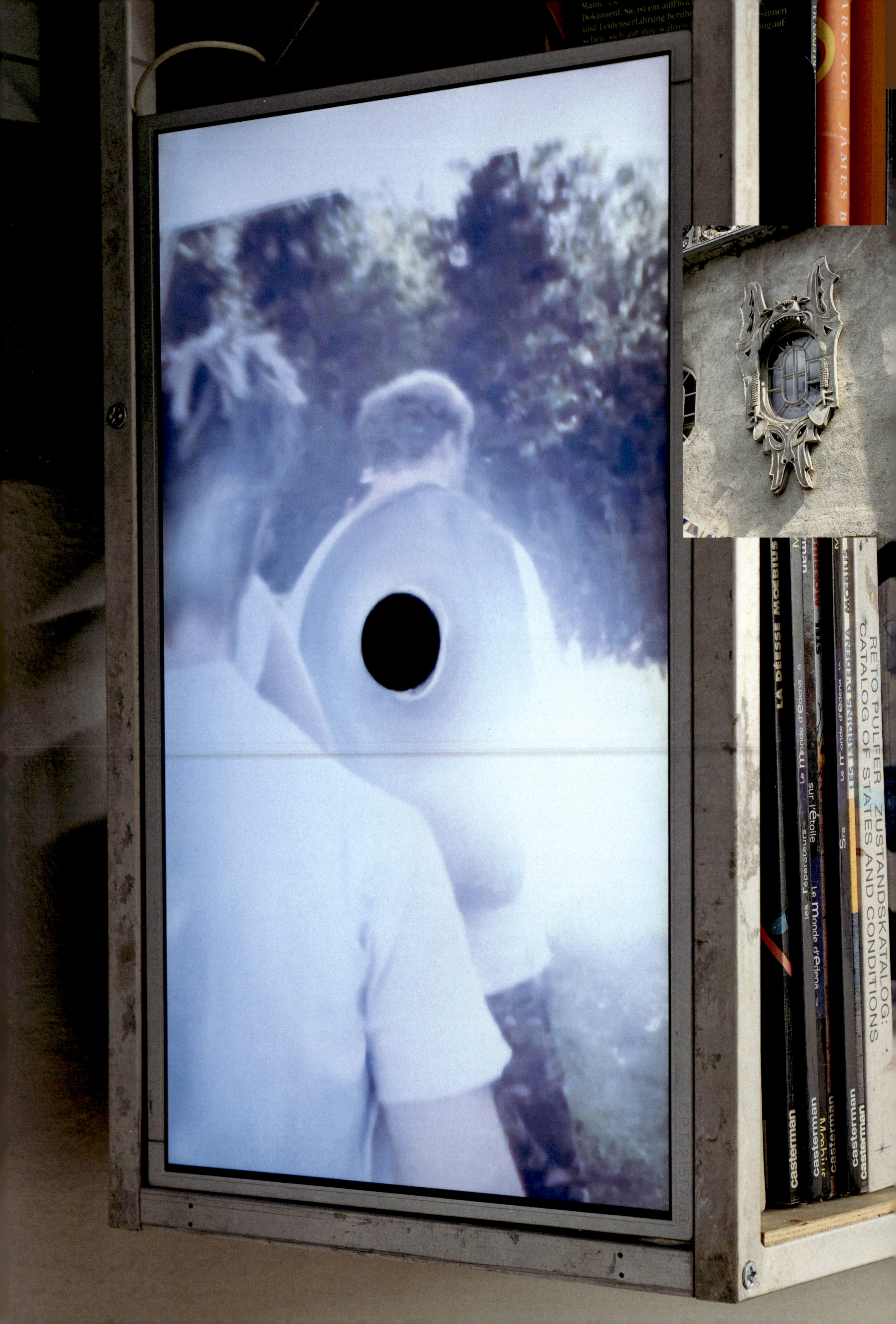

LA DÉESSE MOEBIUS
Le Monde d'Edena
sur l'étoile
les réparateurs
Le Monde d'Edena
RETO PULFER ZUSTANDSKATALOG:
CATALOG OF STATES AND CONDITIONS
casterman
casterman
casterman
casterman

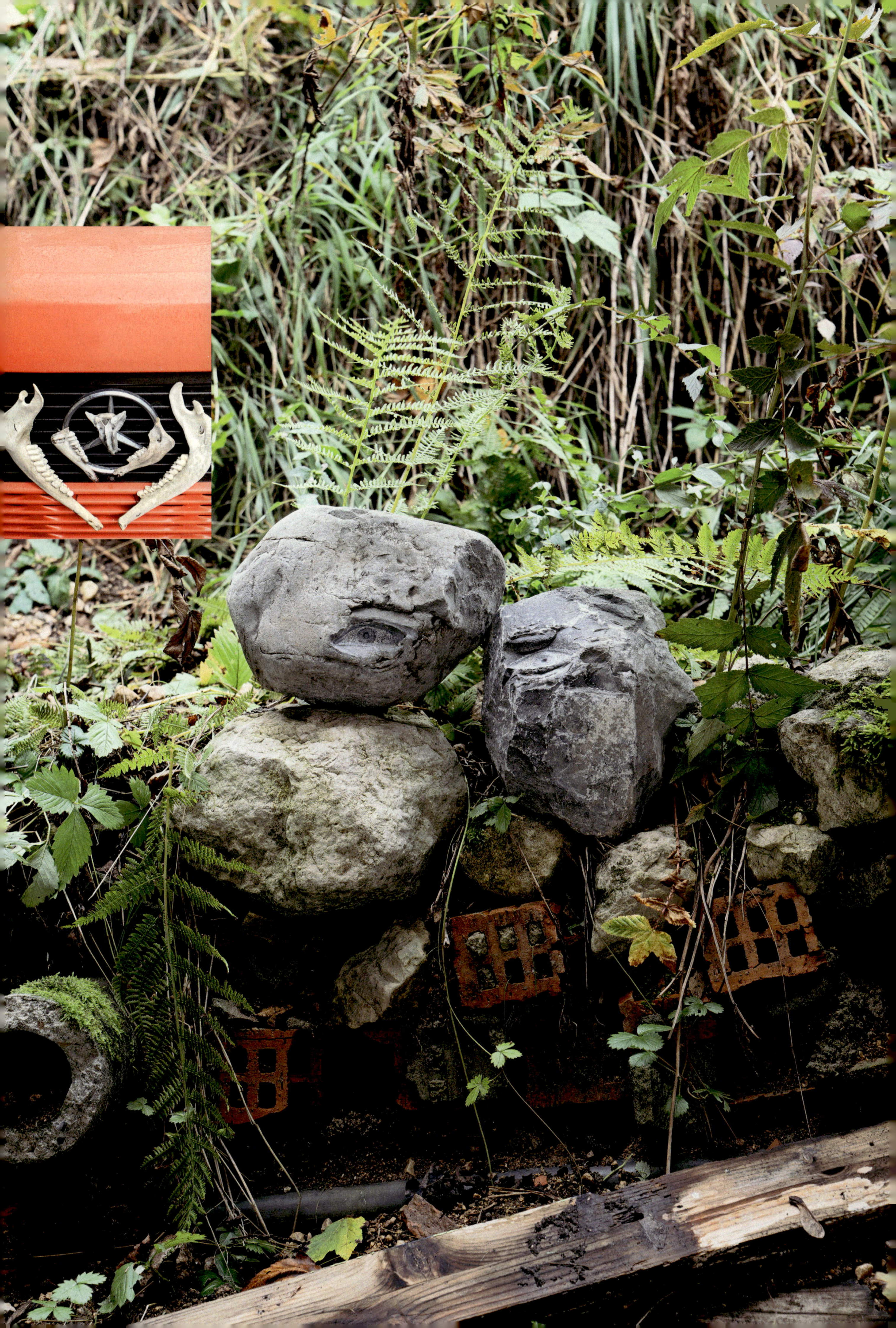

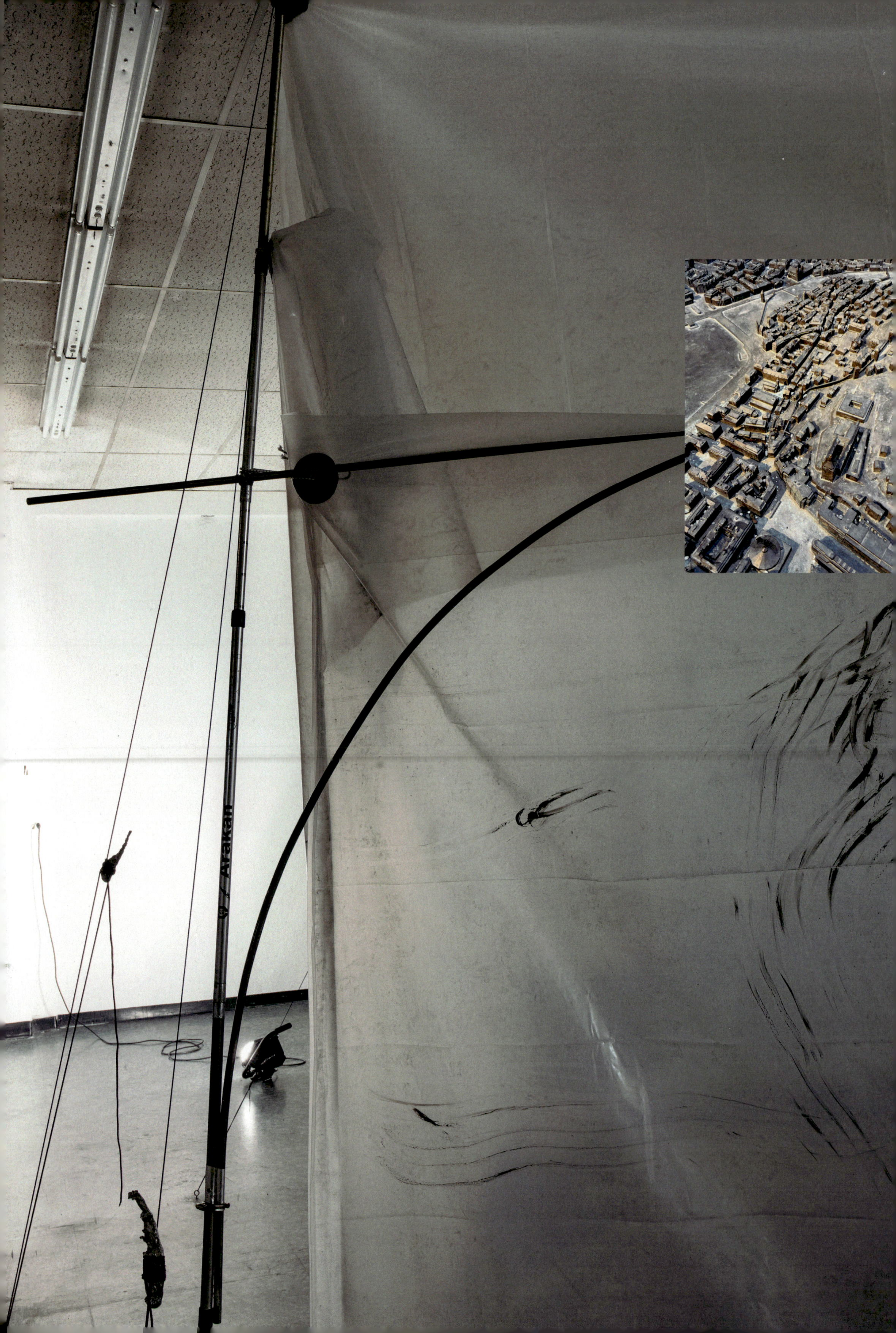

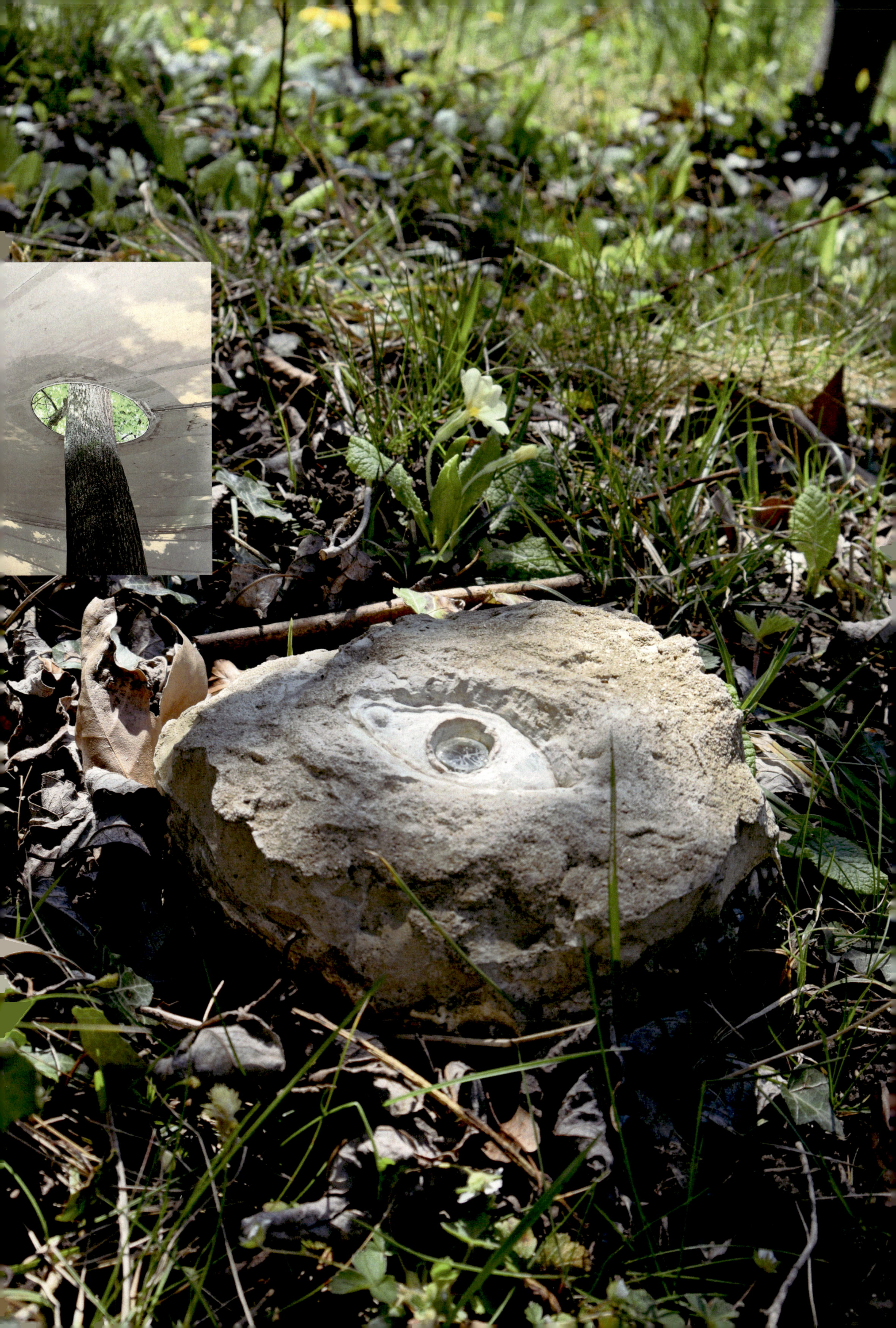

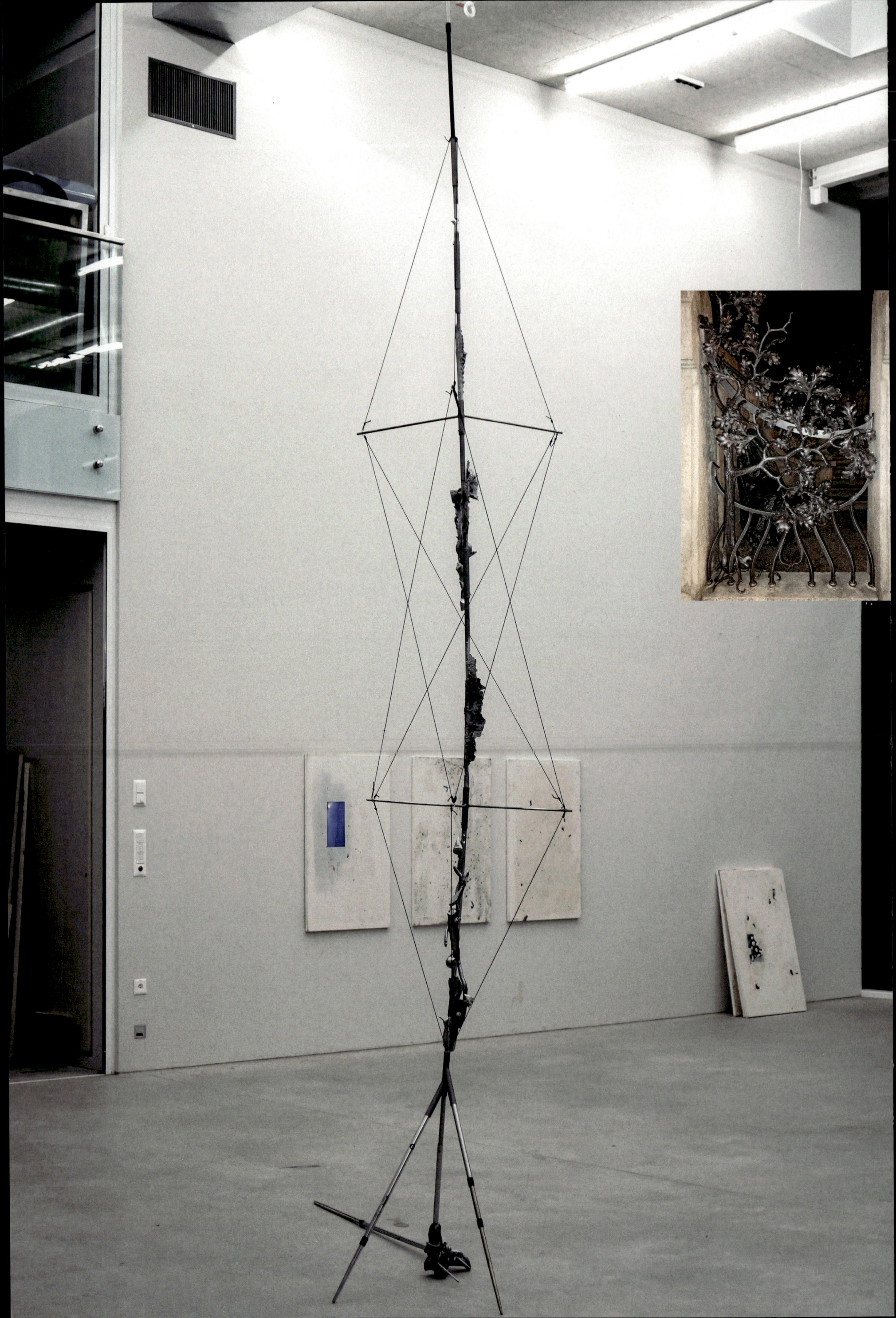

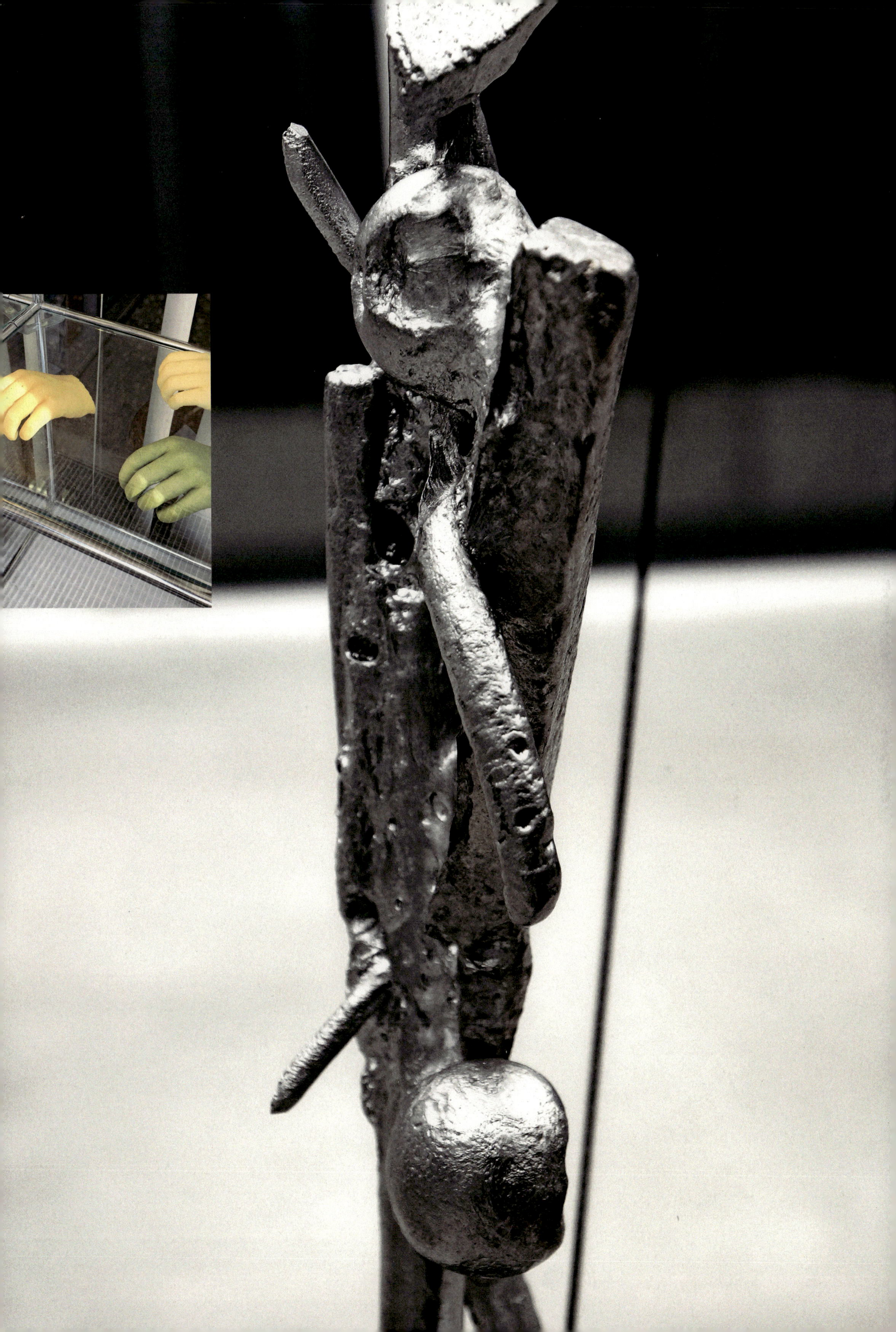

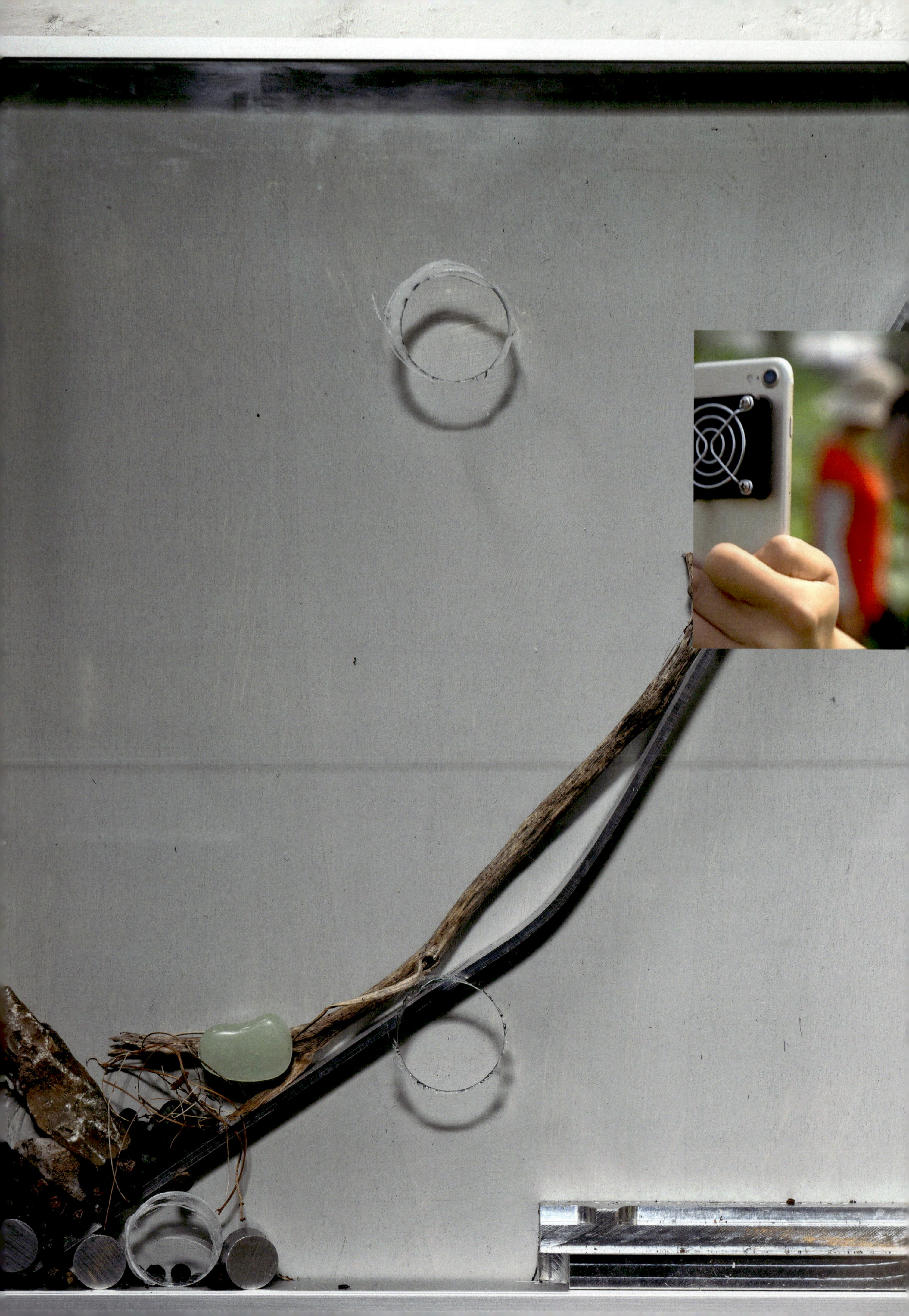

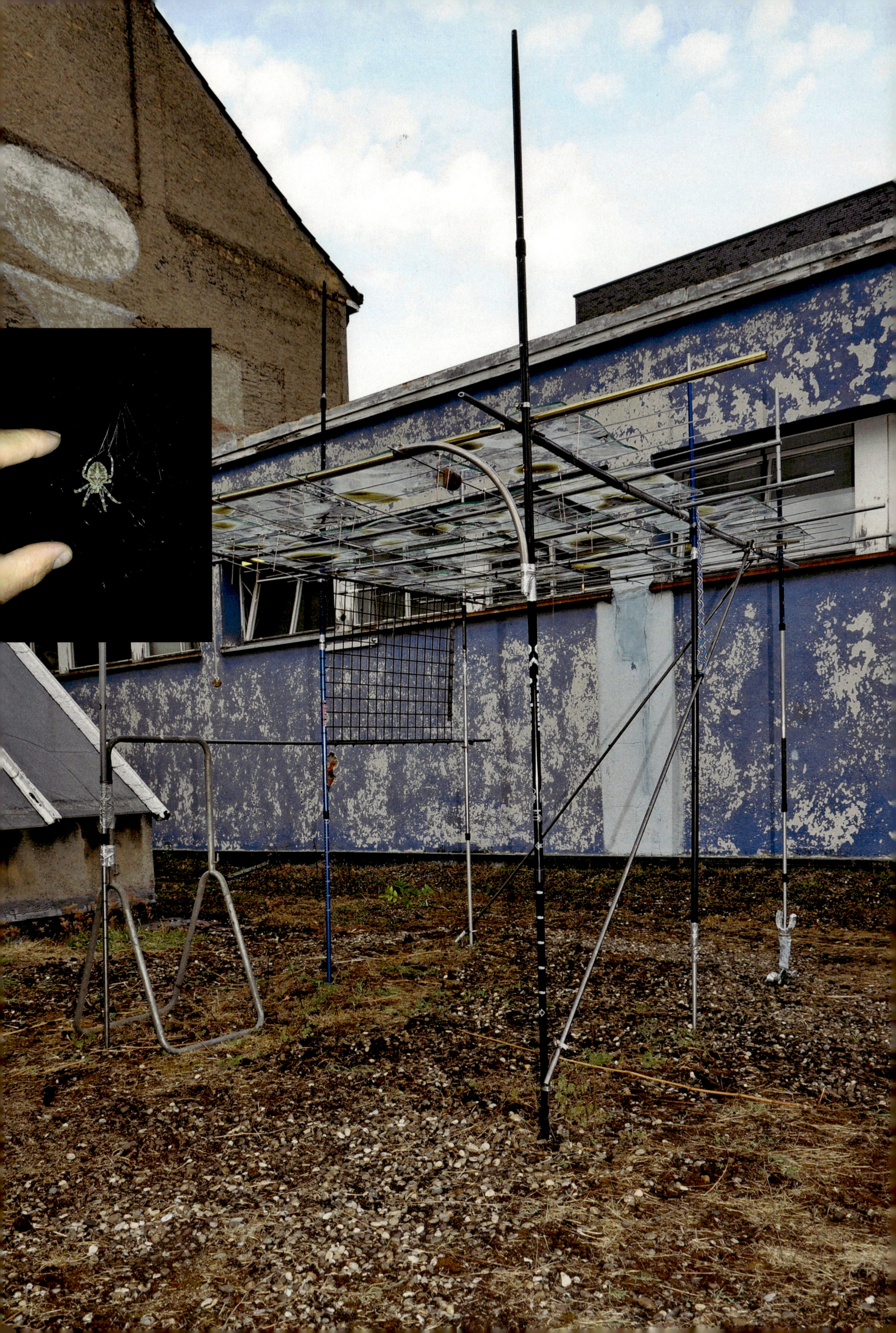

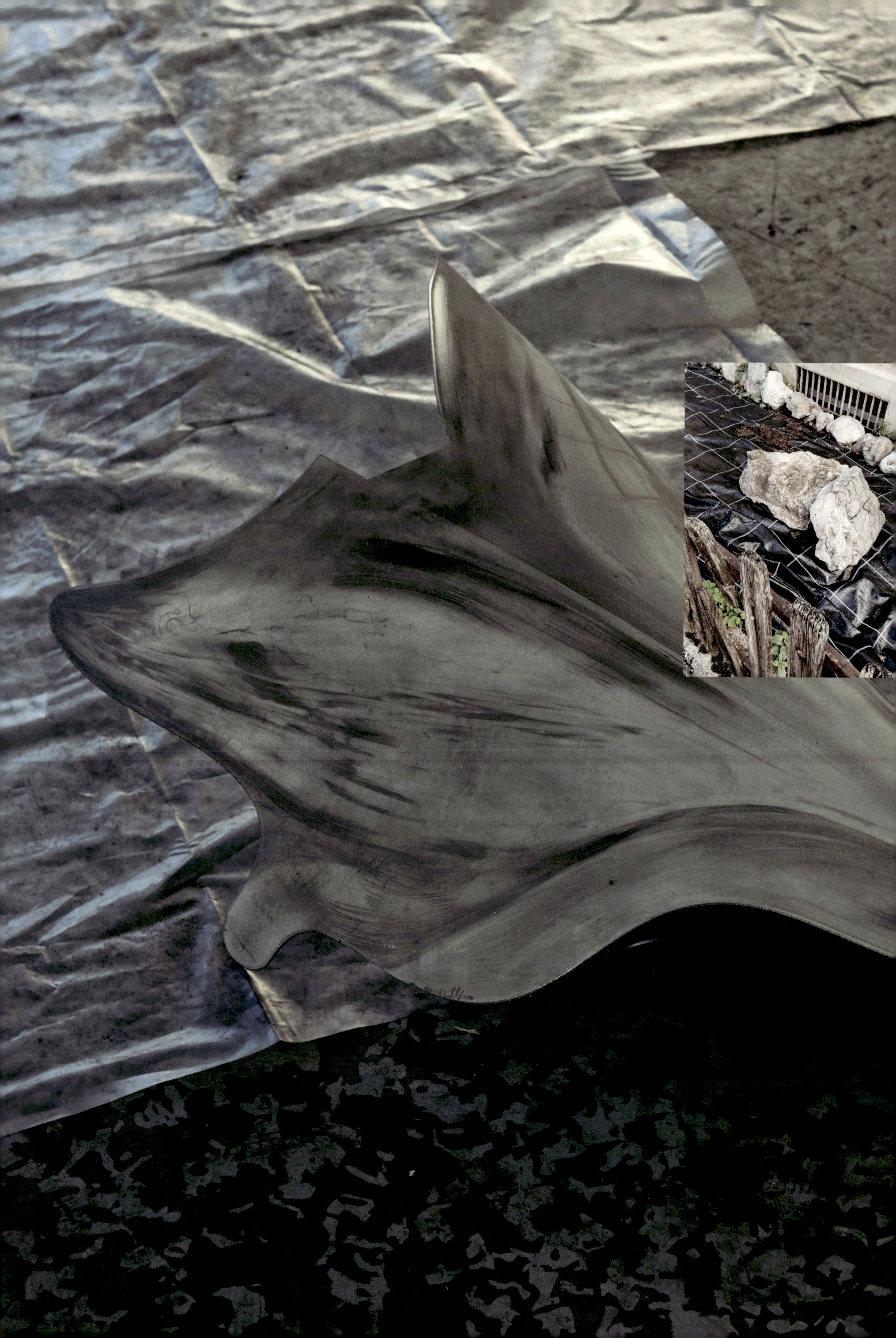

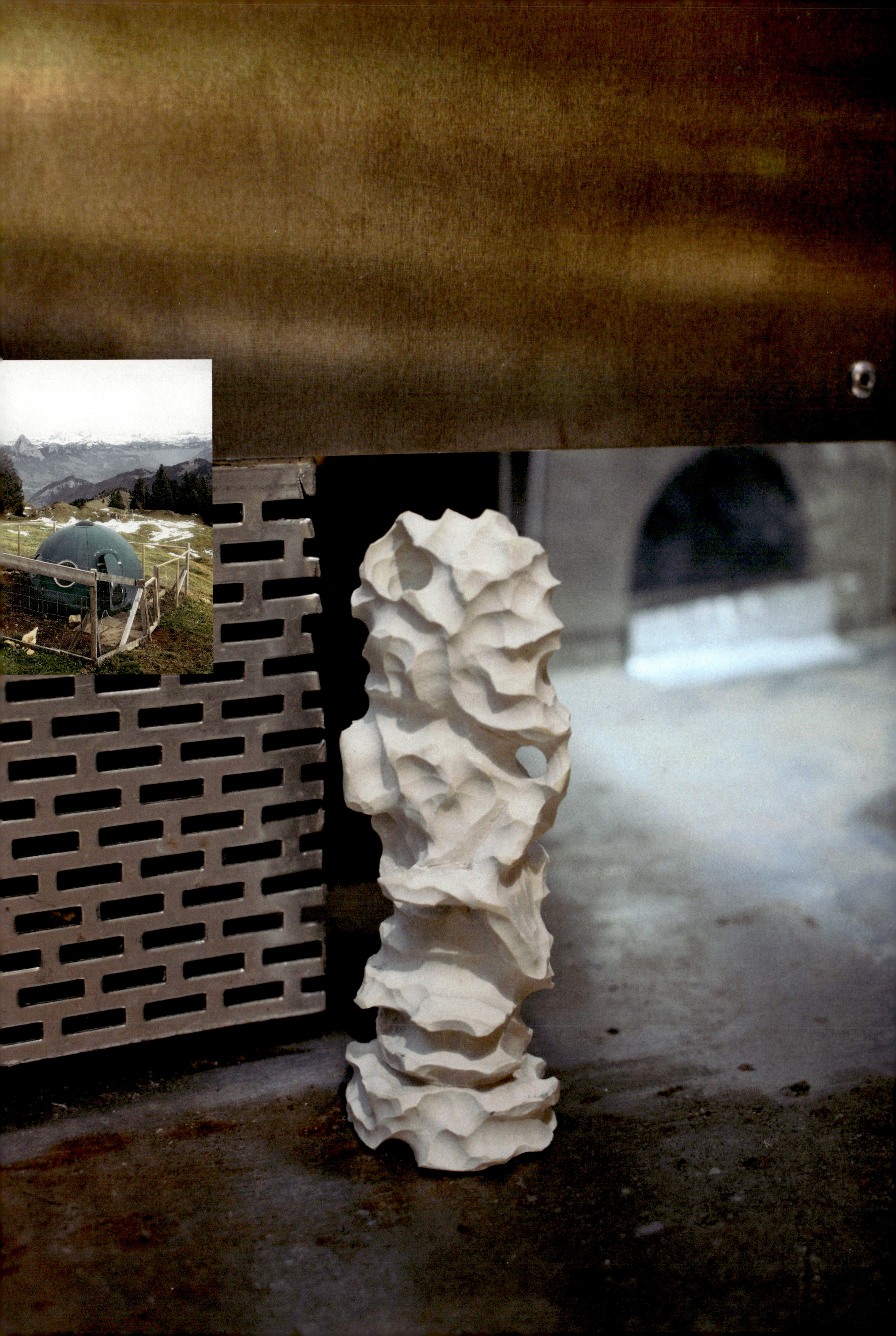

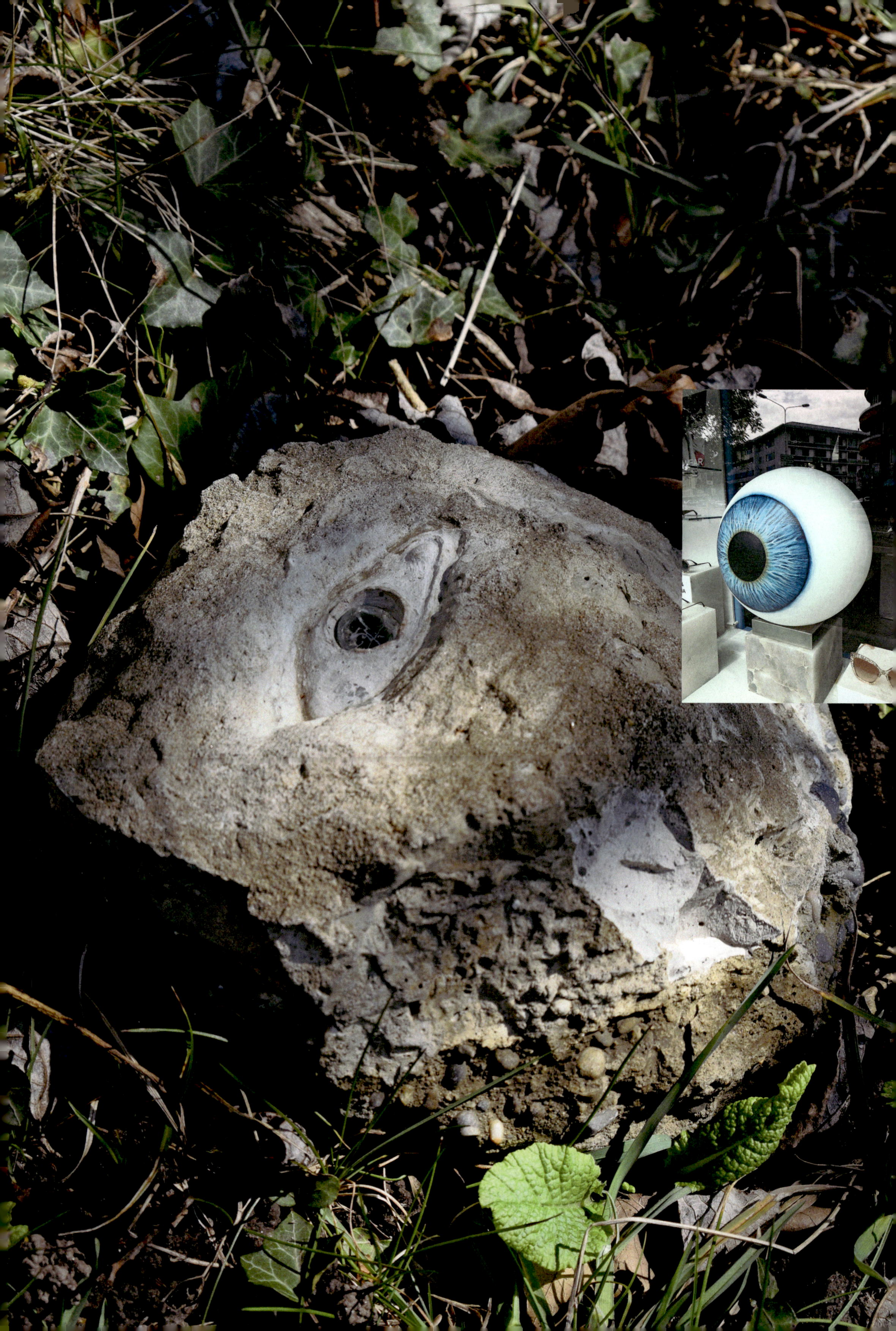

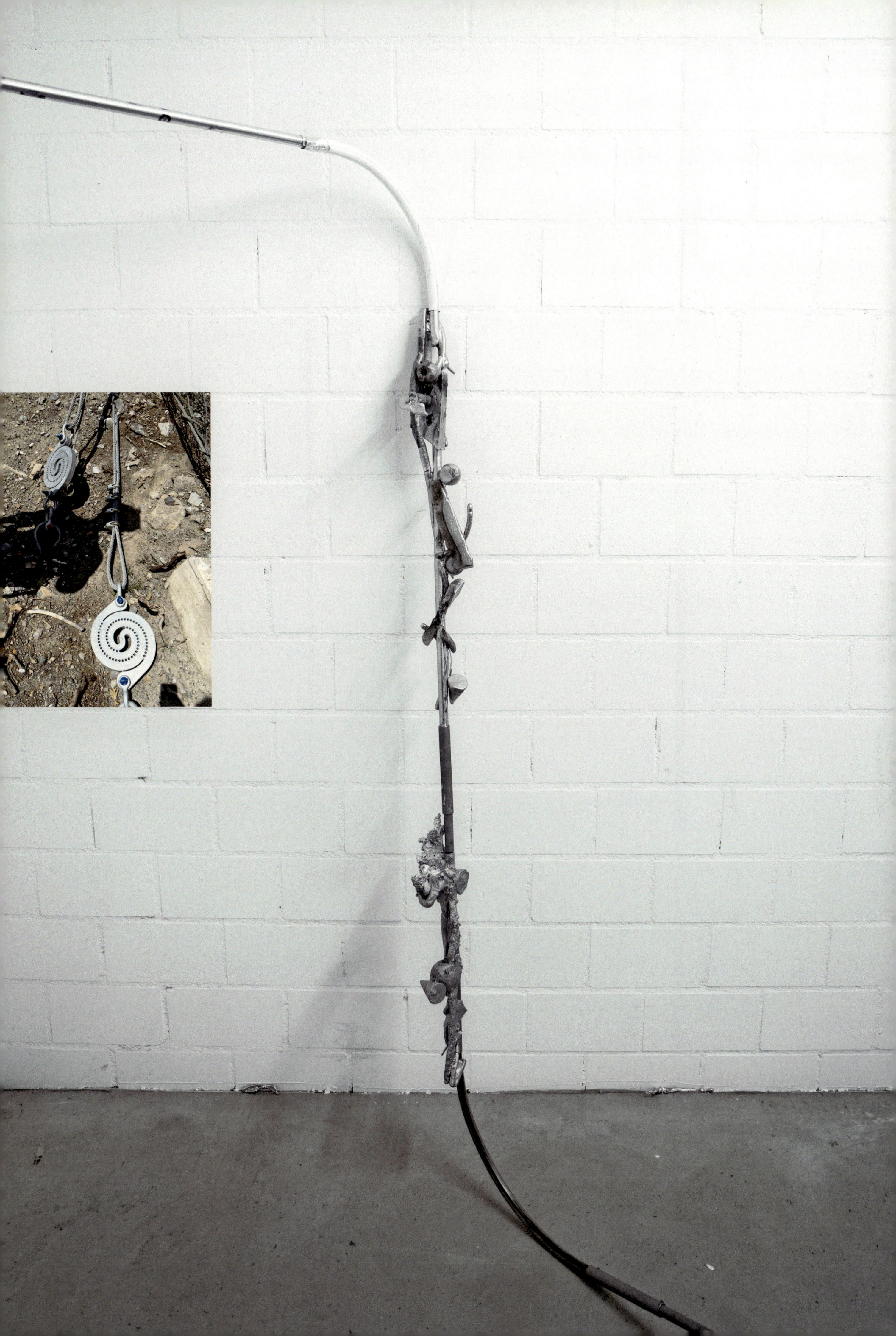

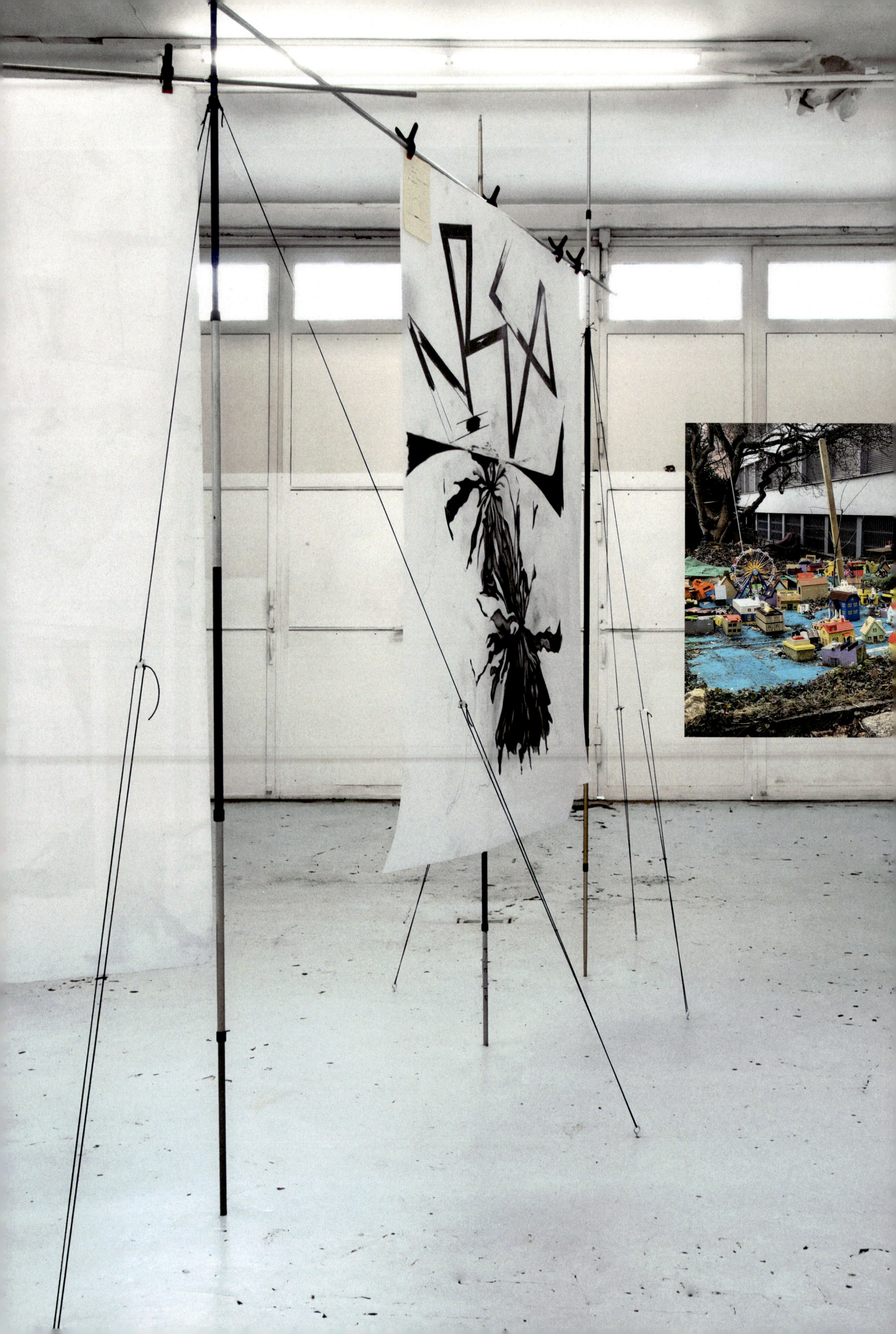

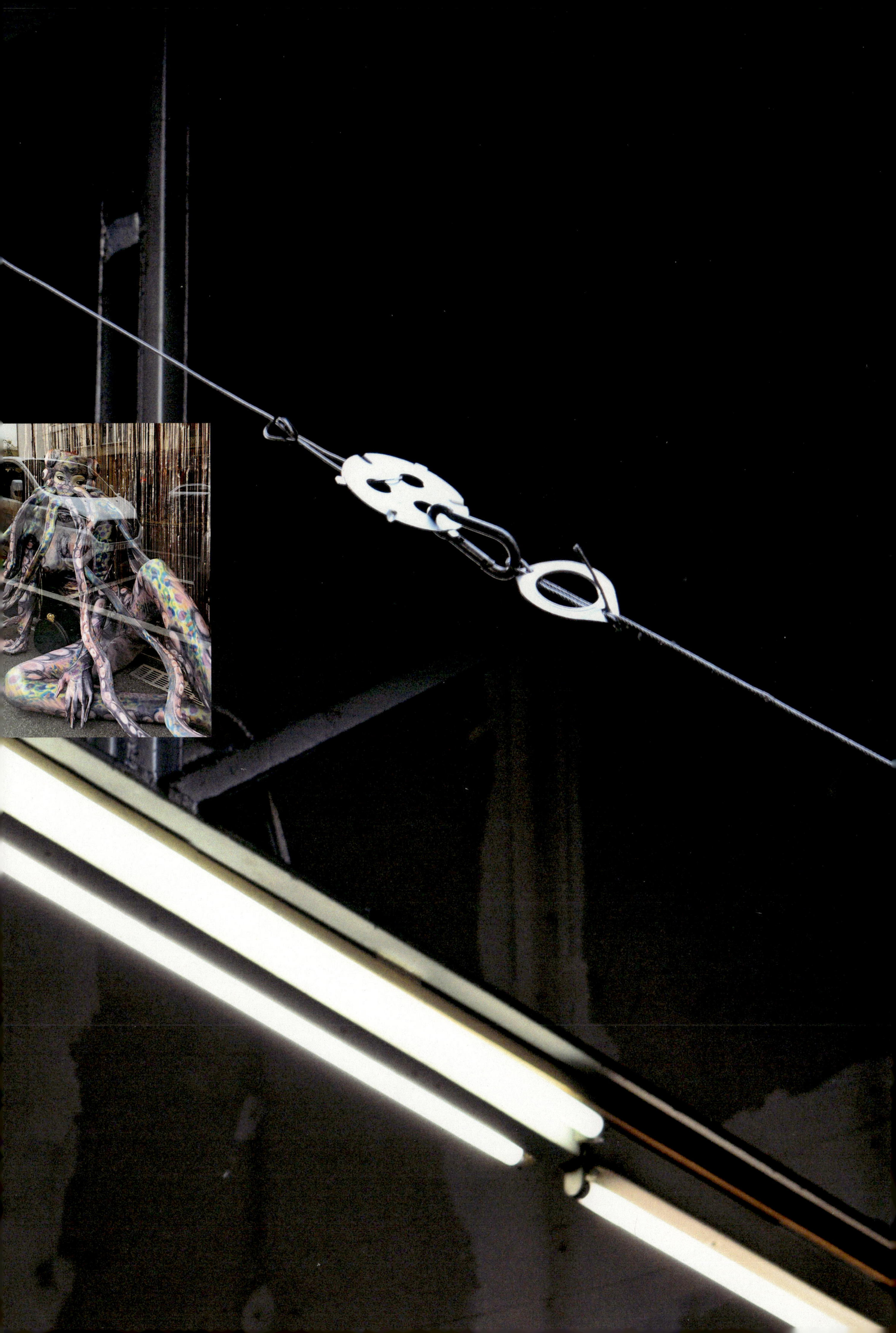

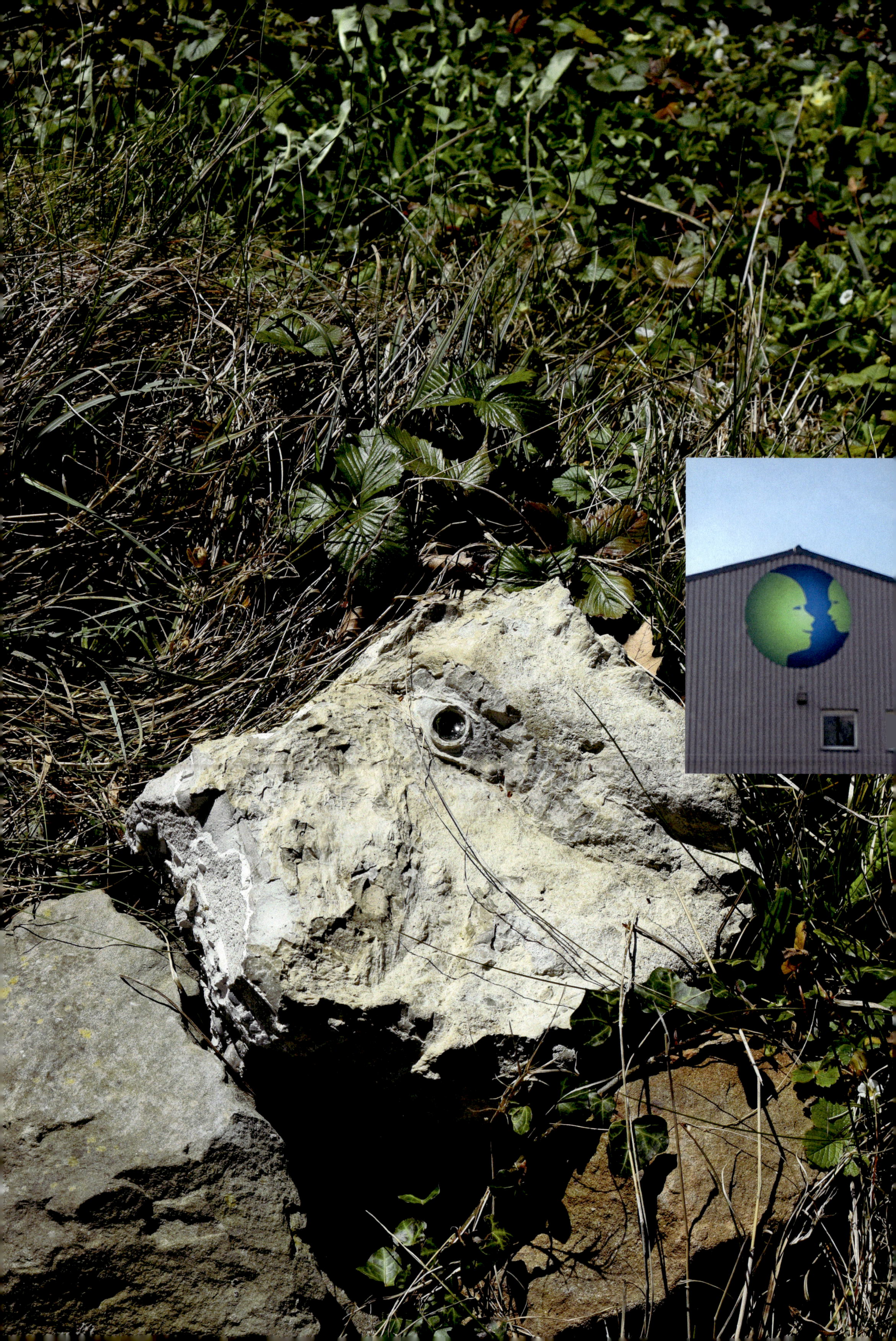

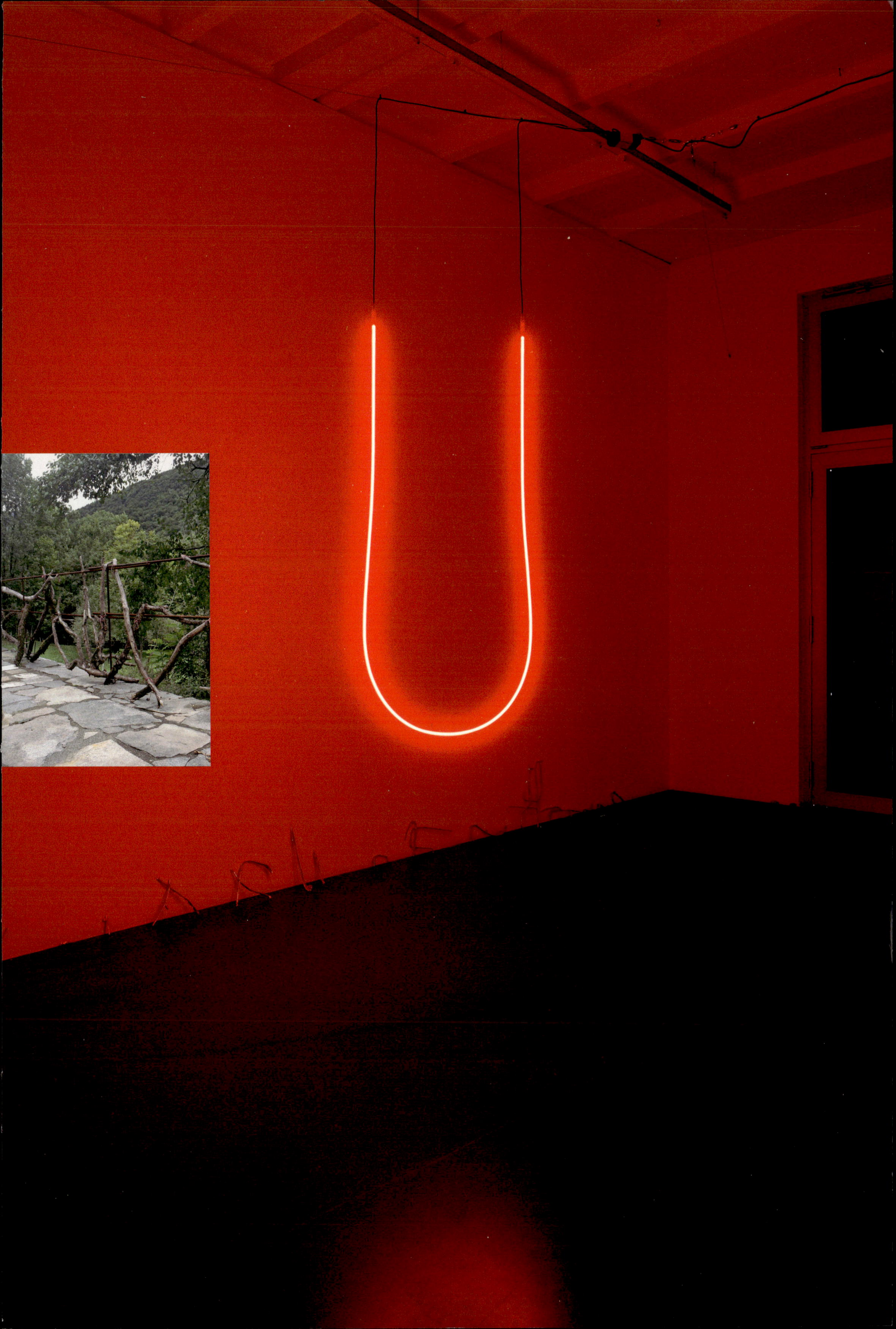

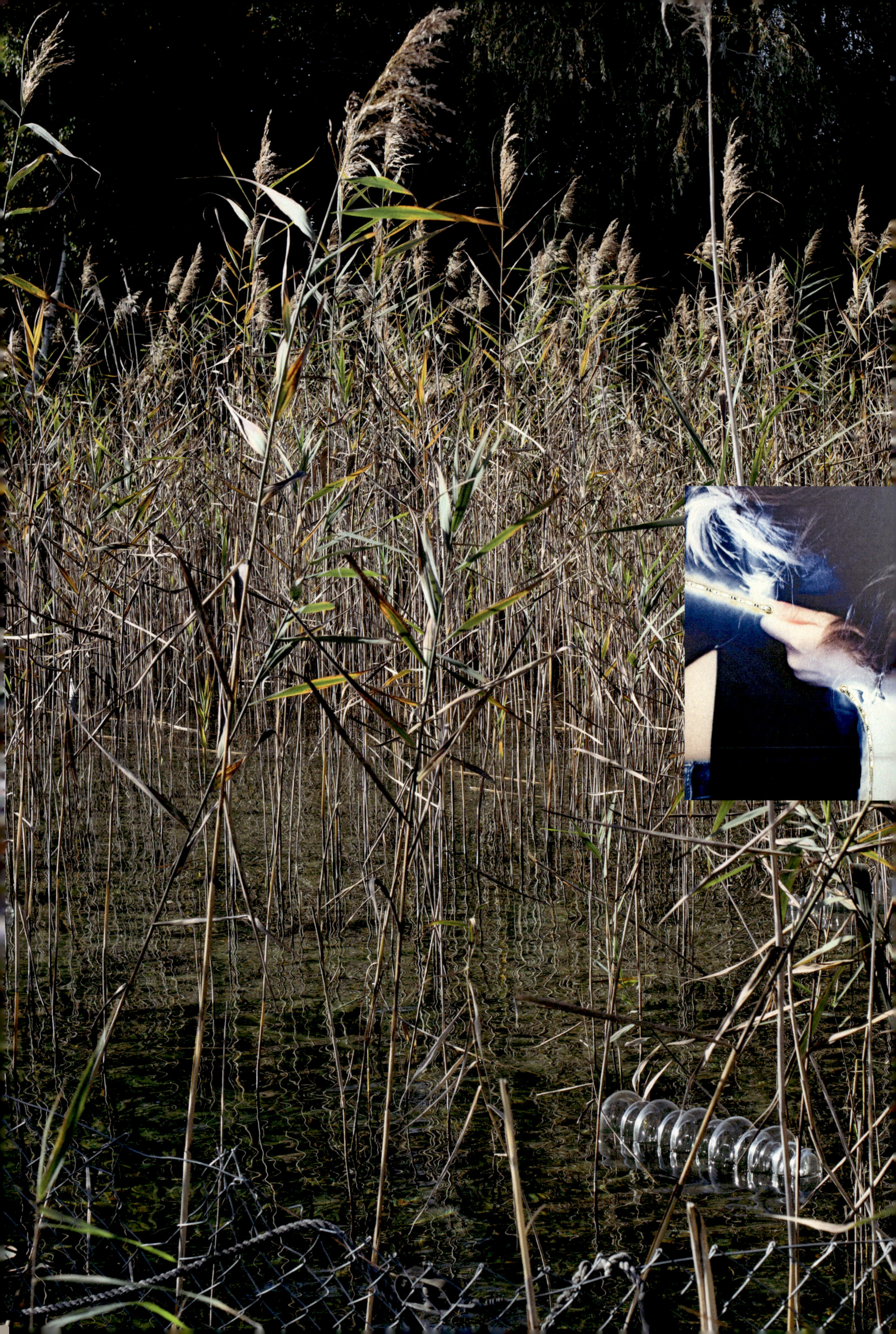

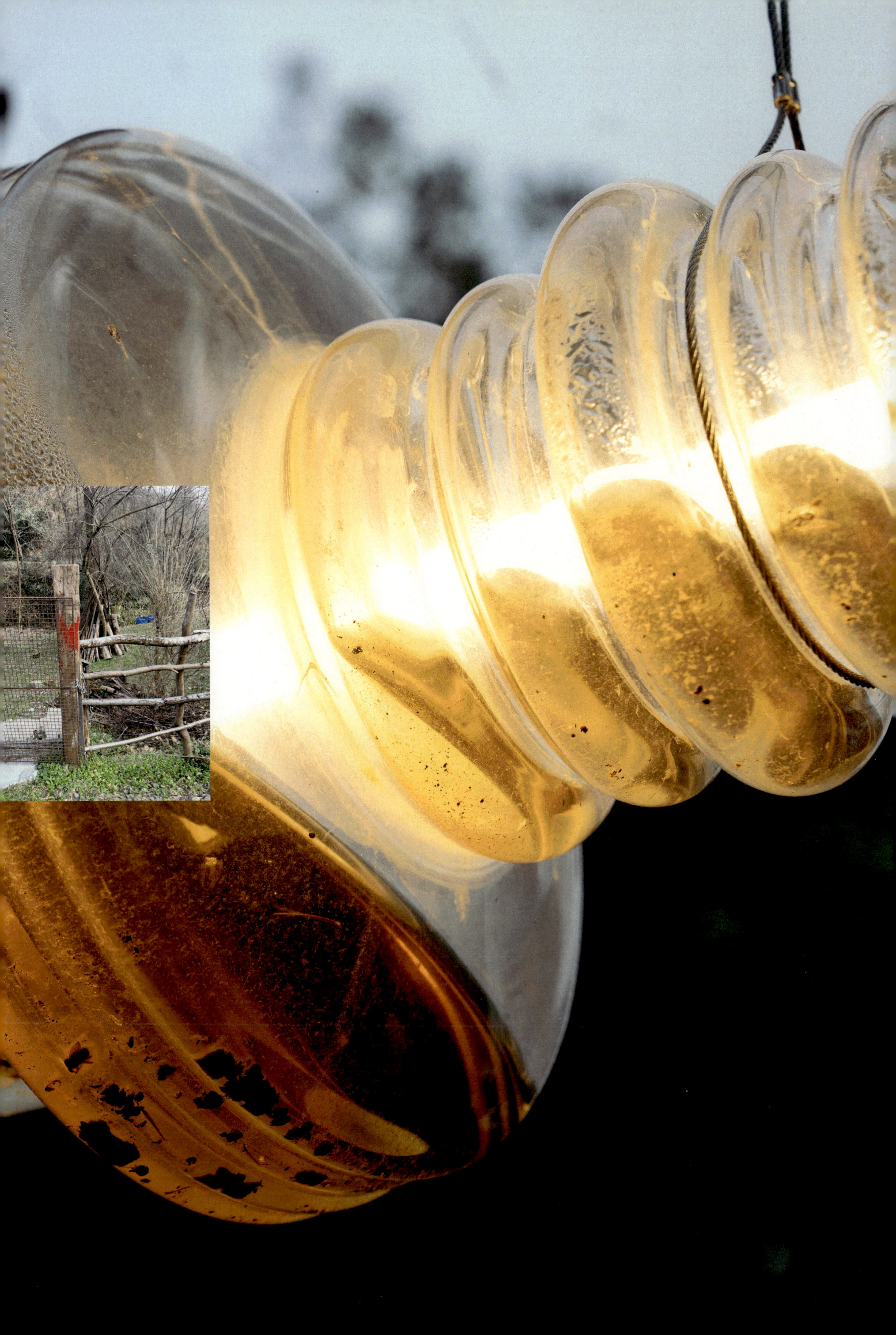

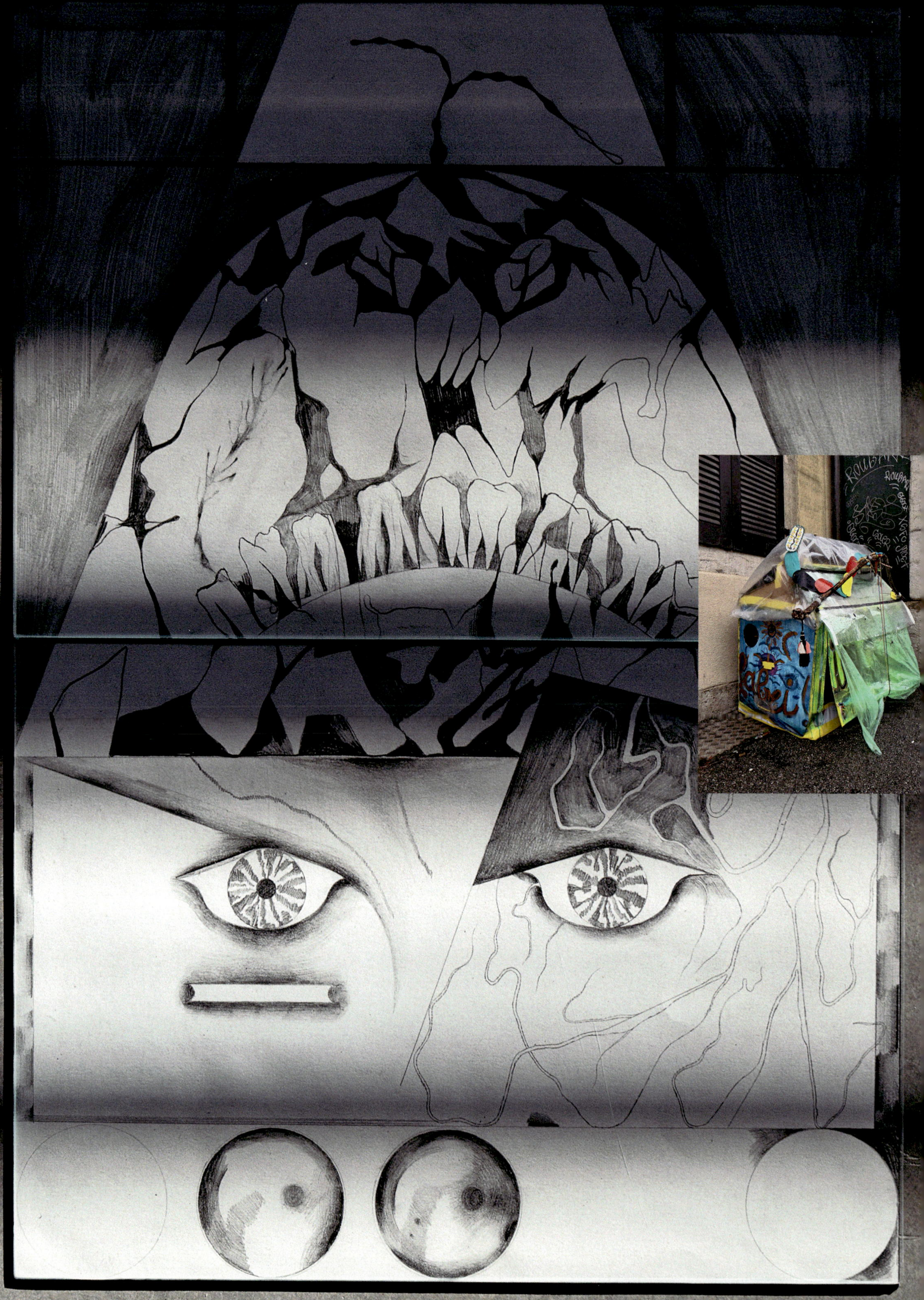

Mathis Pfäffli
Tracer

Kunstmuseum Luzern
Stadt Luzern
Spector Books

Inhalt / Contents

Arnaud Wohlhauser
Ein Schlüsselbund

Als Anhänger trägt er einen einzigen Schlüssel um den Hals. Ein gefundener Schlüssel, der keinem Zweck dient, aber alle Türen öffnet.

Eigentlich ist dieser Schlüssel oftmals gar kein Schlüssel. Es kann irgendetwas sein. Ein interessantes Stück Holz. Ein verlorener Ohrring. Ein buntes Stück Plastik, verwittert im Laufe der Zeit. Ein undefinierbares Ersatzteil. Die Kugel eines Kugellagers oder ein zahnförmiger Stein. Ein am Strassenrand liegendes Gummigeschoss, das eine Krähe gerade eben gefunden hat. Wie alle Krähen würde sie es methodisch zu Boden werfen, aufheben und in die Luft fliegen lassen, um es unverdrossen immer wieder auf den Boden zu werfen. In der Annahme, es sei eine Nuss, würde sie versuchen, das Gummigeschoss zu öffnen. Als ob sie eine andere Geschichte eröffnen möchte. Eine Geschichte, in der es keine Polizei und keinen Privatbesitz mehr gibt und in der Krähen keine Plastikteile mehr auflesen müssen.

Ich betrachte den Hauptschlüssel, den er mir schmunzelnd überreicht. Er hält ihn zwischen Daumen und Zeigefinger, so, wie man einen Schlüssel hält, wenn man vor einer Tür steht. Genau so, wie man etwas vom Boden aufhebt, um es im hellen Licht zu betrachten. Es geht darum, ein Beweisstück aufmerksam zu begutachten.

Jeder Schlüssel ist ein Hinweiszeichen, das neue Wege erschliesst. Am besten trägst du also ein paar gute Wanderschuhe aus Leder. Es mag banal klingen, aber um gut vorbereitet zu sein, braucht man solide Sohlen. Um das Eigentliche zu erfahren, muss man sich in einer unwegsamen Landschaft zurechtzufinden können. Es ist, als würdest du nachts im fahlen Mondschein durch einen verschneiten Wald streifen und könntest dabei die Tiefe des Schnees nicht wirklich abschätzen. Vielleicht sinkst du ein paar Zentimeter ein oder fällst in ein klaffendes Loch. Möglicherweise bildest du dir das alles nur ein, aber man weiss ja nie. Zu oft vergessen wir, dass man gutes Schuhwerk braucht, um in eine Zeichnung zu treten.

Jemand sagte unlängst, man müsse die Unvereinbarkeit als topografische Gegebenheit verstehen. Während mir dieser Satz durch den Kopf geht, gelange ich zu einer langen und schwer begehbaren Treppe. Die Stufen sind viel zu lang für einen einzigen Schritt, aber zu kurz für zwei normale Schritte. Um einen gleichmässigen Rhythmus beizubehalten und abwechselnd mit dem linken und dem rechten Bein zu gehen, beschliesse ich dennoch, einen Schritt pro Stufe zu machen. Das ist anstrengend, da es mich zwingt, absurd lange Schritte zu machen, die bestimmt lächerlich aussehen. Endlich wieder auf einer ebenen Fläche angekommen, setze ich das Spiel mit den langen Schritten fort und vermeide jeden zweiten Pflasterstein. Die Steine sind unregelmässig gross und auch der Winkel ihrer Oberfläche variiert, je nach ihrer Einbettung im Boden. Am kniffligsten ist es, meine ungleichförmigen Bewegungen mit denen der Menschen um mich herum in Einklang zu bringen. Wenn ich mich stramm bewege und dabei versuche, so normal wie möglich auszusehen, stosse ich unweigerlich mit anderen Passant•innen zusammen, deren hastige und präzisen geradlinigen Bewegungen mir grade völlig unverständlich erscheinen.

Ich betrete den Jardin des Plantes und steige den Hügel im hinteren Teil des Parks hinauf, der bei einer metallenen Gloriette endet, die 1787 vom Schlossermeister des Königs errichtet wurde. Die Gloriette ist ein kleiner, runder und offener Metallpavillon. Unter sein zierliches Dach passen nur wenige Personen. Der Pavillon ist ein perfekter Unterschlupf, in dem man sitzen und sich gegenseitig Geschichten erzählen kann. Die acht Säulen der Gloriette stützen eine Kuppel, die mit einer Wetterfahne und einer Armillarsphäre gekrönt ist. Irgendwo habe ich gelesen, dass sich in dieser Kugel einst ein Mechanismus befand, der den Mittag ankündigte. Ein Hammer schlug zwölfmal auf eine Kupfertrommel; er wurde durch ein Gegengewicht in Bewegung gesetzt, ausgelöst durch das Reissen eines Fadens aus Rosshaar, der durch den Brennpunkt einer Lupe verbrannt wurde. Dieser Mechanismus wurde jeden Tag neu in Gang gesetzt, indem der Faden aus Rosshaar ausgewechselt wurde.

Eine Vorrichtung in Form einer Weltkugel, die an einem Faden hängt, als wäre sie eine warnende Metapher. Heutzutage markieren die Sonnenstrahlen nicht mehr die Unterteilung des Tages, aber sie locken viele Familien in den Park und zum spiralförmigen Pfad, der zur Hügelkuppe führt. In der Parksprache wird er als «Labyrinth» bezeichnet, aber das wirkliche und verborgene Labyrinth befindet sich unter den dichten, schulterhohen Hecken, die ihn begrenzen. Dort, für Erwachsene unzugänglich, versteckt sich ein komplexes Netzwerk von Gängen, die von mehreren Generationen von Kindern, die hier spielten, zurückgestutzt, verdichtet und perfektioniert worden sind.

Hier und dort springen Kinder plötzlich aus diesen geheimnisvollen Abkürzungen hervor, nur um so schnell, wie sie aufgetaucht sind, wieder unter dem Geäst zu verschwinden. Aus der Ferne werfe ich einen letzten Blick auf die Gloriette und versuche, sie mir von oben vorzustellen. Sie scheint der sichtbare Teil von etwas Grösserem zu sein. Ich stelle mir den wohlgeformten Knauf eines riesigen Schwertes vor, welches im Hügel steckt. Beim Versuch, es durch vorsichtiges Drehen des Knaufs herauszuziehen, kann ich beinahe das Scheppern eines rostigen Mechanismus unter meinen Füssen hören. Ein Junge nähert sich und fragt, was ich mir da ansehe. Ich erzähle ihm vom Schwert, und wir unterhalten uns eine Weile darüber. Für ihn ist es kein Schwert, sondern die Spitze eines Teleskops.

Ich erinnere mich an ein Frühstück mit Mathis an einem Sonntagmorgen im Haus einer Freundin in Zürich. Sie kochte uns Eggs Benedict und überreichte uns einen alten Militärfeldstecher. Vom Balkon aus schauten wir abwechselnd über die Stadt. Aber irgendetwas stimmte mit der Schärfe nicht. Es schien, als sei Staub auf der Linse oder ein Flecken. Mathis bestand darauf, das Fernglas auseinanderzunehmen, was sich bald als schwierig erwies, da sich mehrere Schrauben festgesetzt hatten. Aber dank Ausdauer und mithilfe verschiedener behelfsmässiger Werkzeuge lösten sich die Teile schliesslich nach und nach. Wir pusteten vorsichtig ins Innere und reinigten all die winzigen Elemente. Am schwierigsten war der Zusammenbau des Feldstechers, aber schliesslich schaffte es Mathis. Als alles wieder zusammengeschraubt war, mussten wir der Tatsache ins Auge sehen, dass wir das Problem mit der Schärfe nicht gelöst hatten (vielleicht, da gehen die Meinungen auseinander, hatte es sich gar noch verschlimmert), trotzdem waren wir froh, das Innere des Fernglases gesehen zu haben.

Auseinandernehmen, um wieder zusammenzusetzen: Das ist eine besonders ergiebige Form des Lernens. Mittels verfügbarer Werkzeuge den Mechanismus verstehen, die Verbindung von Formen und Zeichen. Jedes Stück wird zu einem Hinweis bei einer Schatzsuche. Kinder lernen, indem sie selbst immer wieder neu interpretieren. Tatsächlich erwerben wir den grössten Teil unseres Wissens ausserhalb der Schule und in der Schule nur insofern, als die Schule für einen immer grösseren Teil unseres Lebens einen Ort der Einschränkung bedeutet. Unter dieser Prämisse schreibt Ivan Illich 1971 in seinem Plädoyer für die Entschulung der Gesellschaft: «Nicht nur die Bildung, sondern die soziale Wirklichkeit selbst ist verschulter geworden. [...] solange sich der Einzelne nicht ausdrücklich des rituellen Charakters des Prozesses bewusst ist, durch den er in die Mächte, die sein Universum formen, eingeweiht wurde, kann er den Bann nicht brechen und ein neues Universum formen.»

Wenn du genau hinschaust, findest du in Mathis' Werk ein Instrumentarium, mit dem sich der Bann brechen lässt. Das Aufbrechen von Schlössern ist eine anspruchsvolle Tätigkeit. *Crocheter* im Französischen bezeichnet nicht nur die Kunst, Schlösser ohne den Originalschlüssel zu öffnen, sondern auch das Häkeln, eine Handarbeit, die aus ineinandergeschlungenen Maschen besteht. Für diejenigen, die neu dazustossen, mag es nützlich sein, ein grosses Netz zu häkeln, in dem die einzelnen Stücke der Welt, wie Perlen auf einer Halskette, gesammelt werden könnten. Ein kleines Stückchen einer Sache zu haben, bedeutet bereits, diese Sache gewissermassen zu besitzen, und ein Stückchen der Welt wird zu einem Schlüssel, um sie rückwirkend wieder zusammenzusetzen.

Arnaud Wohlhauser
A Set of Keys

He wears a single key as a pendant around his neck. A found key that does not serve any purpose, but opens all doors.

In fact, this key is often not a key at all. It can be anything. An intriguing piece of wood. A lost earring. A piece of colored plastic, filed by the years. An undefined spare part. The ball of a bearing or a tooth-shaped stone. A rubber bullet left on the roadside, which a crow just retrieved. As all crows do, it would methodically throw it to the ground, pick it up and fly into the air to tirelessly knock it down again and again. Mistaking it for a nut, he would try to open it. As if to open a different story. A story in which there would be no more cops, no more private property, and in which crows would no longer have to pick up bits of plastic.

I look at this passe-partout that he hands me with a smile. He holds it between his thumb and forefinger, as one holds a key, standing in front of a door. Exactly how one picks up something from the floor to look at it in bright light. It is about carefully examining a piece of evidence.

Each key is a clue that unlocks new paths. You better wear some good leather walking shoes. It may sound a bit trivial, but it's important to have good soles when it comes to being prepared. To share the experience of the real requires the ability to navigate a rugged topography. It is like walking through a snowy forest at night in the dim light of the moon and never really being able to estimate the depth of the snow. You may sink a few centimeters, or fall into a gaping hole. It may just be in your head, but you never know. Too often we forget that it takes good shoes to enter a drawing.

Someone said the other day that one has to understand contradiction as a topographical condition. As I walk around with this sentence in mind, I arrive in front of a long and difficult to negotiate staircase. The steps are way too long for a single stride but too short to take two normal ones. To keep a regular rhythm, alternating left and right legs, I nevertheless decide to put one foot per step. It's demanding because it forces me to take absurdly long strides which certainly look silly. Finally back on a flatter surface, having got caught up in the game, I continue with long strides, avoiding every second paving stone. The stones are irregular in size, and the angle of their surface also randomly varies according to their implantation in the ground. The trickiest part turns out to be matching the irregularity of my movements with the trajectories of the people around me. Moving spasmodically while trying to look as normal as possible, I inevitably bump into other passers-by whose hasty and precise linear movements become utterly incomprehensible to me.

Entering the Jardin des Plantes, I climb the hill at the back of the park which ends in a metal gloriette, built in 1787 by the king's locksmith. It is a small, round and open metal pavilion. Only a few people can fit under its delicate roof at the same time. It is a perfect shelter in which to sit and tell each other stories. The eight columns of the pavilion support a dome crowned with a weather vane and an armillary sphere. I read somewhere that at one time a mechanism was placed in this sphere which was designed to strike noon. A hammer would strike twelve times on a copper drum; it was set in motion by a counterweight released by the breaking of a horsehair wire, burnt by the focus of a magnifying glass. The mechanism had to be restarted every day by replacing the horsehair wire.

A device in the shape of a world hanging by a thread, as if it would be a premonitory metaphor. Now the sun's rays no longer mark the division of the day, but they do attract many families into the park and to the spiral path leading to the top of the hill. In the park nomenclature they call it a "labyrinth," but the real and secret labyrinth is to be found beneath the dense, shoulder-high hedges bordering it. There, inaccessible to adults, hides a complex network of tunnels cut, packed and perfected by successive generations of children who've come to play in it.

Here and there, children quickly burst out of these magical shortcuts, only to disappear under the branches as fast as they appeared. I take a last look at the gloriette from a distance and try to visualise it from above. It seems to be the exposed part of something bigger. I imagine the finely chiselled pommel of a gigantic sword stuck in the hill. As I try to pull it out carefully by turning the cylinder, I can almost hear the clanking of a rusty mechanism under my feet. A boy approaches and asks me what I am looking at. I tell him about the sword and we discuss it for a while. For him it is not a sword, but has to be the tip of a telescope.

I remember one particular breakfast with Mathis on a Sunday morning at a friend's house in Zurich. She had prepared us some eggs Benedict and brought out a pair of old military binoculars. From her balcony, we took turns looking over the city. Something was just not right with the sharpness. It felt like there was some dust or a stain on the lens. Mathis insisted on taking them apart, which soon proved to be difficult, as several of the screws had seized up. But by persevering with various makeshift tools, the parts finally came one after the other. We carefully blew inside and cleaned all the tiny pieces. Reassembling the binoculars was the hardest, but he eventually made it. Once everything had been screwed back together, we had to face the fact: the sharpness problem was still there (and had perhaps, opinions differ here, become slightly worse), yet we were all happy to have seen the inside of the binoculars.

Disassembling to reassemble. It is a particularly effective form of learning. Understanding the mechanism, the entanglement of forms and signs, while using the tools at hand. Each element becomes a clue in a treasure hunt. Children learn by constantly reinterpreting on their own. In fact, we acquire most of our knowledge outside of school, and in school only in so far as school has become our place of confinement for an ever increasing part of our lives. It is on this premise that Ivan Illich writes in 1971, advocating the deschooling of society, that: "Not only education but social reality itself has become schooled. [...] as long as an individual is not explicitly conscious of the ritual character of the process through which he was initiated to the forces which shape his cosmos, he cannot break the spell and shape a new cosmos."

If you look carefully, you'll find in Mathis' work a set of tools to break the spell open.

Lock picking is a delicate activity. In French *crocheter*, the practice of opening locks without the original key, can also mean crocheting, the needlework which consist in interlocking looped stitches.

For those of you breaking in, it may be useful to crochet a large net, on which the detached pieces of the world could be collected, like beads on a necklace. To have a little piece of something is already somehow owning this thing and a fragment of the world becomes a key to retroactively reconstruct it.

Sophia Roxane Rohwetter

Einige Umwege und maschinische Irrlinien

Erscheint *Der Boden ist Lava* zunächst als Spiel, bei dem eine Regel (der Boden ist begehbar) durch eine andere (der Boden ist unbegehbar) ersetzt wird, so liesse es sich auch als ein anarchisch-ästhetisches lesen, bei dem von aussen (von der Gesellschaft, von der Schwerkraft) auferlegte Regeln allein durch die eigene oder kollektive Vorstellungskraft ausser Kraft gesetzt werden. Und so baut man sich einen Parcours über Möbel, Matratzen und Spielgeräte, eine anarchische Fluchtlinie durchs Kinderzimmer. Ähnlich wie man sich beim Spiel mit dem illusionistischen Feuer auf Umwege begibt, soll auch dieser Text einige flüchtige Umschweife und Abschweifungen nehmen: über etymologische Wahlverwandtschaften, wie die des Zeichnens zum Zeichen, zur Sprache, zur magnetischen Anziehung, zum unentschiedenen Spiel, über die Linie als Grundform zeichnerischer Gesten, als konstitutives Element der anthropologischen Bedingung und als therapeutisches Tool, zu topischen Linien und maschinischen Irrlinien.

Wie bei einem Trip durch eine unbekannte Landschaft trippelt, also stolpert der Text ziellos, dennoch ahnungsvoll durch Mathis Pfäfflis Bilderwelten, die sich in ihrer eigenen Triphaftigkeit (als ein Reisen um des Reisens willen, als psychedelische Erfahrung) eher assoziativ als klar, eher in Bewegung als in verschriftlichtem Stillstand umreissen lassen. Das Nachgehen von Mathis Pfäfflis Linien braucht Umwege. Dabei ist der Text vielleicht weniger Roadtrip als Wellengang, mehr Drift als Trip, eher fliessend als fahrend. Das Wort Drift fährt seltsam sabbernd, dabei hart über die Zunge. Im Französischen klingt es luftig und lautet *dérive*. Das Wort bezeichnet sowohl das Abdriften eines Wasserfahrzeugs – ein Schiff, das aufgrund von Wind und Strömung vom angestrebten Kurs abgewichen ist – als auch jenes Instrument, das für Stabilität und gegen Drift sorgen soll. *Dérive* treibt und steuert zugleich. Und so driftet, irrt und schweift der Text umher, navigiert zurück zum Kurs, auf Umwegen, zeichnet Linien im Dazwischen. Geht in Sprache auf, im Zeichen, dann unter, in der Zeichnung.

Nehmen wir einen weiteren sprachlichen Umweg, vom französischen *dérive* zum englischen *draw*. Den etymologischen Exkurs zuspitzen, anspitzen. Das englische Wort für zeichnen – *to draw* – bezeichnet nicht nur die Produktion eines Bildes oder eines Diagramms, das durch Linien und Markierungen auf Papier entsteht, sondern drückt darüber hinaus eine Affinität, eine magnetische Anziehung zu einem bestimmten Gegenstand, einer Sache oder Person aus. «To draw somebody's eyes» kann demnach bedeuten, dass jemand die Augen eines anderen zeichnet, oder aber, dass jemandes Aufmerksamkeit durch die Anwesenheit eines anderen erregt wird. In Mathis Pfäfflis Zeichnungen geschieht beides zugleich.

Jetzt zum Anfang der Bildabfolge blättern. Dieser *somebody*, der das Auge *drawt* und zunächst unter- und dadurch aufgeht in einem Netz aus Linien und Kreisen, um dann buchstäblich ins Auge zu fallen, ist ein Ausschnitt eines menschenähnlichen Profils, das zunächst nur als Ahnung von Stirn-, Nasen-, Mund- und Kinnpartie als solches zu erkennen ist. In den folgenden Bildern drängt sich das Profil in verschiedenen Variationen – erst mit Stups-, dann mit spitzer Nase – mal weniger, mal weiter ins Bild hinein, um schliesslich als vollständiges Profil und achtfache Multiplikation und Mutation seiner selbst den Bildraum einzunehmen. Jetzt auch mit Auge, das aber nicht mehr ist als ein abstrakter Punkt, eine körperlose Pupille. Von links nach rechts in Phasendarstellung wird das Profil immer weniger Menschenkopf und mehr Augapfel. Die Nase wird zu einem Dreieck, dann zu einer kleinen Spitze oder einem Zipfel abstrahiert; der Mund schrumpft, die Lippen saugen sich nach innen, wo sie verschwinden und in der Kreisform des Kopfes aufgehen. Vom Kopf übrig bleibt nur das Auge. Genau als das Auge die Bildbühne betritt, beginnt sich die Form des menschlichen Gesichts aufzulösen, um selbst Auge zu werden. Der Wahrnehmungsapparat Auge drängt sich ins Bild, will mal schauen, was darin so vor sich geht. Neben den acht Augen des mutierenden Profils schweben weitere, weniger schemenhafte, dafür ähnlich entmenschlichte Augen-Kreise im Bildraum. Als Glasaugen, Überwachungskameras oder Kaugummiglubschaugen, die man zu Halloween kaut, überblicken sie das Bild.

Die Homologie von Form und Motiv – der Punkt als Pupille, der Kreis als Augapfel – verfolgt jenen «geheimnisvolle[n] konkrete[n] Rhythmus des Blicks, sein theoretisches Schema zwischen Auge und Objekt»,[1] von dem der Kunsthistoriker Louis Marin in Bezug auf Paul Cézannes durchexerzierte Analogie von Apfel und Augapfel spricht. Diese motivische Verschränkung erklärt Marin mit dem konzentrischen Schauen: «Ich glaube, man muss den Begriff als konzentriert und konzentrisch zugleich verstehen, das heisst als konvergierend in Richtung eines Zentrums, doch zugleich auch als sich ausbreitend, im selben Masse wie gekrümmte Linien von ein und demselben Zentrum aus und rings um dieses herum: das Auge ist zugleich Konzentration und Konzentrizität.»[2]

Doch Mathis Pfäfflis Zeichnungen scheinen dieses Bildzentrum, von dem aus sich der Blick ausbreitet, aufzulösen. Fluchtlinien durchwachsen das Bild von vielzähligen Zentren, die sich gegenseitig beäugen und die Konzentration und Konzentrizität des Auges verschwimmen lassen. Das Bildzentrum, die Blickrichtung, die Zeit multipliziert sich. Anders als Cézannes Apfel-Stillleben bilden Mathis Pfäfflis Zeichnungen, die eher vom Comic als der Malerei angezogen werden, nicht einen isolierten Augenblick ab, sondern synchronisieren Ereignisse mit unterschiedlicher zeitlicher Ausdehnung auf einen statischen Moment. In Comics wird die Illusion eines Zeitpunktes oft zusätzlich durch die Verwendung von Textelementen demontiert, durch Äusserungen in Form von Sprech- oder Gedankenblasen. Also Abbiegen vom Wahrnehmungs- zum Sprachapparat. Durch die Sprache laufen: «wir wollten über diesen satz wie eine stadt uns beugen, punkt erzeugen, mundraum, traum vom hören, oder sagen, hier: in diesem netz aus zungen, ist ein weg gelungen, ein versehen, verstehen.»[3]

Im Deutschen verbindet sich das Wort Zeichnen mit dem ihm begriffsgeschichtlich verwandten Zeichen, den Regeln sprachlicher Abstraktion, der Entfremdungsmaschine Schrift. Irgendwo zwischen dem Zeichnen und dem Zeichen deutet sich ein Text-Bild-Verhältnis an. Mathis Pfäfflis Zeichnungen erscheinen zunächst mehr als Bild denn als Text, und tatsächlich ist da gar kein Text, ähnlich wie bei einem Comic, der pantomimisch erzählt, der versucht, ohne Sprache auszukommen. Oder doch? Denn nach dem Aufritt des Augapfels erscheint im nächsten Bild am oberen Rand ein Rechteck, das an die Kopfzeile eines Dokuments erinnert, die der Textnavigation dient, oder an jene in Blockkästen gesetzten Erzählerkommentare in Comics, die verstrichene Zeit (am nächsten Tag …) umreissen oder Simultaneität zwischen verschiedenen Handlungssträngen herstellen (zur gleichen Zeit an einem anderen Ort …). Das Rechteck trennt das Bild in zwei voneinander abgegrenzte, eigenständige Bereiche, führt einen kompositorischen Umbruch ein, transformiert das Blatt Papier in ein Word-Dokument oder ein Comic-Panel. Zeichnungen mutieren zu Zeichen. So wie der Comic ist auch Mathis Pfäfflis Bildergeschichte eine transmediale Erzählung, ein Spiel aus Zeichnung und Zeichen, bei dem unklar bleibt, wer gewinnt. Vielleicht ist es ein unentschiedenes Spiel – *the game is a draw*.

In einigen Panels ist der kopfzeilige Kommentar halb oder ganz ausgefüllt (halb oder ganz ausgezeichnet?). Tunnelartige Formen bewegen sich horizontal durch das langgezogene Rechteck, wiederholen und verändern sich, setzen sich neu zusammen. Wie standardisierte, grafische Symbole eines Notationssystems scheinen sie einen technischen Vorgang, eine Bewegungsabfolge oder eine Melodie zu beschreiben. Handelt es sich bei den Symbolen um eine Schaltnotation, die mithilfe einfacher schematischer Zeichen komplexe elektrische Schaltungen erfasst, um eine Tanznotation, die komponierte Bewegungsabläufe festhält, oder um eine computerbasierte audiovisuelle Darstellung? Beschreiben die Zeichen dieses unbekannten Sprachsystems einen zeitlichen Ablauf, geben oder folgen sie Anweisungen, stellen sie Regeln auf oder um? Protokollieren oder fantasieren sie? Erzählen die Zeichen über oder gegen das Bild? Wie in einem Comic, in dem Schrift zum visuellen Bedeutungsträger und das Bild zum Zeichen wird, in dem Schrift betrachtet und Bilder gelesen werden, kreieren Mathis Pfäfflis Zeichnungen ein vielstimmiges Text-Bild-Gewebe, fallen textähnliche Zeichen und bildliche Zeichnungen zusammen, nicht als Einheit, sondern gehen auf in Differenz. Grundtechnik beider, der Zeichnung und des Zeichens, ist die Linie.

«Drawing freehand, I take my line for a walk.»[4] So Tim Ingold in seinem Buch *Lines* (2007), in dem er eine anthropologische Theorie skizziert, die das Menschsein als einen Prozess definiert, der sich entlang von Wegen, entlang von Linien formt. Eine der Leitlinien dieser Anthropologie ist das Konzept der Korrespondenz, das die Aufmerksamkeit über die Absicht und das «doing-in-undergoing»[5] über die intentionale Handlung stellt. Als sprechendes, schreibendes, zeichnendes, gehendes, webendes Wesen erzeugt der Mensch mit jedem Strich und jedem Schritt Linien und wird dabei selbst zur Linie. In diesem kontinuierlichen, dynamischen Prozess des Linie-Werdens nimmt der Mensch nicht die grammatikalische Form des Subjekts, sondern die des Verbs an: «To human is a verb.»[6] Dabei hinterlässt der Mensch Spuren auf Papier und in der Landschaft. Ingold unterscheidet zwischen additiven Spuren, die durch materielle Pigmente wie Kohle oder Kreide eine zusätzliche Schicht auf dem Untergrund bilden, und reduktiven Spuren, die durch die Entfernung von Material aus der Oberfläche selbst entstehen, wie Linien, die in eine Oberfläche gekratzt, geritzt oder geätzt werden. Während die Schnecke eine additive Schleimspur produziert, hinterlässt der Specht, der sich mit seinem Schnabel ein Loch in die Baumrinde hackt, eine reduktive Spur. Der Mensch kann reduktive Spuren erzeugen, indem er die Finger durch weiche Oberflächen wie Sand fahren lässt oder, ausgestattet mit einem Werkzeug, beispielsweise einem Hammer oder einer Sichel, sich in harte Materialien wie Holz, Knochen oder Stein einschreibt. In diesem Kontext weist Ingold daraufhin, dass der etymologische Ursprung des Wortes *writing* auf solche Materialeinschreibungen zurückgeht. «In Old English the term *writan* carried the specific meaning ‹to incise runic letters in stone›. Thus one would *write* a line by *drawing* a sharp point over a surface: the relation between drawing and writing is here between the gesture – of pulling or dragging the implement – and the line traced by it.»[7] Den Spuren des Gehens, Zeichnens und Schreibens folgend, fragt Ingold: «What kinds of line does the humanifying being, the animal homificans, trace when he sets out on foot, where every step is an event of leading life, of humaning?»[8] Eine mögliche Antwort auf diese Frage lässt sich in den Cevennen, auf einem Floss in den Bergen, neben Kindern, die nicht sprechen können, finden. Also: *Dérive*!

Fernand Deligny, Kommunist, Filmemacher, Dichter, Pädagoge und Therapeut von autistischen Kindern, entwickelte wie Tim Ingold eine alternative Anthropologie, die auf Verben und Linien basiert. Nach langjähriger institutioneller Arbeit mit «verhaltensauffälligen» Kindern errichtete er 1968 in Südfrankreich ein Unterstützungsnetzwerk für autistische Kinder, die sich im Aussen der Sprache befanden: *hors de parole*, aus der Sprache, aus der Reihe. Gemeinsam mit Sozialarbeiter•innen, nicht professionellen Therapeut•innen, Landwirt•innen, ehemaligen Industriearbeiter•innen aus Paris sowie Aktivist•innen aus dem Umfeld der 68er und der Anti-Psychiatrie-Bewegung machte Deligny sich auf den Weg in die abgelegenen Cevennen, um dort ein experimentelles psychiatrisches Netzwerk, einen Lebensraum jenseits des psychiatrischen Einschliessungsapparates zu erschaffen –

ähnlich wie La Borde, wo Jean Oury und Félix Guattari alternative psychiatrische und psychoanalytische Methoden erprobten. Dieses Netzwerk war mehr als ein blosser Lebensort, es war ein Milieu, eine Umwelt, ein soziales Gefüge aus miteinander verwobenen Linien, das aus der Reflexion über die non-verbalen Existenzweisen des Autismus entstand. Entgegen der grammatikalischen Behauptung, dass jedes Verb ein Subjekt brauche, betonte Deligny die Infinitivform des Verbs, die sich vom Subjekt und jener Denkgewohnheit löst, wonach der Mensch sich durch sein sprachliches Vermögen auszeichnet. «Living became an infinitive. The infinitive was an autistic mode of being.»[9] Im Deutschen entspricht die Infinitivform der ersten Person Plural, und so klingt in ihr immer auch eine kollektive Tätigkeit mit: Wir gehen, wir schreiben, wir zeichnen Linien.

In den Schatten der Cevennen webten Deligny und seine Gefährt•innen neue Lebensnetze für diejenigen, die über Bord gegangen waren. Das Netzwerk fungierte als «ein Floss in den Bergen»,[10] das die Kinder auffischte und durch dessen lose zusammengebundenen Stämme das Wasser hindurchfliessen konnte. Die Verbindung musste ausreichend lose sein, ohne sich zu lösen.[11] Dass Deligny das Bild des Flosses aufruft, ist nicht zufällig, war doch die Bewegung der Wasseroberfläche zentral für sein therapeutisches Projekt. Als Kind war er fasziniert von den scheinbar endlosen Wellen, die eine nach der anderen zu ihm schwappten. Delignychen beobachtete die Boote, die im Wasser hin und her schaukelten, und schloss daraus, dass es die Bewegung der Boote sei, die die Wellen erzeugte. Er legte seine Hand flach in das Wasser und bewegte sie, bis sich Wellen bildeten, und sah aufgeregt dabei zu, wie sie nacheinander am Rande der Wasserlache verendeten.[12] Das französische Wort für Welle, *vague*, bezeichnet als Adjektiv eine Uneindeutigkeit, etwa ein unbebautes Gelände, dessen zukünftige Nutzungsverhältnisse noch im Unklaren sind (*un terrain vague*); als Verb bedeutet es bummeln, herumschweifen, umherstreifen, irren, vagieren, driften. Irgendwo zwischen aktiven und passiven Bewegungen, benötigen die intransitiven, absoluten Verben *vaguer* und *driften* kein Akkusativobjekt: «The fact that drifting has no predefined object can make one think that the subject, then, is adrift.»[13]

Über Jahre hinweg studierten Deligny und seine Gefährt•innen die Eigenheiten der Verständigung autistischer Kinder und untersuchten ihre Wahrnehmungs- und Bewegungsräume mittels einer experimentellen kartografischen Praxis. Sie beobachteten die Kinder beim Holzhacken oder Brennholzbündeln, achteten auf jede kleine Gebärde, *le moindre geste*. Sorgfältig protokollierten sie diese nonverbalen, vorsprachlichen Äusserungen und zeichneten sie als Linien und Wege nach, die sich als Karten offenbarten: Karten von Alltagswegen, von Gesten, Körpern, Räumen, Aktivitäten, Präsenzen, Objekten, von Knotenpunkten des kollektiven Lebens. Karten einer Welt, die ausserhalb der Sprache existiert.[14] «[…] denn was sucht ein Mensch wirklich, wenn nicht etwas, das sich jenseits der Sprache befindet.»[15]

Im Gegensatz zu üblichen Landkarten beschreiben Delignys Karten keinen bereits entdeckten Pfad, sondern visualisieren jene Orte und Wege, Gesten und Linien, die bisher im Verborgenen blieben. Anders als die symmetrischen Tintenflecke des Rohrschachtests dienten die Zeichnungen nicht als diagnostisches Tool. Sie stellten kein interpretierbares Material, kein spezifisches Wissen über die Kinder dar, sondern repräsentierten vielmehr Spuren einer Suche nach gemeinsamen Linien, einen kollektiven Körper, der nicht der Eine oder der Andere ist.[16] Das gemeinsame Kartografieren fungierte als Handlungsraum zwischen autistischen Kindern und Therapeut•innen und stellte eine Kommunikationsebene her, die sich gegen die symbolische Domestizierung des Denkens durch die Sprache stellte, wobei die Linie selbst zur Sprache wurde.

Der Kreis als Form verweist nicht nur auf einen Apfel oder Augapfel, sondern auch auf das *O*, «jene Art eines voralphabetischen Buchstabens, den Kinder gern zeichnen, so als würden sie zukünftiges Schreiben üben, und dieser Buchstabe, der keiner ist und keinen Platz im Alphabet hat, den bewahren lernschwache Kinder auf und schreiben ihn, ohne ihn auszusprechen. Dieses mit ihren Fingern geformte Ei als Buchstabe bleibt einfach ein Ei: Es ist anzunehmen, dass keine Henne es ausbrütet und dass kein Hahn im richtigen Moment vorbeigekommen ist.»[17] Wenn Deligny den Kindern den gespitzten Bleistift wegnahm, jenes Instrument des Zeichnens und des Schreibens, zuckten sie bloss mit den Schultern und tauchten ihre Finger in den Grafitstaub. Sie liessen dunkle Flecken auf weissem Papier entstehen, die manchmal zufällig, intentionslos, intransitiv die Form eines erkennbaren Objekts oder Dings annahmen. Aber selbst wenn die Flecken etwas darstellten, repräsentativ wurden, war dies nicht das Ergebnis der eigenen Handlung. In diesen Farbflecken, so Deligny, steckte nicht einmal ein Quäntchen Selbst. «The thing and its reflection remain, the shadowy spot on the paper, and there could be something like a similarity between the spot and the thing, the trace of a finger, a fingerprint, where the finger itself had wiped out the creases of skin that make it possible to establish identity.»[18]

In seiner kartografischen Praxis unterschied Deligny zwischen zwei verschiedenen Regimen raumzeitlicher Koexistenz: sogenannte Gewohnheitslinien, die routinierte Prozesse und Bewegungen abbildeten, und Wander- oder Fährtenlinien (*lignes d'erre*), die sich ziel- und intentionslos und in Abhängigkeit zu ihrer Umgebung, ihres Milieus, formen. Wanderlinien weichen vom Weg ab, machen kurze Schlenker, Arabesken abseits des regulären Weges, die Deligny als Umwege, als *derivé*, bezeichnete. Delignys Wanderlinien entsprechen jenen labyrinthischen Linien des nach Hause schlendernden Kindes, das Tim Ingold in *The Life of Lines* in Anlehnung an Walter Benjamins Darstellung eines Kindes (wohl Benjaminchen selbst), das sich zwischen den Brücken, Blumenbeeten und Statuensockeln und den in Büschen versteckten Kiosken des Berliner Tiergartens wie in einem Labyrinth bewegt, beschreibt. Ingold entwirft das Labyrinth als Gegenmodell zur Krokodilformation, bei der Kinder in ordentlichen Zweierreihen nebeneinander gehen und nur dann auf ihre Umgebung achten, wenn es im Dienste der Sicherheit ist, um Zusammenstösse mit Autos oder anderen Passant•innen zu vermeiden. Der Weg des Krokodils ist der Weg der Disziplinierung. Abseits seiner Formation, auf dem Nachhauseweg, allein oder in Begleitung einer Freundin, geht das Kind, seine Umgebung aufmerksam wahrnehmend, in Wanderlinien einen anderen Weg, wird der Weg zwischen Schule und Zuhause zum urbanen Labyrinth. Während das Kind sich in den Strassen der Stadt bewegt, als seien sie wilde Waldpfade, bedarf es für den Erwachsenen, so Benjamin, einer gewissen Anstrengung, um sich in der Stadt zu verirren. «Sich in einer Stadt nicht zurechtfinden, heisst nicht viel. In einer Stadt sich aber zu verirren, wie man in einem Walde sich verirrt, braucht Schulung. Da müssen Strassennamen zu dem Irrenden so sprechen wie das Knacken trockner Reiser und kleine Strassen im Stadtinnern ihm die Tageszeiten so deutlich wie eine Bergmulde widerspiegeln. Diese Kunst habe ich spät erlernt; sie hat den Traum erfüllt, von dem die ersten Spuren Labyrinthe auf den Löschblättern meiner Hefte waren.»[19]

Wie der Zeichner, dessen Augen in den Fingerspitzen stecken und den mikroskopisch kleinen Linien und Strichen folgen, verharrt der miniatur-detektivische Blick des Kindes auf dem urbanen Asphalt, in dessen Oberfläche neue Räume und Wege flimmern. Das sprachlose Kind, das sich in Wanderlinien durch ein kollektives Milieu aus zusammen- und auseinanderlaufenden Linien bewegt, ist der Gefährte des Kindes, das sich auf dem Nachhauseweg zwischen den Linien des Asphalts und gegen die Regeln des Krokodils bewegt, der Gefährte des Kindes, das im Kinderzimmer von Stuhl zu Spielzeug springt und dabei anarchische Fluchtlinien zeichnet. So wie für die Kinder der Cevennen, des urbanen Labyrinths und des lavalodernden Kinderzimmers der Boden, auf dem sie laufen, oder eben nicht laufen, zum Grund von Wanderlinien wird, offenbart sich in Mathis Pfäfflis Zeichnungen das weisse Blatt als Grund für wandelnde, lustvolle Fluchtlinien. Seine Zeichnungen zwingen uns dazu, den Blick schweifen, wandern zu lassen. Der Blick multipliziert sich, wird selbst zur Fluchtlinie, die von Pupille zu Augapfel zu Kaugummiauge springt und im Dazwischen verweilt, um dort neue Wahrnehmungsräume zu schaffen.

Mathis Pfäfflis lustvolle Linien kreieren komplexe Wanderliniennetze, die ein Text, der Sprache folgt, selbst wenn er driftet, nicht erreichen kann. Immer wieder navigiert der Text direkt nach Hause, zurück zur Grammatik, konjugiert das Verb zurück zum Subjekt. Wandern wollen, aber schreiben müssen. Die Lust am Text, am Schreiben, ist eine andere als jene lustvolle Aufmerksamkeit des Zeichners Pfäffli, dessen Augäpfel am Blatt kleben. Vielleicht weil sich im Tippen auf der Laptoptastatur die Geste des Schreibens überschreibt. Weil beim Schreiben Schreiben und Schrift auseinandergehen, während beim Zeichnen Geste und Linie miteinandergehen, auseinanderdriften, dann gemeinsam nach Hause schlendern, zu spät zum Mittagessen kommen.

Die Wander- oder Fährtenlinien der Kinder entsprechen jenen topischen Linien, die der Geograf Kenneth Olwig in seiner Auseinandersetzung mit der Beziehung zwischen Raum und Politik beschreibt. Olwig entwirft die topische Linie in Abgrenzung zu der geraden, utopischen Linie, die sinnbildlich für die Moderne und ihre Aufklärungserzählung vom Fortschritt steht, für Vernunft, Autorität und Orientierungssinn, und der dystopischen Linie der Postmoderne. Während die progressive Linie der Moderne von Stufe zu Stufe schreitet, bewegt sich die fragmentierte postmoderne Linie von einem Bruchpunkt zum nächsten. Dabei schafft sie, anders als die topische Linie, die von Ort zu Ort wandert, um im Dazwischen zu verweilen und neue Räume zu schaffen, nur Dislokationen. «Perhaps it is time», schreibt Olwig, «we move beyond modernism's *utopianism* and postmodernism's *dystopianism* to a *topianism* that recognizes that human beings, as creatures of history, consciously and unconsciously create places.»[20]

So wie Delignys topische Linien Wahrnehmungsräume jenseits der Sprache weben, könnte man auch die Linien in Mathis Pfäfflis Zeichnung als topisch begreifen. Seine Linien wandern, driften, schweifen umher, von Panel zu Panel, schaffen Orte, Wahrnehmungsräume, Umwelten. Manchmal sind es vertraute Orte, wie jene Aussenfassade und Ausstellungsräume, die an die Architektur des Kunstmuseums Luzern erinnern. Aber dann mutieren diese Orte, werden unheimlich, manchmal fantastisch. Fluchtlinien führen hinaus in surreale Welten. Die Kunstgalerie wird zum Schlafzimmer, in dem Bäume neben Träumen zu wachsen beginnen. Sie entfalten sich aber nicht naturwüchsig, sondern zu maschinischen Ansichten. Erinnert die technische Dynamik einiger Zeichnungen zunächst an die Ästhetik des Futurismus, wird beim näheren Betrachten deutlich, dass sich die Linien beim Bilden von technischen Kreisläufen und Zusammenhängen verfangen. Zahnräder straucheln und stottern. Im Gegensatz zu der modernen, utopischen Linie des Futurismus schaffen Mathis Pfäfflis Wanderlinien keinen reibungslosen Ablauf. Ursache und Wirkung verheddern sich. Die Infrastruktur der Maschine ist kritisch, nicht, weil sie unterbrochen wird, sondern weil ihre Einzelteile nicht zusammenpassen, sich nicht fügen wollen. Die Zeichnungen bilden eine Versorgungskette, bei der unklar bleibt, welches Produkt hier eigentlich hergestellt und geliefert werden soll, wer Sender•in und wer Empfänger•in ist. Die infrastrukturellen Elemente scheinen keinem technischen Zweck zu nützen, vielmehr sind sie ästhetische Vehikel, maschinische Transportlinien, die labyrinthisch umherirren. Diese maschinischen Irrlinien erinnern an jene wundersamen DIY-Maschinen, die Boris Vian in seinem surrealistischen Roman *Der Schaum der Tage* (1947) beschreibt. In dem Roman findet, ähnlich wie in Mathis Pfäfflis Zeichnungen, die Freude an Maschinen und den ebenso fantastischen wie tückischen Möglichkeiten ihrer Mechanik ihre Entsprechung in der Lust, Dingen ein Eigenleben zu geben und Gegenstände zu animieren. In der vielgestaltigen Welt von Vian ist es also durchaus möglich, dass ein Piano unmelodische Cocktails mixt oder sich die Türklingel wie ein Käfer in Bewegung setzt. In ähnlich eigenartiger und surrealer Weise gelangen Mathis Pfäfflis kinetische Skulpturen in seine Zeichnungen, um sich dort eine neue Umwelt, ein neues Milieu zu schaffen und verrückte Funktionsweisen jenseits mechanischer Logiken zu erproben. Physikalische Gesetze und natürliche Kreisläufe werden in absurde Zusammenhänge aufgelöst. Aber anders als in Verschwörungserzählungen, in denen alles mit allem zusammenhängt und dabei genau aufgeht, weil das Böse der Struktur identifiziert und personifiziert wird, oft in einer Elite, die mit den Fäden in der Hand die Zusammenhänge bestimmt, verbinden sich Mathis Pfäfflis Linien zu keiner kohärenten Erzählung. Alles hängt irgendwie uneindeutig miteinander zusammen. Fluchtlinien formen sich zu einem unüberschaubaren Netz, zu einem komplexen Gewebe aus Elementarteilchen und Makrostrukturen, aus Nähe- und Distanzbezügen. Handelt es sich bei den Zeichnungen um mikroskopische Aufnahmen eines hybriden Organismus oder um die Abbildung eines Gesamtzusammenhangs? Mathis Pfäfflis topische Linien schaffen vage Terrains, die immer wieder neu zusammen- und auseinandergefaltet werden. Dabei geht es weniger um die Frage, wie sich diese Zusammenhänge und Umwelten herstellen, sondern vielmehr darum, wie und auf welche Weise man selbst Teil des grossen und kleinen Ganzen ist – als Mensch, als Künstler•in, als Zeichnung, als Zeichen, als Linie.

1 Louis Marin, *Texturen des Bildlichen*, Berlin 2006, S. 26.
2 Ebd.
3 Uljana Wolf, «In die Karten geschaut», in: dies.: *Etymologischer Gossip. Essays und Reden*, Berlin 2021, S. 98–100, hier S. 98.
4 Tim Ingold, *Lines. A Brief History*, London/New York 2007, S. 79.
5 Tim Ingold, *The Life of Lines*, London/New York 2015, S. 128.
6 Ebd., S. 115.
7 Ingold 2007, S. 43.
8 Ingold 2015, S. 130.
9 Fernand Deligny, *The Arachnean and Other Texts*, Minneapolis 2015, S. 191.
10 Vgl. Fernand Deligny, *Ein Floß in den Bergen*, Berlin 1980.
11 Vgl. Deligny 2015, S. 13.
12 Ebd., S. 209.
13 Ebd., S. 52.
14 Bertrand Ogilvie, «Postface/Afterword», in: *Cartes et Lignes D'erre/Maps and Wander Lines. Traces du réseau de Fernand Deligny 1969–1979*, Paris 2013, S. 397–413, hier S. 408.
15 Fernand Deligny, «Ein Holzklotz. Chronik einer Untersuchung, die zu ihrer werden kann», in: Pablo Lafuente et al.: *A Singular Form*, Wien 2014, S. 149–157, hier S. 151.
16 Fernand Deligny, *Œuvres. L'inactualité de Fernand Deligny*, hg. von Sandra Alvarez de Toledo, Paris 2007, S. 699.
17 Deligny 2014, S. 150.
18 Ebd.
19 Walter Benjamin, *Berliner Kindheit um neunzehnhundert*, Frankfurt a. M. 1978, S. 23.
20 Olwig, zit. in Ingold 2007, S. 167.

Sophia Roxane Rohwetter
Some Detours and Machinic Misdirections

If *Der Boden ist Lava* (The Floor Is Lava) initially appears to be a game in which one rule (the floor can be walked on) is replaced by another (the floor cannot be touched), it could also be read as an anarchic-aesthetic one in which rules imposed from outside (by society, by gravity) are overridden solely by one's own or the collective imagination. And so one plots a course over furniture, mattresses and the devices of the playground, an anarchic line of flight across the children's bedroom. Similar to the detours one takes when playing with illusionistic fire, this text will also make a few fleeting drifts and digressions: about elective etymological affinities, such as that of drawing (zeichnen) to the sign (Zeichen), to language, to magnetic attractions, to indeterminate play, about the line as the basic form of drawing, as a constitutive element of anthropology and as a therapeutic tool, to topian lines and machinic errant lines.

As on a trip through an unknown landscape, the text trips, that is, stumbles aimlessly, yet ominously, through Mathis Pfäffli's pictorial domains, which in their own trippiness (as a journey for its own sake, as a psychedelic experience) can be outlined associatively rather than directly, in movement rather than in written stasis. The tracing of Mathis Pfäffli's lines requires detours. In doing so, the text is perhaps less road trip than drift, more flowing than driving. The word *drift* itself drips strangely hard over the tongue. In French, it sounds airy and is called *dérive*. The word refers both to the drifting of watercraft—a ship that has deviated from its intended course due to wind and current—and to the instrument that is supposed to ensure stability and counter drift. *Dérive* drifts and steers at the same time. And so the text drifts, wanders and rambles, navigates back on course, detours again, draws lines in the in-between. Language merges in the drawing, then dissolves in the sign.

Let's take another linguistic detour, from the French *dérive* to the English *draw*; to sharpen the etymological digression. The English word for drawing—to *draw*—not only denotes the production of a picture or a diagram, which is created by lines and marks on paper, but also expresses an affinity, a magnetic attraction to a certain object, thing or person. "To draw somebody's eyes" can thus mean that someone depicts someone else's eyes, or that one's attention is attracted by the presence of another. In Mathis Pfäffli's drawings, both occur simultaneously.

Now flick to the beginning of the sequence of drawings. This *somebody*, which *draws* the eye and at first disappears into a network of lines and circles, only to literally fall into the eye, is a section of a human-like profile. At first it can only be recognized as such by the hint of a forehead, nose, mouth and chin. In the following works, the profile pushes itself into the picture in a number of variations—first with snub, then with pointed nose—sometimes less, sometimes more, to finally take over the space of the picture as a complete profile and eightfold multiplication and mutation of itself. Now also with eye, which, however, is no more than an abstract point, a bodiless pupil. Sequentially from left to right, the profile becomes less and less human head and more eyeball. The nose is abstracted into a triangle, then a small point or tip; the mouth shrinks, the lips suck inward, disappearing, merging into the circular shape of the head. All that remains of the head is the eye. Just as the eye takes the stage, the form of the human face begins to dissolve, to become eye itself. The perceptual apparatus of the eye forces its way into the picture, wanting to see what is taking place inside it. In addition to the eight eyes of the mutating profile, other, less shadowy, but similarly dehumanized eye-circles hover in the space of the image and overlook the picture: as glass eyes, surveillance cameras, or the bubblegum eyes that one chews on Halloween.

The homology of form and motif—the dot as pupil, the circle as eyeball—traces that "mysterious concrete rhythm of the gaze, its theoretical scheme between eye and object,"[1] of which the art historian Louis Marin speaks in reference to Paul Cézanne and his thoroughly explored analogy of the apple and the eyeball. Marin explains this motivic entanglement in terms of concentric looking: "I think one must understand the concept as both concentrated and concentric, that is, as converging towards a center, but at the same time as spreading out, to the same extent as curved lines from and around the same center: the eye is both concentration and concentricity."[2]

But Mathis Pfäffli's drawings seem to dissolve this pictorial center from which the gaze spreads out. Lines of flight permeate the picture of multiple centers that eye each other and blur the concentration and concentricity of the eye. The center of the picture, the direction of the gaze, time is multiplying. Unlike Cézanne's still lifes with apples, Mathis Pfäffli's drawings, derived more from comics than painting, do not depict an isolated moment, but synchronize events of varying temporal extent to a static moment. In comics, the illusion of a moment in time is often dismantled by the use of textual elements, by utterances in the form of speech or thought bubbles. In other words, turning from the perceptual to the linguistic apparatus. Running through language: "We wanted to crouch over this sentence like a city, create a point, mouth space, dream of hearing, or saying, here: in this network of tongues, a way has succeeded, a provision, understanding."[3]

In German, the word *zeichnen* (draw) is associated with its terminological companion *Zeichen* (sign), and to the rules of linguistic abstraction, the alienating machine of writing. Somewhere between the drawing and the sign, a text-image relationship is construed. Mathis Pfäffli's drawings initially appear more as images than as text, and in fact there is no text at all, similar to a comic strip that narrates pantomimically, that tries to get by without language. Or is there? Because after the appearance of the eyeball, a rectangle appears at the top of the next image, reminiscent of the header of a document which serves for text navigation, or of those narrator's comments set in blocks in comics that outline elapsed time (the next day ...) or establish simultaneity between different storylines (meanwhile, across town ...). The rectangle separates the image into two distinct, independent areas, introduces a compositional break, transforms the sheet of paper into a Word document or a comic panel. Drawings mutate into signs. Like the comic, Mathis Pfäffli's pictorial sequence is a transmedial narrative, a game made of drawing and sign in which it is indeterminate who wins. Perhaps it is a drawn game—*the game is a draw*.

In some panels, tunnel-like forms move horizontally through the elongated rectangle, repeating and changing, recomposing themselves. Like standardized graphic symbols of a notation system, they seem to describe a technical process, a sequence of movements, or a melody. Are the symbols a circuit notation that records complex electrical circuits with the help of simple schematic signs, a dance notation that traces choreographic sequences, or a computer-based audiovisual representation? Do the signs of this unfamiliar language system describe a temporal sequence, do they give or follow instructions, do they prescribe or transgress rules? Do they record or fantasize? Do the signs narrate with or against the image? As in a comic, in which text becomes a visual carrier of meaning and the image becomes a sign, in which writing is seen and images are read, Mathis Pfäffli's drawings create a polyphonic text-image fabric; text-like signs and pictorial drawings coincide, not as a totality, but merge into difference. The basic technique of both, the drawing and the sign, is the line.

"Drawing freehand, I take my line for a walk,"[4] writes Tim Ingold in his book *Lines* (2007), in which he outlines an anthropological theory that defines being human as a process that is formed along paths, along lines. One of the guiding principles of this anthropology is the concept of correspondence, which places attention above intention and "doing-in-undergoing"[5] above intentional action. As a speaking, writing, drawing, walking, weaving being, humans create lines with every stroke and every step, and through these practices become lines themselves. In this continuous, dynamic process of becoming a line, man does not assume the grammatical form of the subject, but that of the verb: "To human is a verb."[6] In the process, man leaves traces on paper and in the landscape. Ingold distinguishes between additive traces, which use material pigments such as charcoal or chalk to create an additional layer on the substrate, and reductive traces, which are created by removing material from the surface itself, such as lines scratched, scraped, or etched. While the snail produces an additive slime trail, the woodpecker that hacks a hole in the bark of a tree leaves a reductive trail. Humans can produce reductive traces by running their fingers through soft surfaces such as sand or, equipped with a tool such as a hammer or sickle, by inscribing themselves into hard materials such as wood, bone or stone. In this context, Ingold points out that the etymological origin of the word *writing* goes back to such material inscriptions. "In Old English the term *writan* carried the specific meaning 'to incise runic letters in stone.' Thus one would *write* a line by *drawing* a sharp point over a surface: the relation between drawing and writing is here between the gesture—of pulling or dragging the implement—and the line traced by it."[7] Following the traces of walking, drawing and writing, Ingold asks: "What kinds of line does the humanifying being, the animal homificans, trace when he sets out on foot, where every step is an event of leading life, of humaning?"[8] A possible answer to this question can be found in the Cévennes, on a raft in the mountains, next to children who do not speak. So: *Dérive*!

Fernand Deligny, communist, filmmaker, poet, educator and therapist of autistic children, developed, like Tim Ingold, an alternative anthropology based on verbs and lines. After many years of institutional work with "maladjusted" children, he set up a support network in the south of France in 1968 for autistic children who were outside of language: *hors de parole*, out of language, out of line. Together with social workers, non-professional therapists, farmers, former industrial workers from Paris, and activists from the '68 and anti-psychiatry movements, Deligny set out for the remote Cévennes to create an experimental psychiatric network, a space beyond the psychiatric confinement apparatus—similar to La Borde, where Jean Oury and Félix Guattari tested alternative psychiatric and psychoanalytic methods. This was more than just a place to live, it was a milieu, an environment, a social fabric of interwoven lines that emerged from reflection on the non-verbal modes of existence of autism. Contrary to the grammatical assertion that every verb needs a subject, Deligny emphasized the infinitive form of the verb, which detaches itself from the subject and from that habit of thought according to which humans are defined by their linguistic capacity. "Living became an infinitive. The infinitive was an autistic mode of being."[9] In German, the infinitive form corresponds to the first person plural, and thus always resonates with a collective activity: we walk, we write, we draw lines.

In the shadow of the Cévennes, Deligny and his companions wove new nets of life for those who had gone overboard. The network acted as "a raft in the mountains"[10] which scooped up the lost children and through whose loosely bound logs the water could flow. The connection had to be sufficiently loose without coming loose.[11] That Deligny invokes the image of the raft is not coincidental, as the movement of the water's surface was central to his therapeutic project. As a child, he was fascinated by the seemingly endless waves that lapped at him one after another. Young Deligny watched the boats rocking back and forth in the water and concluded that it was the movement of the boats that created the waves. He placed his hand flat in the water and moved it until waves formed, watching excitedly as they expired one by one at the edge of the pool.[12] The French word for wave, *vague*, as an adjective denotes an ambiguity, such as an undeveloped terrain whose future use is still uncertain (*un terrain vague*); as a verb, it means to stroll, to wander, to stray, to drift. Somewhere between active and passive movements, the intransitive verbs *vaguer* and *drift* do not require an accusative object: "The fact that drifting has no predefined object can make one think that the subject, then, is adrift."[13]

For years, Deligny and his companions studied the peculiarities of autistic children's communication and investigated their spaces of movement and perception through an experimental cartographic practice. They observed the children chopping wood or bundling firewood, paying attention to every little gesture, *le moindre geste*. They carefully recorded these nonverbal, pre-linguistic expressions and traced them as lines and paths that revealed themselves as maps: maps of everyday paths, of gestures, bodies, spaces, activities, presences, objects, of nodes of collective life. Maps of a world that exists outside of language.[14] "[…] For what does a person really seek if not something that is beyond language."[15]

Unlike regular maps, Deligny's maps do not describe a path that has already been discovered, but visualize places and paths, gestures and lines that remain hidden. Unlike the symmetrical ink blotches of the Rorschach test, these drawings did not serve as a diagnostic tool. They do not represent interpretable material nor specific knowledge about the children, but rather traces of a search for common lines, a collective body that is neither one or the other.[16] Mapping together functioned as a space of action between autistic children and therapists, establishing a level of communication that opposed the symbolic domestication of thought through language, with the line itself becoming the language.

The circle as form refers not only to an apple or eyeball, but also to the *O*, "That kind of pre-alphabetic letter that children like to draw as if they were practicing writing in the future, and this letter, which is actually not one and has no place in the alphabet, is kept and written without vocalization by children with learning difficulties. This egg formed with their fingers as a letter simply remains an egg: it is likely that no hen hatched it and that no rooster passed by at the right moment."[17] When Deligny took the sharpened pencils away from the children, that instrument of drawing and writing, they merely shrugged their shoulders and dipped their fingers into the graphite dust. They made dark spots on white paper, which sometimes accidentally, without intention, intransitively, took the form of a recognizable object or thing. But even if the spots represented something, became representative, this was not the result of an intended action. There was not even a modicum of self in these blotches of color, Deligny argued. "The thing and its reflection remain, the shadowy spot on the paper, and there could be something like a similarity between the spot and the thing, the trace of a finger, a fingerprint, where the finger itself had wiped out the creases of skin that make it possible to establish identity."[18]

In his cartographic practice, Deligny distinguished between two different regimes of spatiotemporal coexistence: so-called customary lines, which depict routine processes and movements, and wander or errant lines (*lignes d'erre*), which form without purpose or intention and in response to their surroundings, their milieu. Wander lines deviate from the path, make short detours, arabesques off the regular path, which Deligny called detours, *derivé*. Deligny's wander lines correspond to those labyrinthine lines of the child strolling home that Tim Ingold describes in *The Life of Lines* in reference to Walter Benjamin's depiction of a child (probably young Benjamin himself) moving as if in a labyrinth among the bridges, flowerbeds, statue plinths and the bush-cloaked kiosks of Berlin's Tiergarten. Ingold designs the labyrinth as a countermodel to the crocodile formation, in which children walk side by side in neat rows of two, paying attention to their surroundings only when it is in the service of safety, to avoid cars or collisions with other passersby. The way of the crocodile is the way of discipline. Away from its constraints, on the way home, alone or accompanied by a friend, the child, attentive to its surroundings, takes a different path through wander lines, the path between school and home becomes an urban labyrinth. While the child moves through the city streets as if they were wild forest paths, it takes a certain effort for the adult, according to Benjamin, to get lost in the city. "Not getting lost in a city doesn't mean much. But to get lost in a city, as one gets lost in a forest, takes practice. Street names must speak to the errant like the crackling of dry twigs, and small streets in the city's interior must reflect the times of day as clearly as a mountain hollow. I learned this art late; it has fulfilled the dream of which the first traces were labyrinths on the blotting pages of my notebooks."[19]

Like the draftsman whose eyes are in his fingertips, following the micro lines and strokes, the child's miniature detective-like gaze scans the urban asphalt, in whose surface new spaces and paths flicker. The speechless child, moving in wander lines through a collective milieu of converging and diverging lines, is the companion of the child who moves between the lines of the asphalt and against the rules of the crocodile on the way home, the companion of the child who jumps from chair to toy in the nursery, drawing those anarchic lines of flight. Just as for the children of the Cévennes, of the urban labyrinth, and the lava-flooded bedroom, the ground on which they walk, or don't walk, becomes the terrain of errant lines, in Mathis Pfäffli's drawings the white sheet becomes a ground to wander on, in lustful lines of flight. His drawings force us to let our gaze drift, to let it wander. The gaze multiplies, becomes a line of flight itself, jumping from pupil to eyeball to gum eye and lingering in the in-between, creating new spaces of perception there.

Mathis Pfäffli's lustful lines create complex networks of wander lines that a text following language, even if it drifts, cannot reach. Again and again the text navigates straight home, back to grammar, conjugates the verb back to the subject. Wanting to wander, but having to write. The desire for the text, for writing, is different from that lustful attention of the draftsman Pfäffli, whose eyeballs are glued to the page. Perhaps because typing on the laptop keyboard overwrites the gesture of writing. Because in writing, writing and the written word diverge, while in drawing, gesture and line go together, drift apart, then wander home together, arriving late for lunch.

The children's lines of drift correspond to those topian lines described by geographer Kenneth Olwig in his exploration of the relationship between space and politics. Olwig sketches the topian line as distinct from the straight, utopian line emblematic of modernity (and its Enlightenment narrative of progress, reason, authority, sense of direction), and the dystopian line of postmodernity. While the progressive line of modernity proceeds sequentially, the fragmented postmodern line moves from one breaking point to the next. In doing so, it creates only dislocations, unlike the topian line that moves from place to place to dwell in the in-between and open new spaces. "Perhaps it is time," Olwig writes, "we move beyond modernism's *utopianism* and postmodernism's *dystopianism* to a *topianism* that recognizes that human beings, as creatures of history, consciously and unconsciously create places."[20]

Just as Deligny's topian lines weave perceptual spaces beyond language, the lines in Mathis Pfäffli's drawing could also be understood as topian. His lines wander, drift, and roam from panel to panel, creating places, perceptual spaces, environments. Sometimes they are familiar places, like those exterior facades and exhibition spaces that recall the architecture of Kunstmuseum Luzern. But then these places mutate, become uncanny, sometimes fantastic. Lines of flight lead out into surreal worlds. The art gallery becomes a bedroom in which trees begin to grow alongside dreams. They unfold, however, not naturally, but in machinic views. If the technical dynamics of some of the drawings initially remind one of the aesthetics of Futurism, on closer inspection it becomes clear that the lines get caught up in forming technical circuits and connections. Gears stumble and stutter. In contrast to Futurism's modern utopian line, Mathis Pfäffli's errant lines do not generate a smooth flow. Cause and effect become entangled. The infrastructure of the machine is critical, not because it is interrupted, but because its individual parts do not fit together, do not want to join. The drawings form a supply chain in which it remains unclear which product is actually to be produced and delivered, who is the sender and who is the recipient. The infrastructural elements do not seem to serve any technical purpose; rather, they are aesthetic devices, machinic lines of transport that wander labyrinthine. These machinic errant lines are reminiscent of those wondrous DIY machines described by Boris Vian in his surrealist novel *L'Ècume des jours* (1947). In the novel, as in Mathis Pfäffli's drawings, the joy of machines and the equally fantastic and treacherous possibilities of their mechanics finds its counterpart in the desire to give things a life of their own, in the animation of objects. In Vian's multiform world, it is thus quite possible for a piano to mix tuneless cocktails or for the doorbell to start moving like a beetle. In a similarly peculiar and surreal way, Mathis Pfäffli's kinetic sculptures enter his drawings to create a new environment, a new milieu, and to try out modes of operation beyond mechanistic logic. Physical laws and natural cycles are dissolved into absurd connections. But unlike in conspiracy narratives, in which everything is connected to everything else, and seems to make sense because the imagined evil of the structure holds the reins that determine the relations, Mathis Pfäffli's lines do not make up a coherent narrative. Everything is connected in ambuiguity. Lines of flight form themselves into an unmanageable net, into a complex fabric of particles and macrostructures, of relations of proximity and distance. Are the drawings microscopic images of a hybrid organism or do they depict an overarching context? Mathis Pfäffli's topian lines create vague terrains that repeatedly fold and unfold. The question is not so much how these connections and environments are created, but rather how and in what way one is part of the big and small whole—as a person, as an artist, as a drawing, as a sign, as a line.

1 Louis Marin, *Texturen des Bildlichen*, Berlin 2006, p. 26.
2 Ibid.
3 Uljana Wolf, "In die Karten geschaut," *Etymological Gossip. Essays und Reden*, Berlin 2021, pp. 98–100, here p. 98.
4 Tim Ingold, *Lines. A Brief History*, London/New York 2007, p. 79.
5 Tim Ingold, *The Life of Lines*, London/New York 2015, p. 128.
6 Ibid., p. 115.
7 Ingold 2007, p. 43.
8 Ingold 2015, p. 130.
9 Fernand Deligny, *The Arachnean and Other Texts*, Minneapolis 2015, p. 191.
10 See Fernand Deligny, *Ein Floß in den Bergen*, Berlin 1980.
11 See Deligny 2015, p. 13.
12 Ibid., p. 209.
13 Ibid., p. 52.
14 Bertrand Ogilvie, "Postface/Afterword," *Cartes et Lignes D'erre/Maps and Wander Lines. Traces du réseau de Fernand Deligny 1969–1979*, Paris 2013, pp. 397–413, here p. 408.
15 Fernand Deligny, "A Block of Wood. Chronicle of an Inquiry that Can Become Theirs," in: Pablo Lafuente et al: *A Singular Form*, Vienna 2014, pp. 149–157, here p. 151.
16 Fernand Deligny, Œuvres. *L'inactualité de Fernand Deligny*, ed. Sandra Alvarez de Toledo, Paris 2007, p. 699.
17 Deligny 2014, p. 150.
18 Ibid.
19 Walter Benjamin, *Berliner Kindheit um neunzehnhundert*, Frankfurt a. M. 1978, p. 23.
20 Olwig, quoted in Ingold 2007, p. 167.

Tracer
Zeichnungen/Drawings: Mathis Pfäffli
Text: Chantal Kaufmann

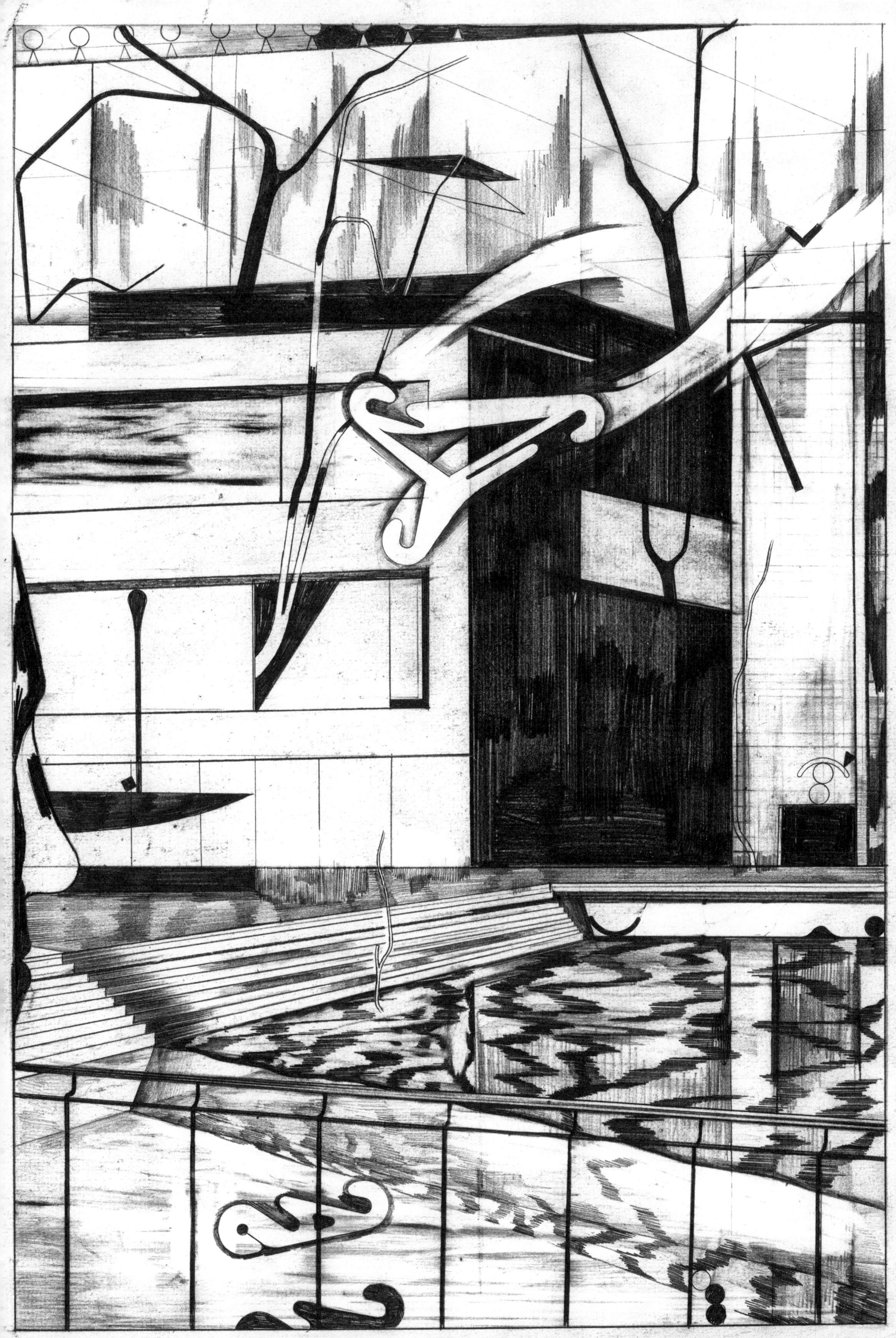

to approach a thing
with an interest in its texture

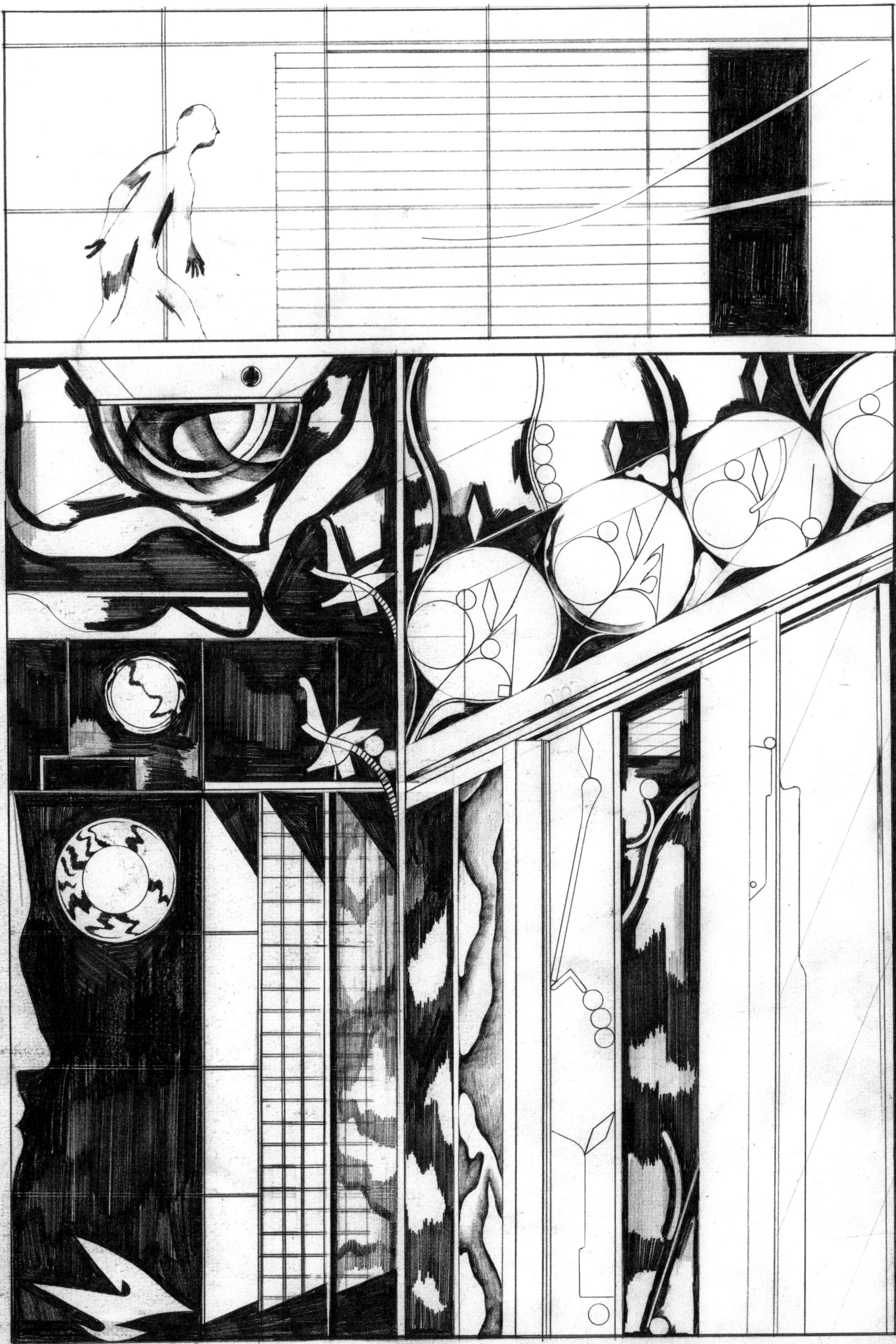

a voice sounded from afar
welcome to the vessel
an interrupted flux

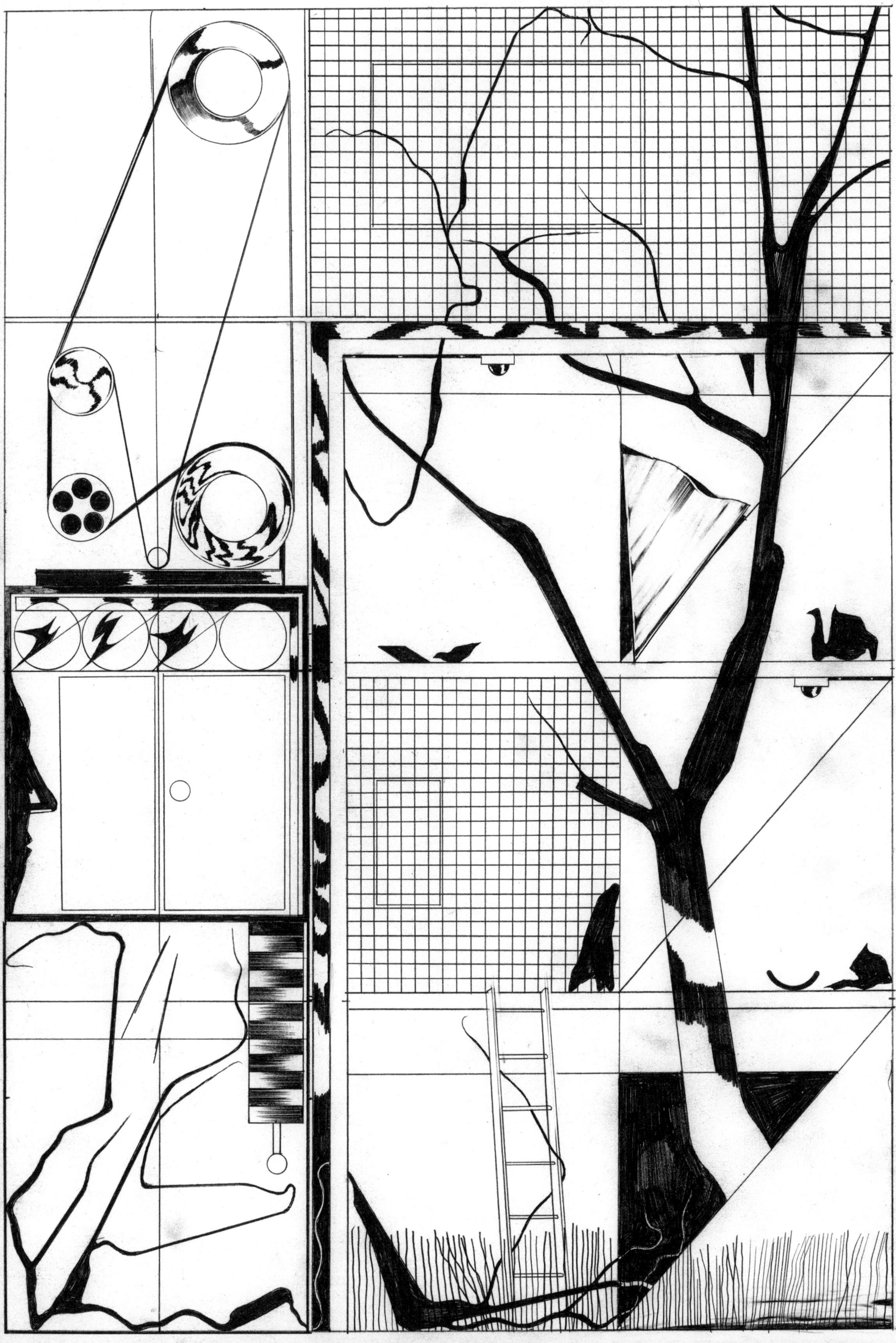

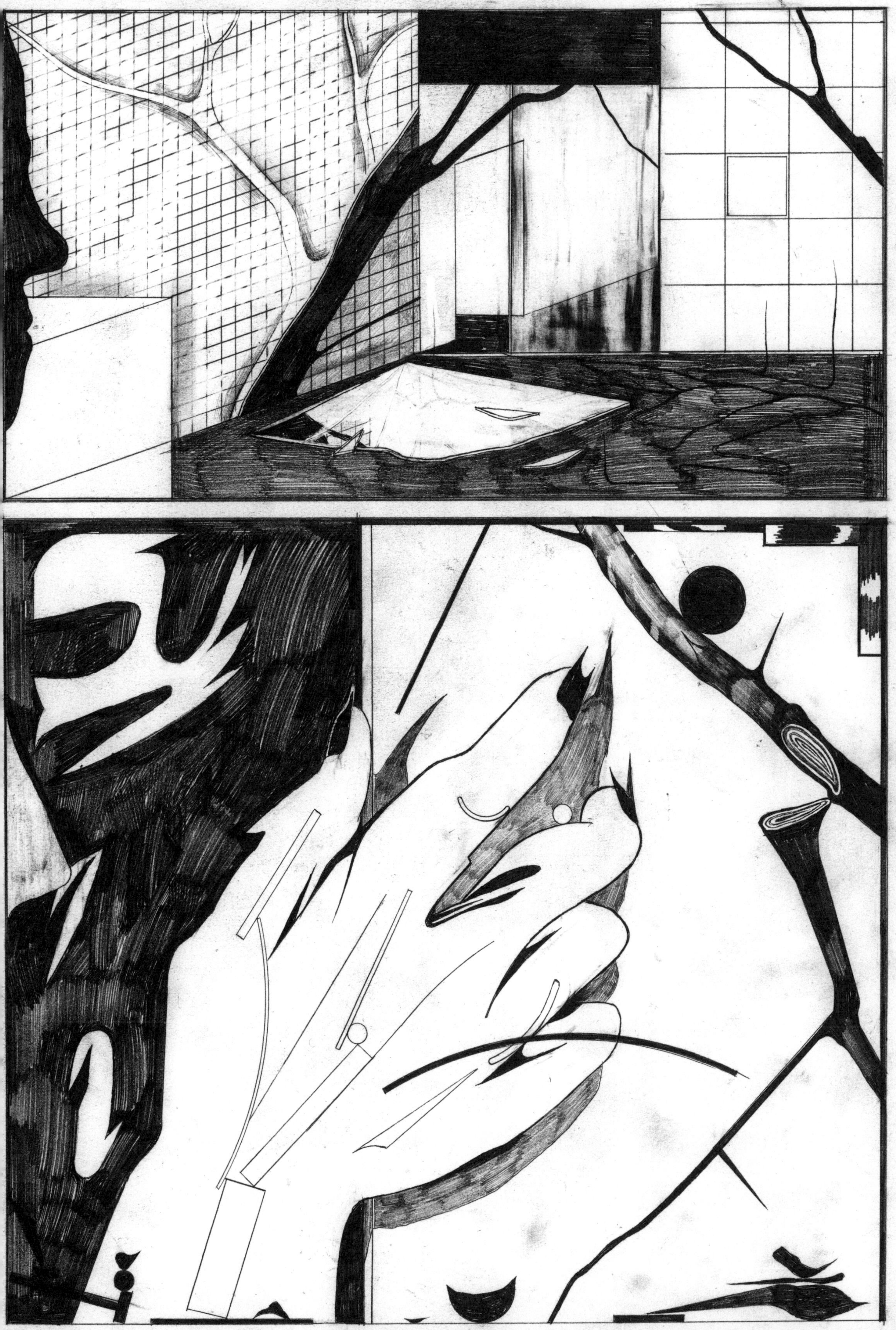

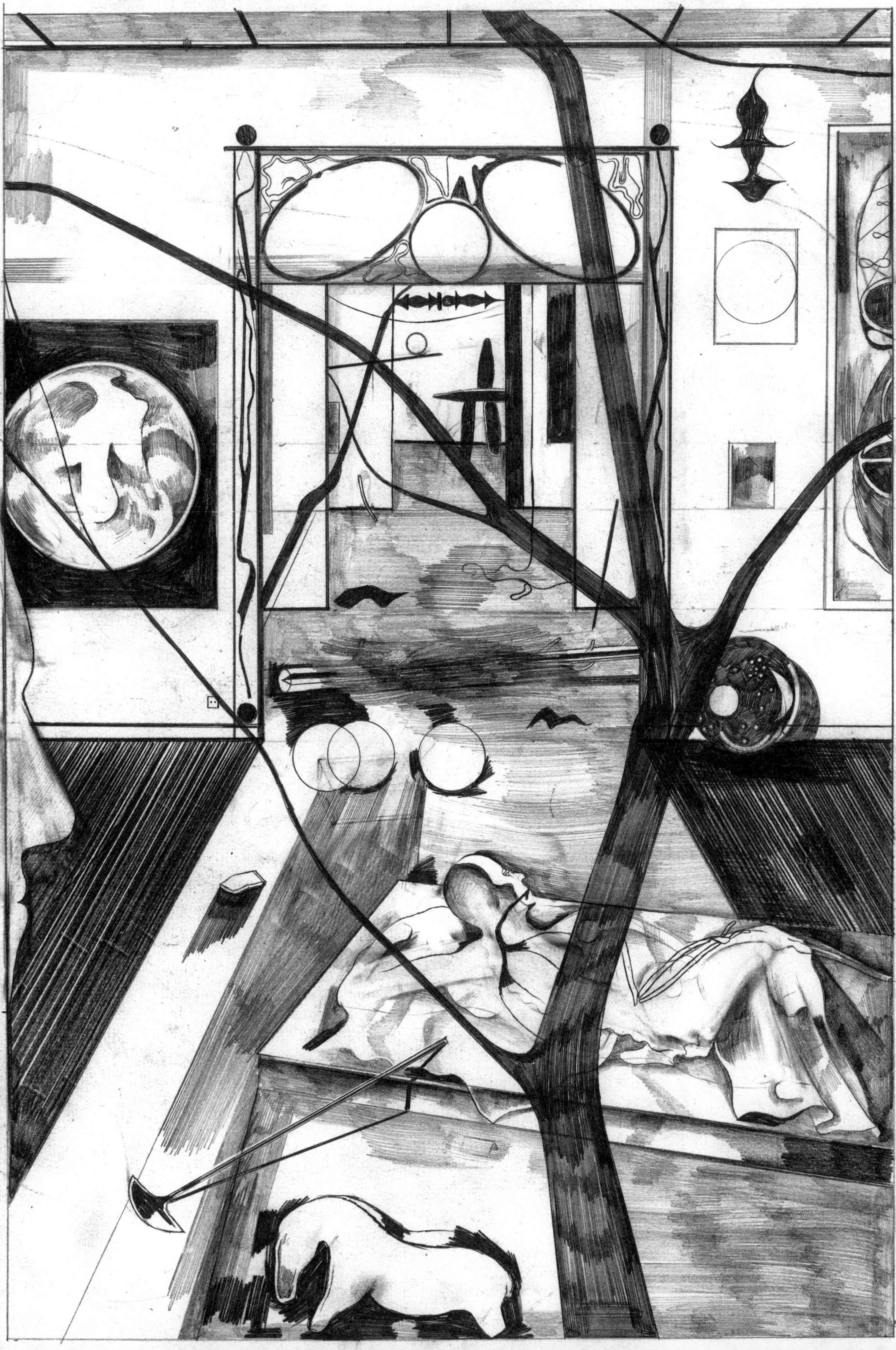

what indicated their place an in or outside
except for the shades of the light

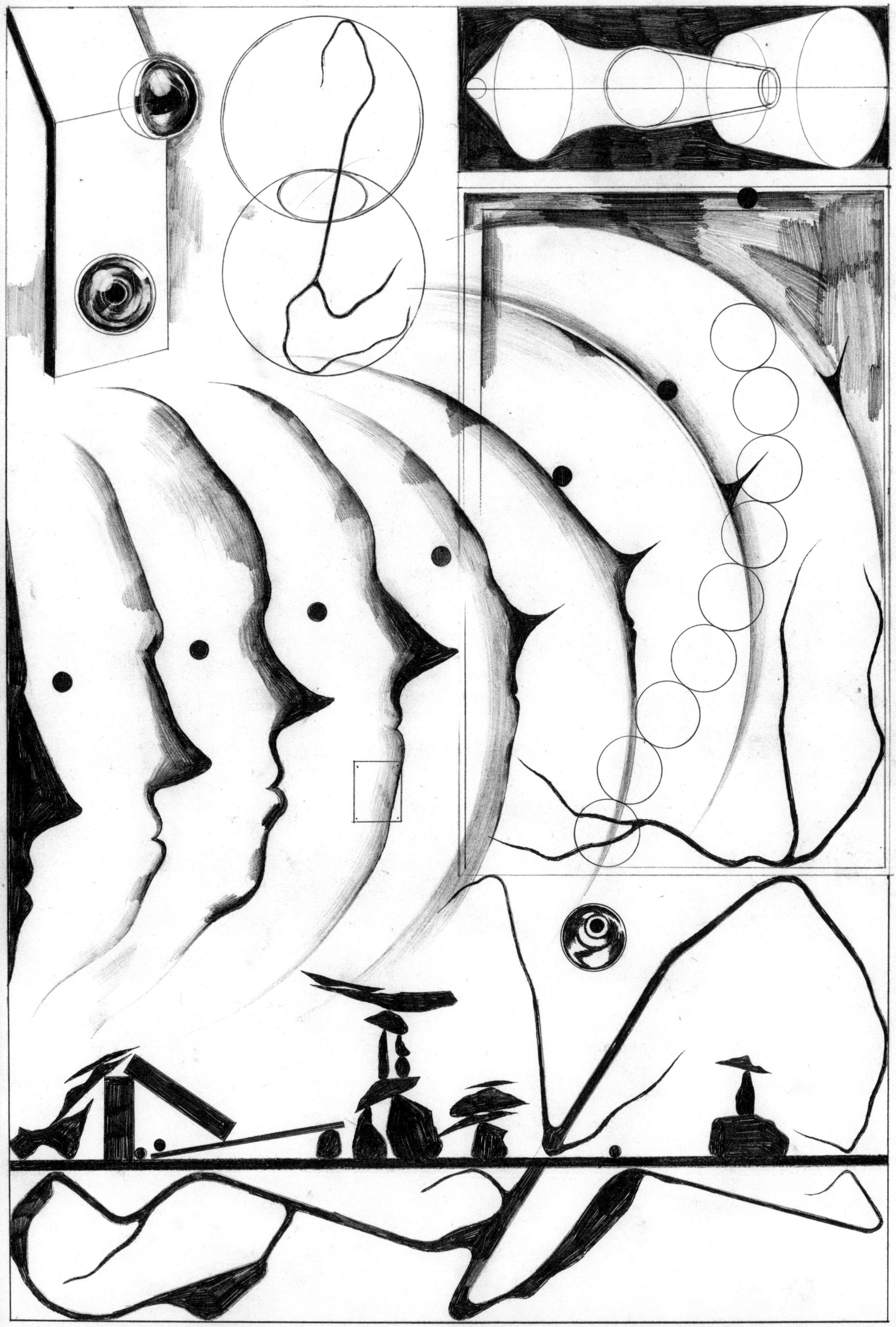

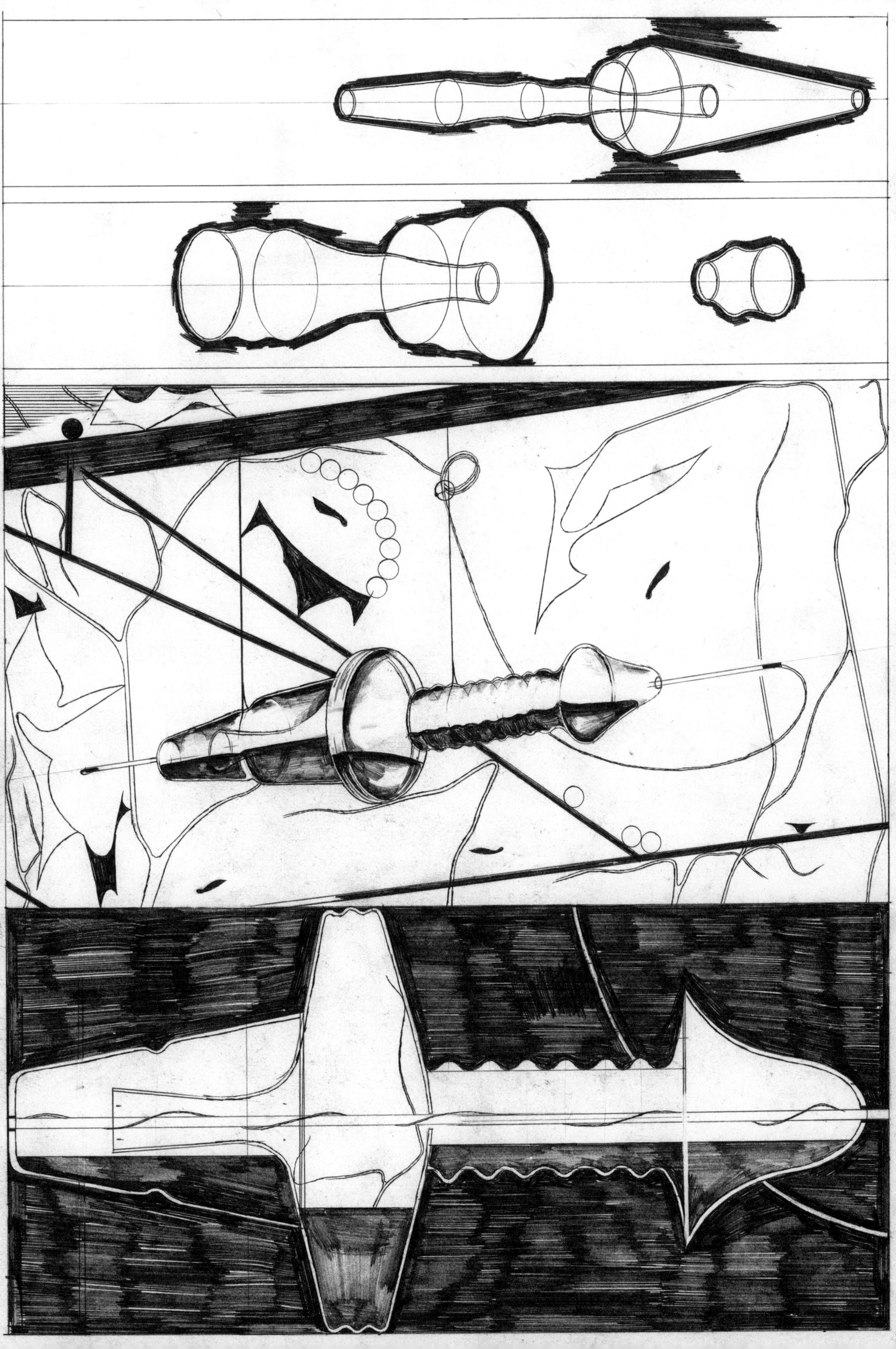

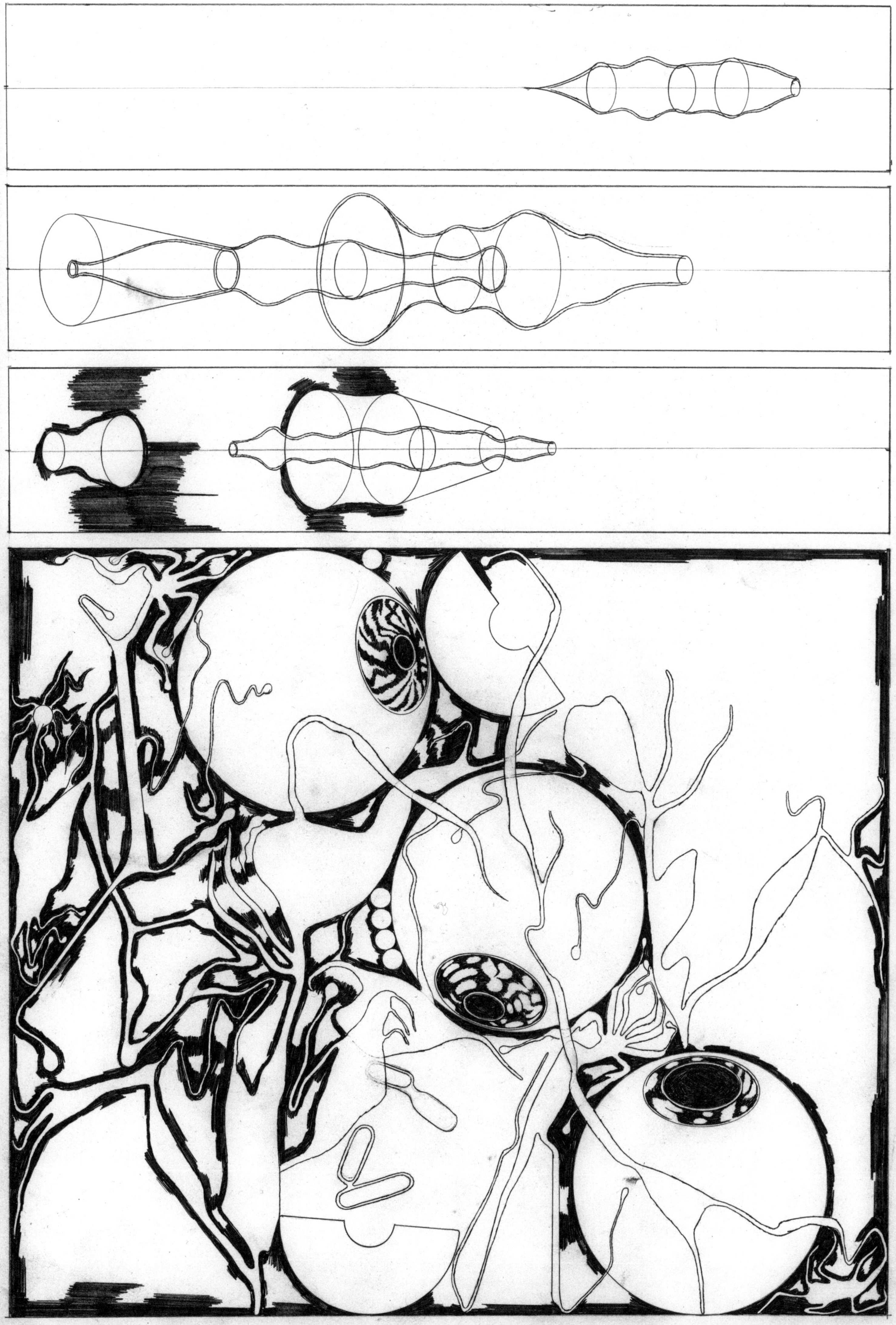

in x's dreams they'll let y enter their most intimate sphere

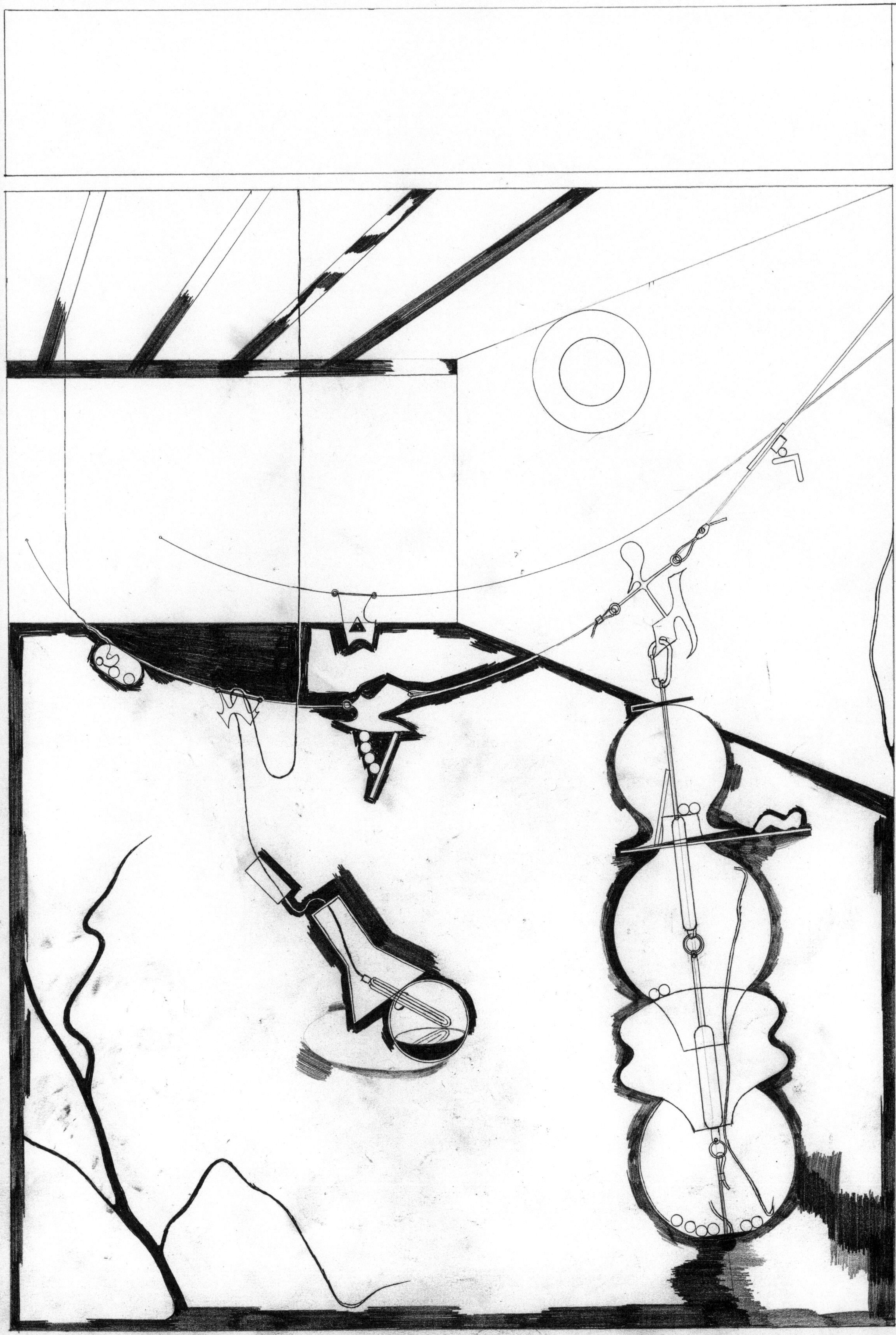

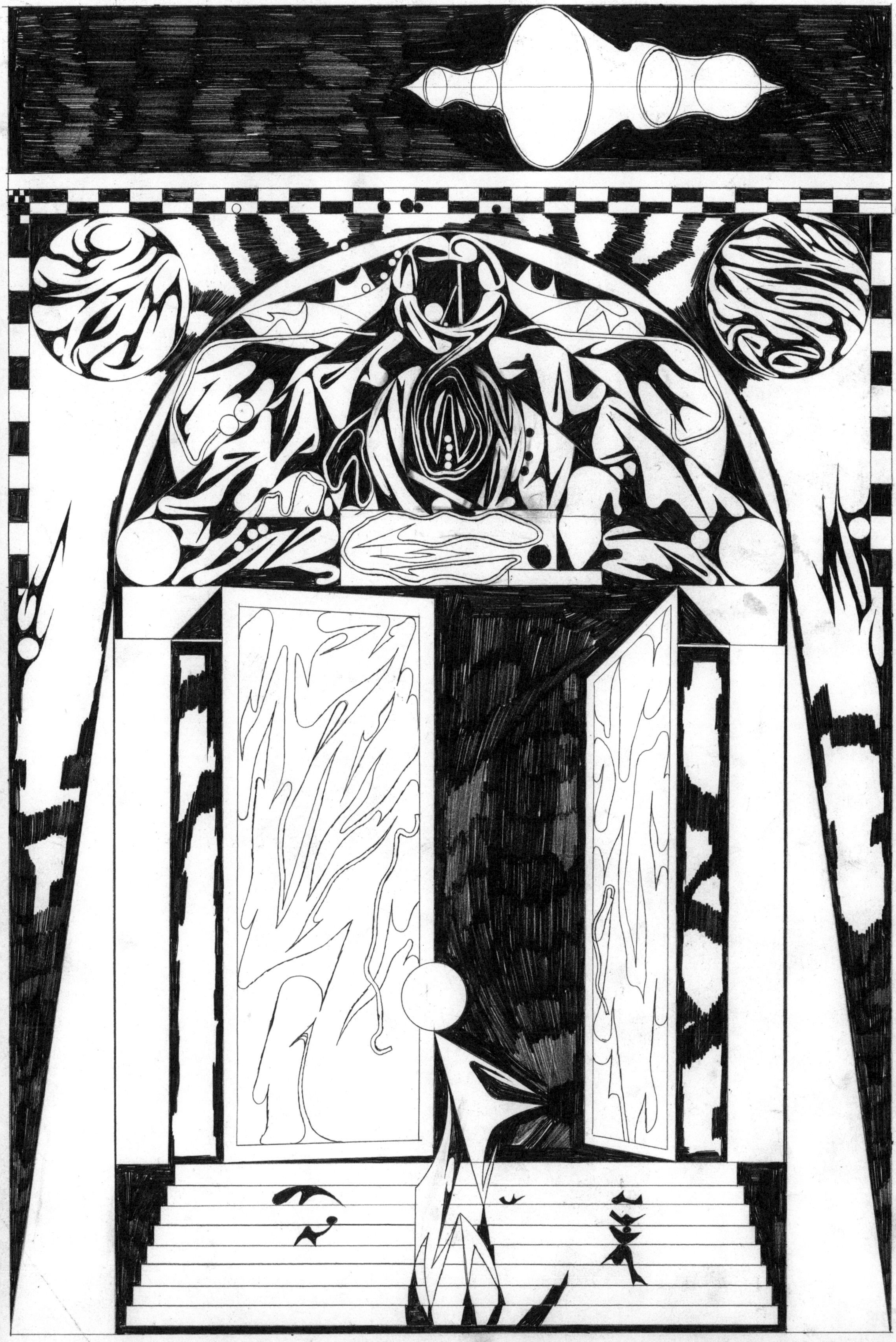

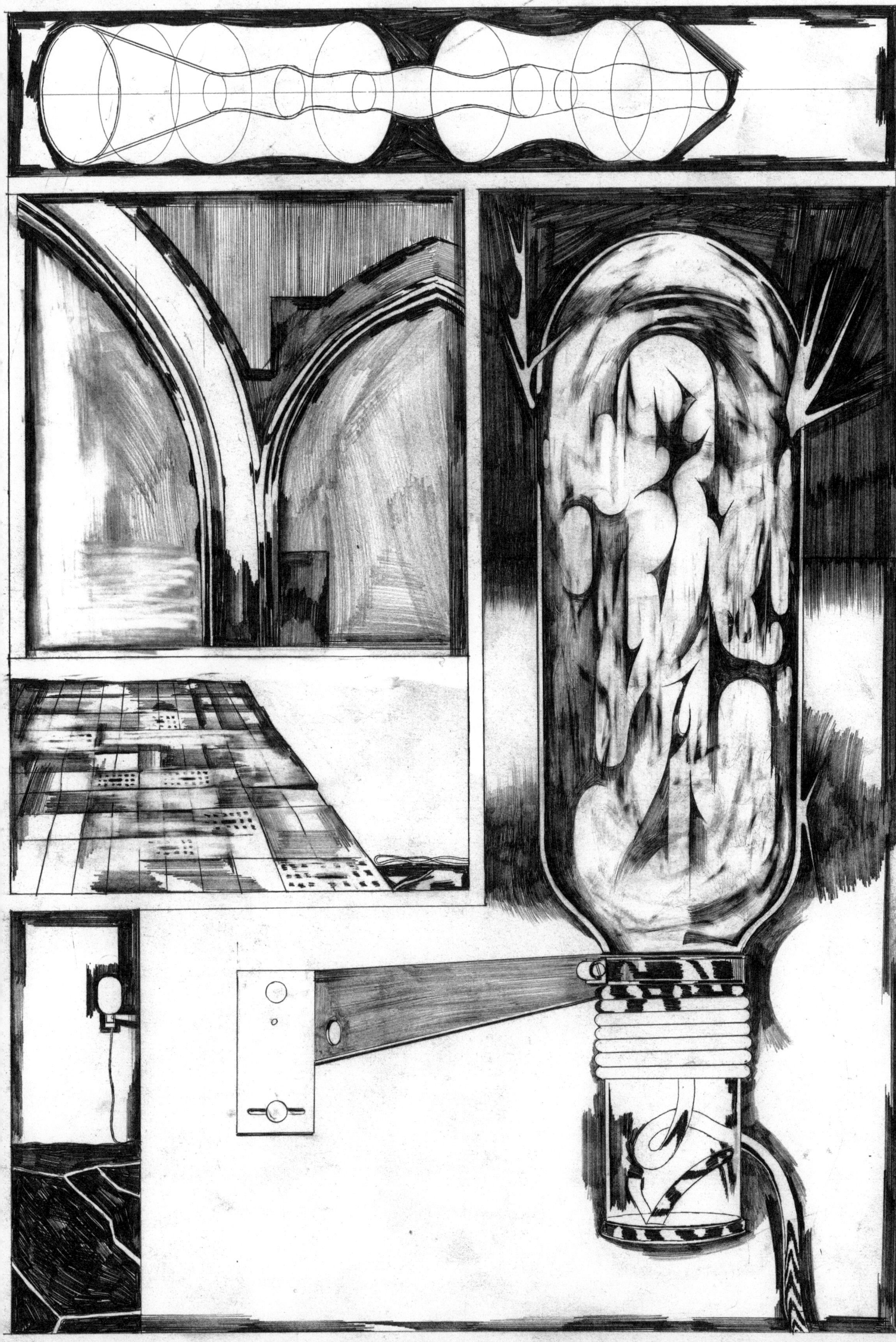

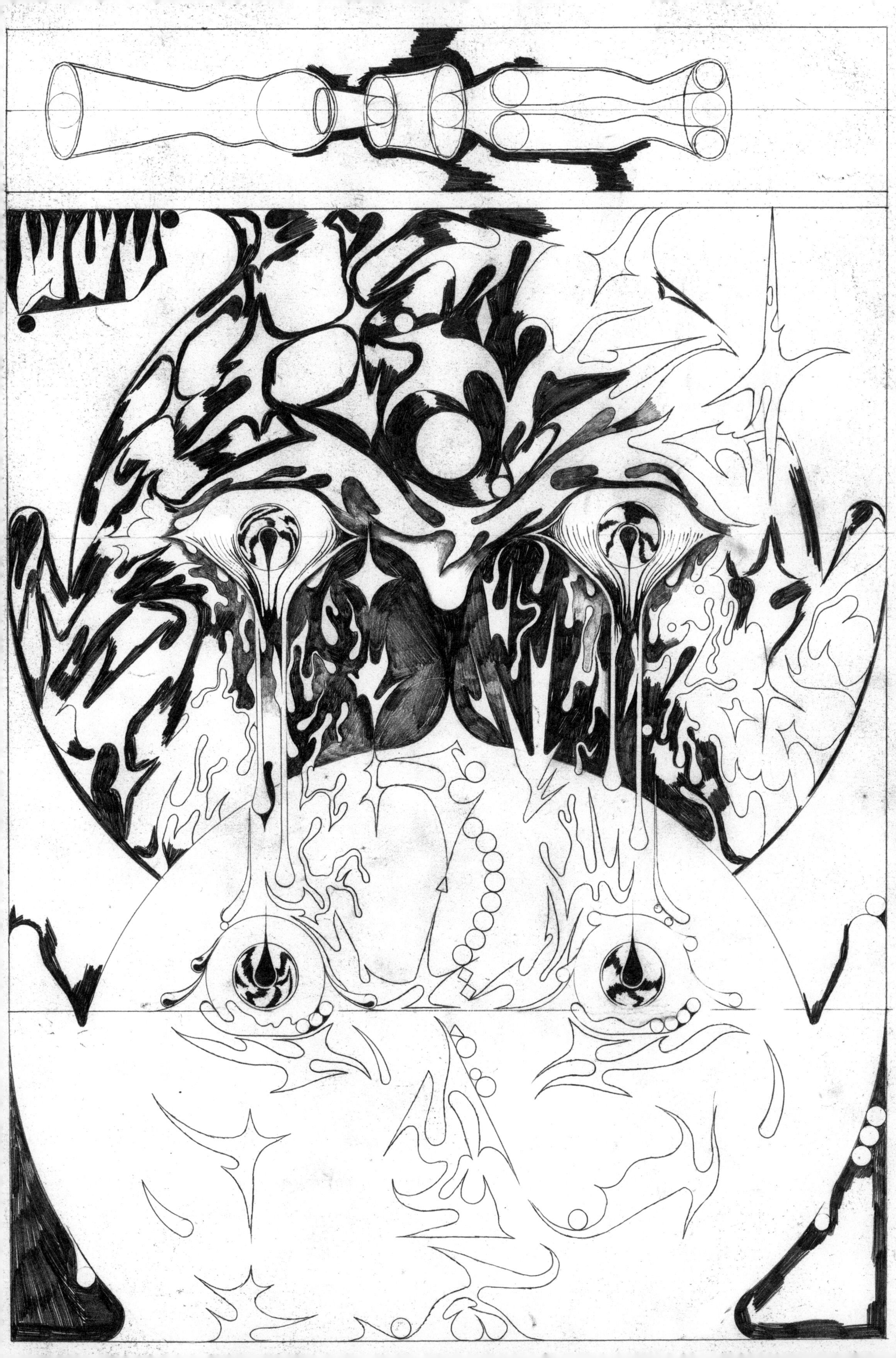

everything in there looked pretty

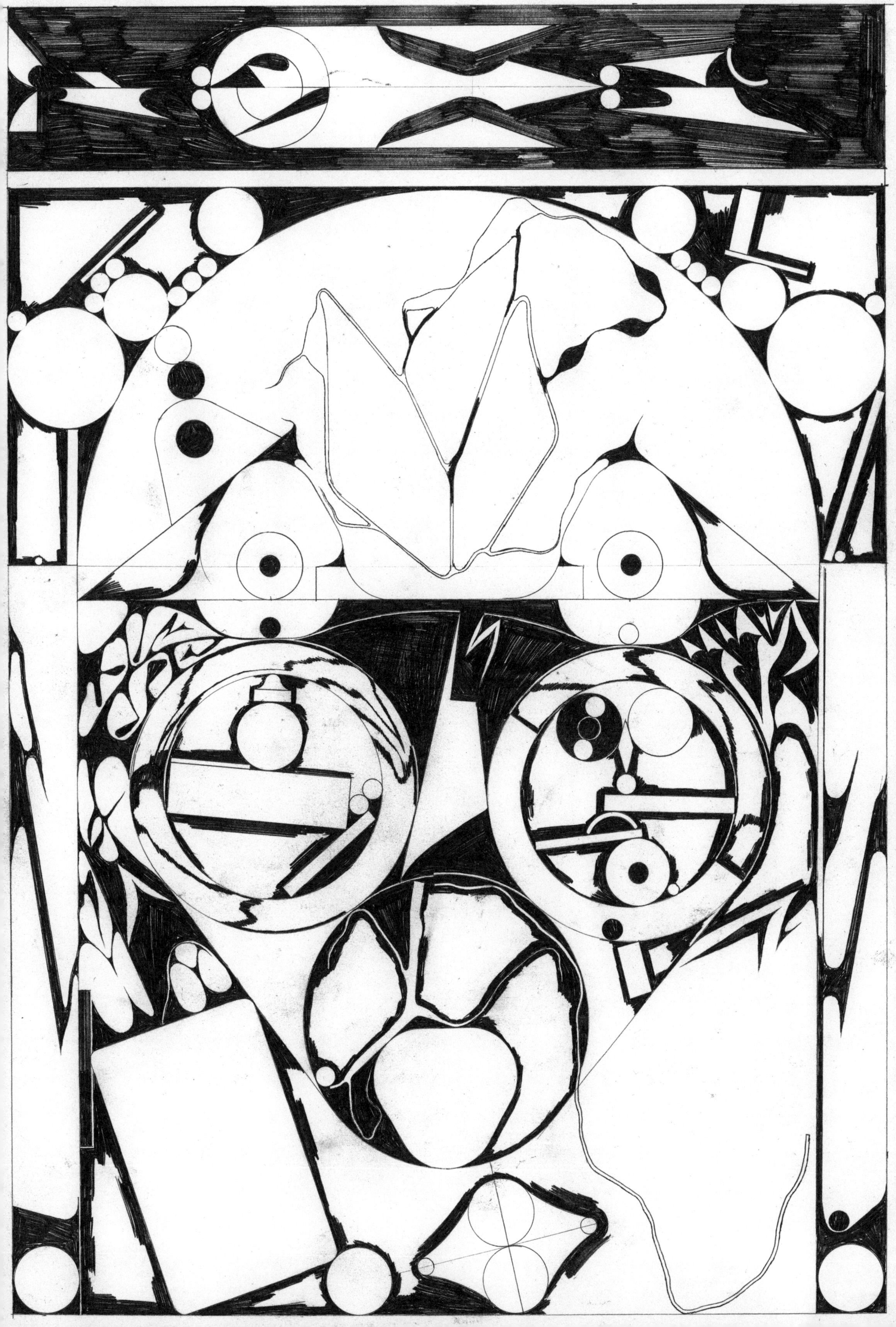

fragmented
scattered
thrown together

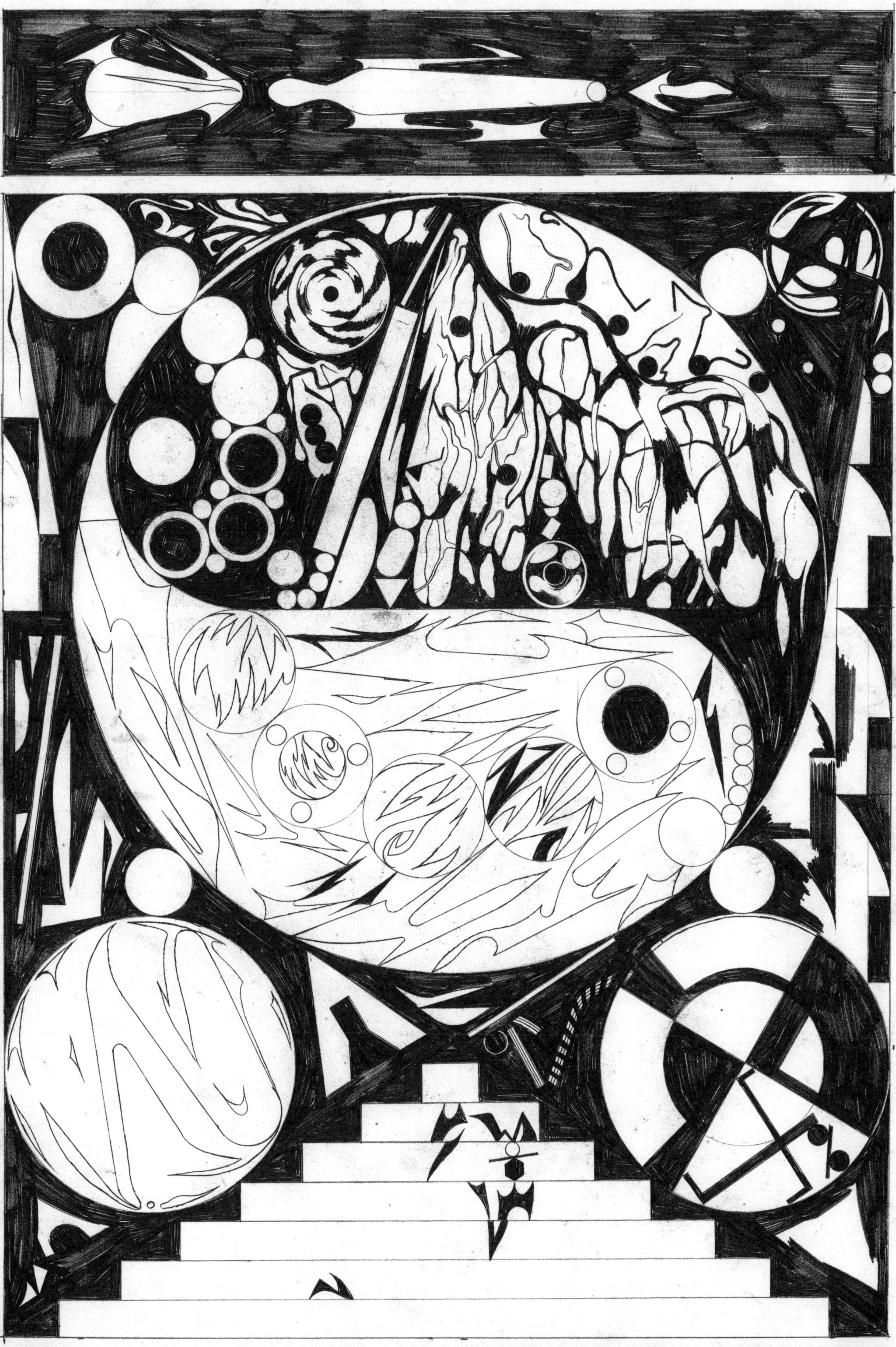

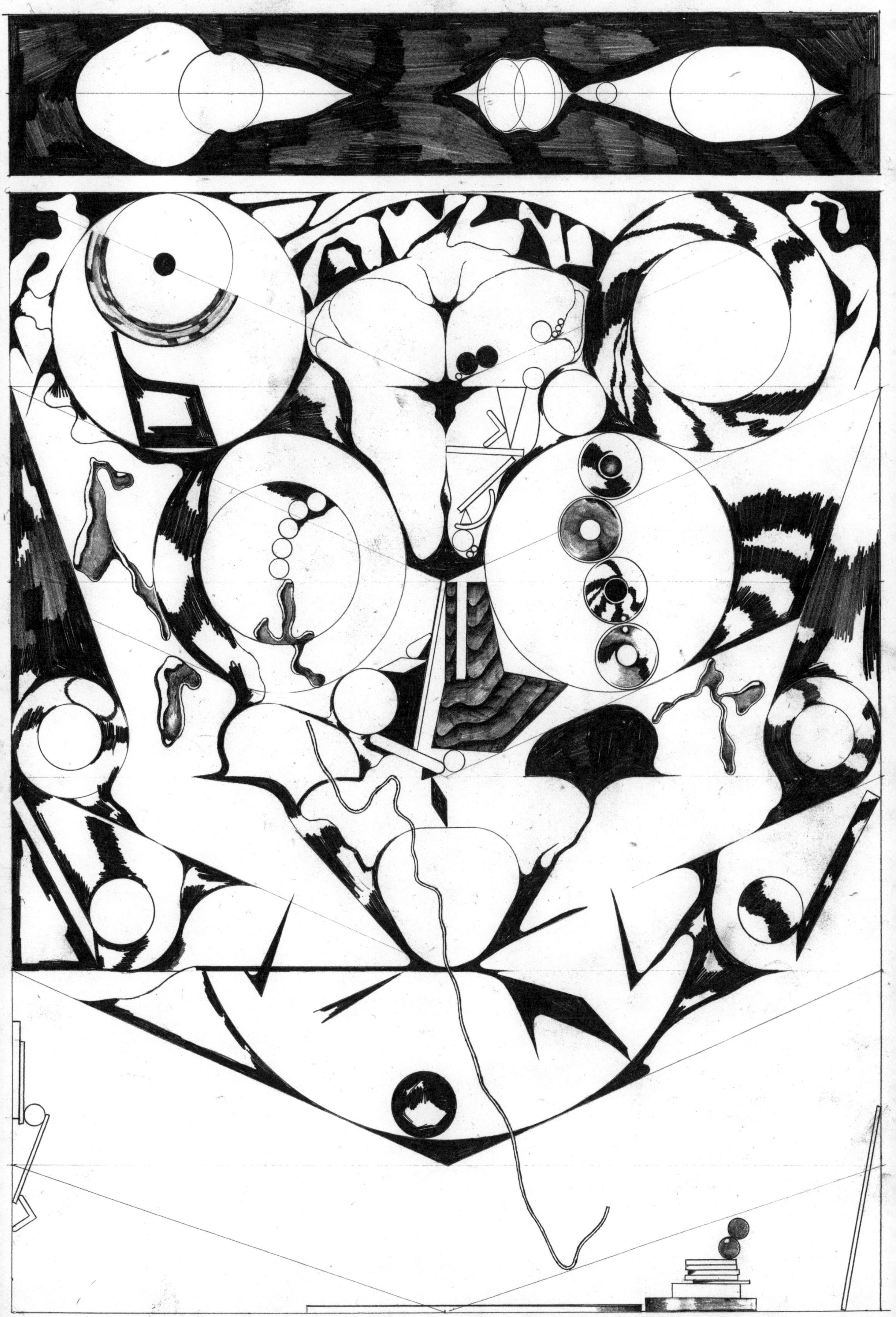

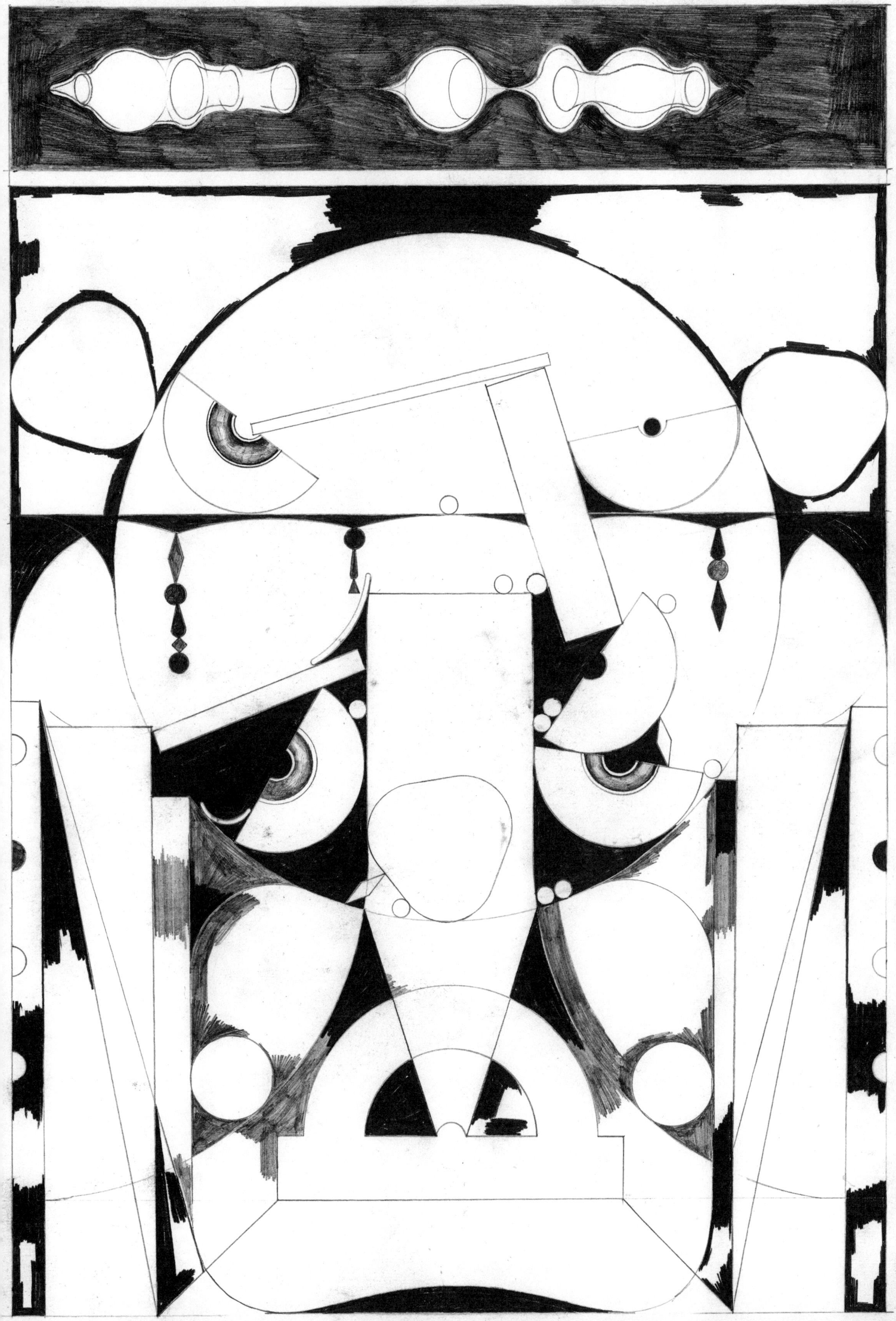

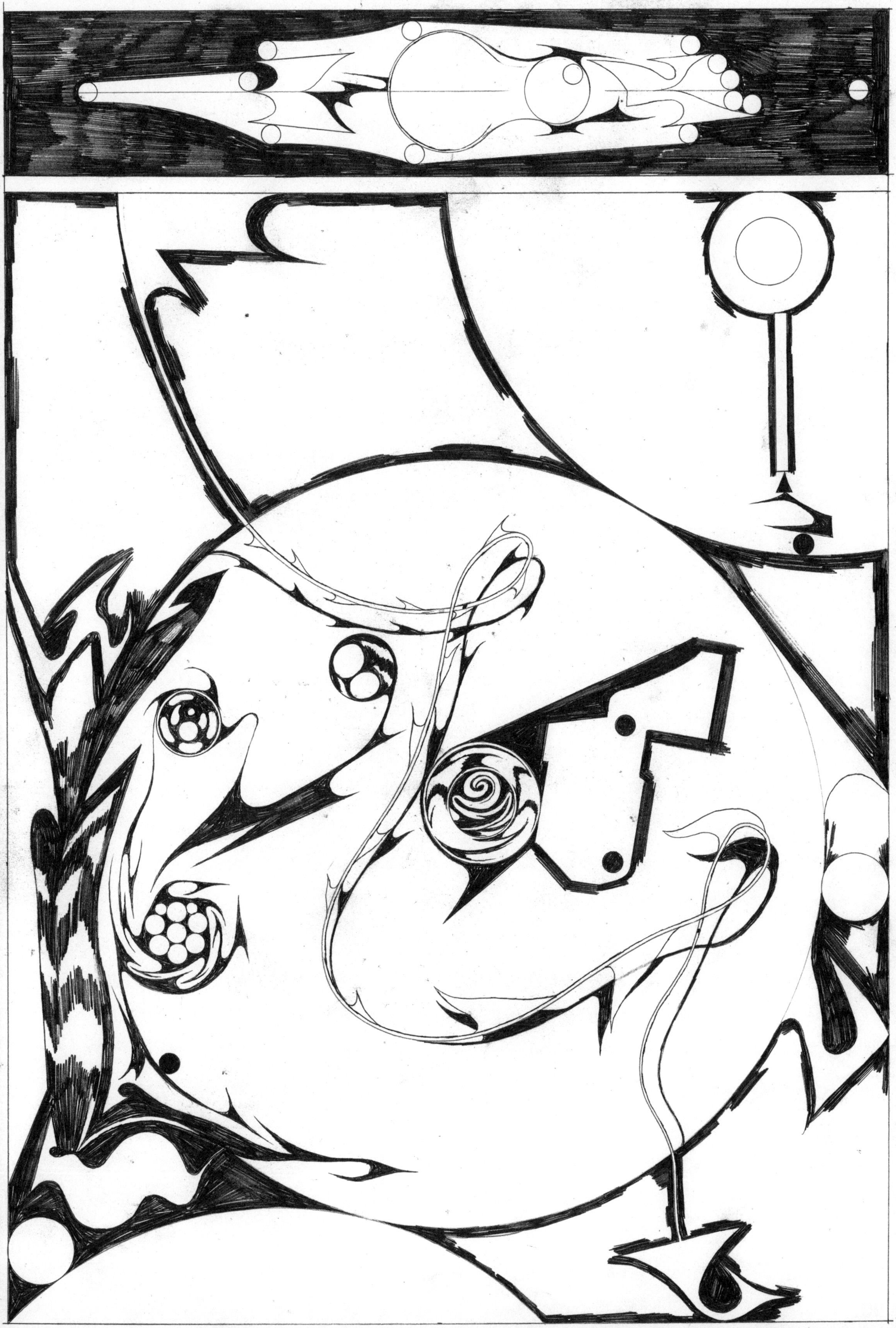

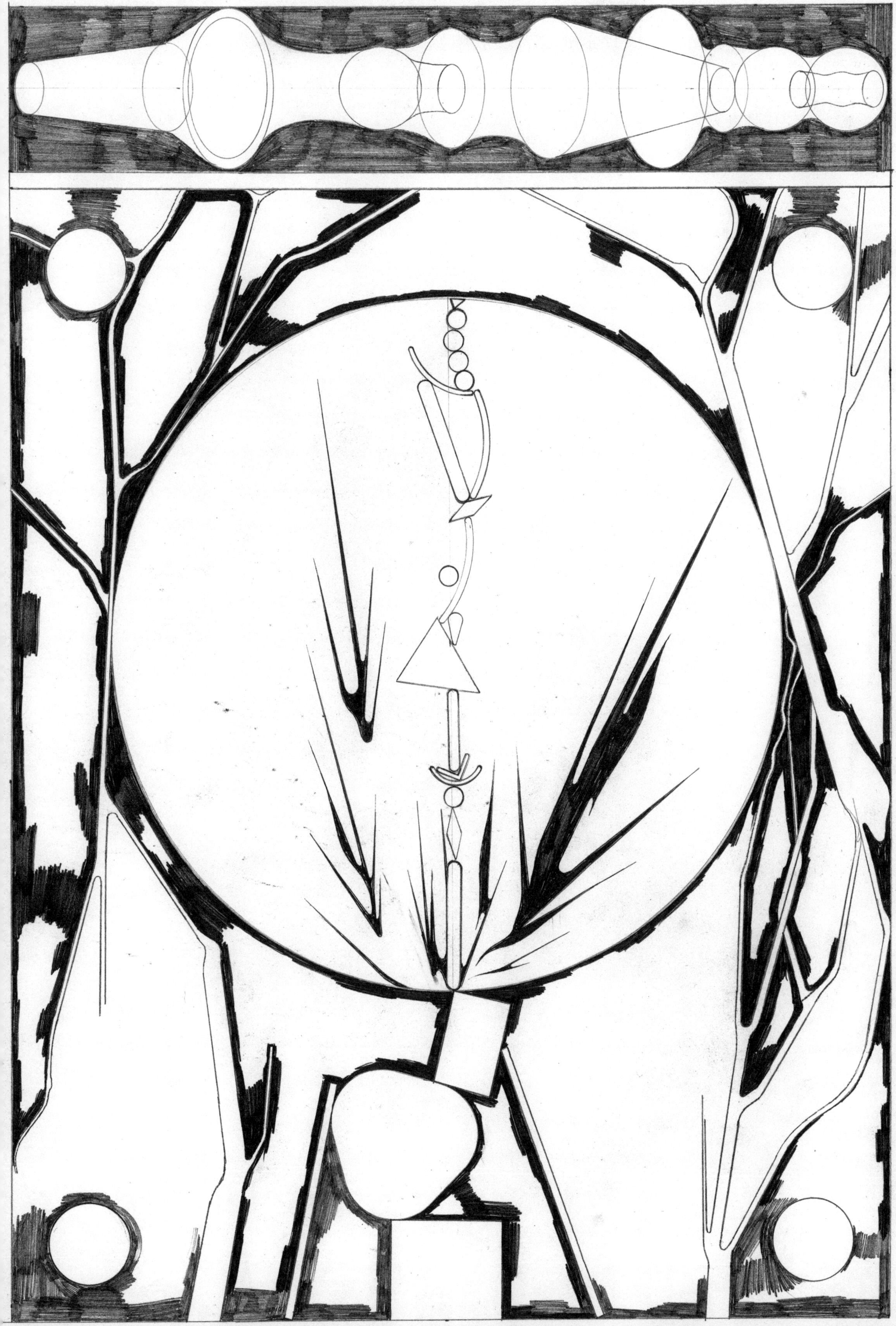

y:
how many circles and dots would it take to create an eye

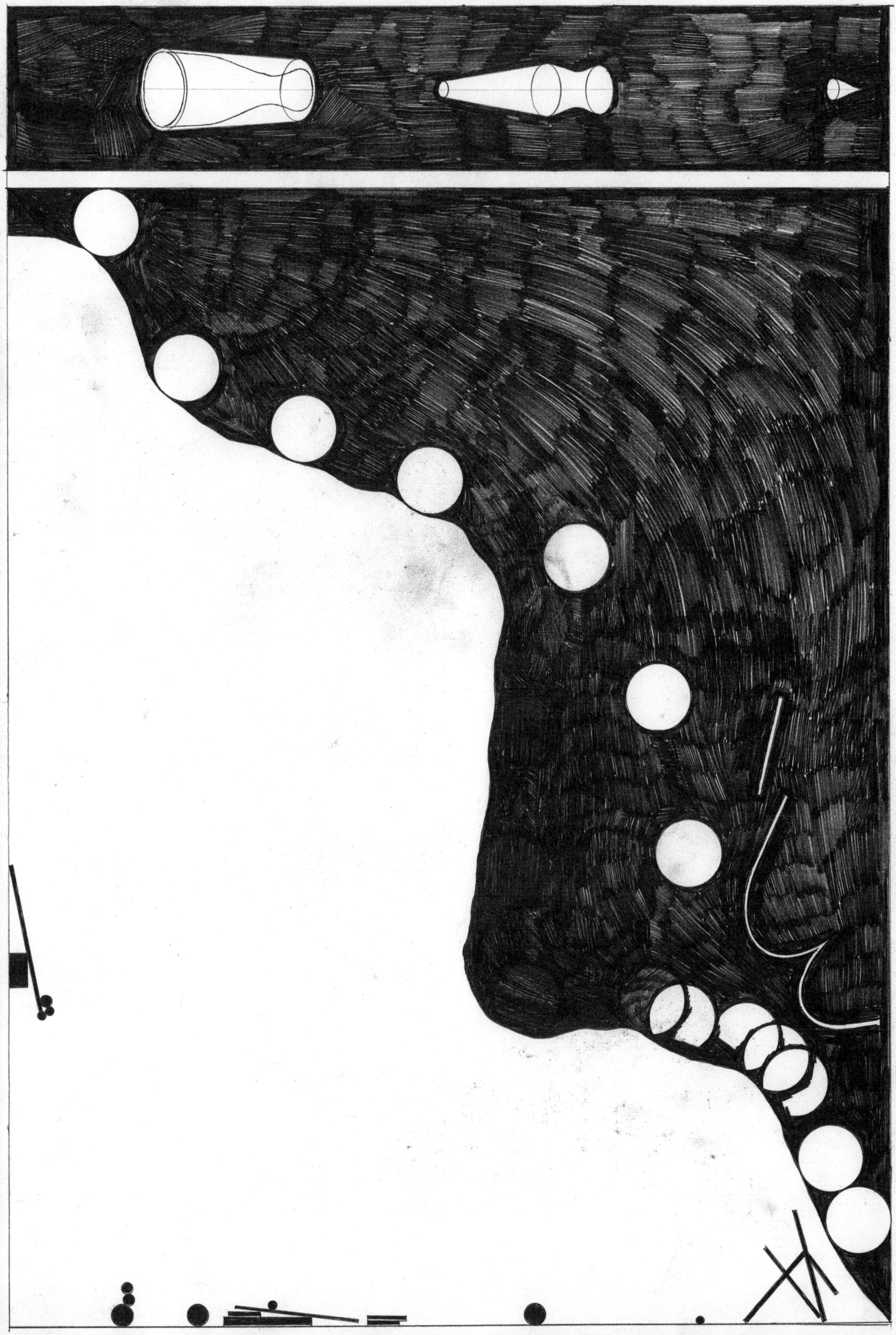

x:
in these shapes you'll find something for everyone
but everything for no one

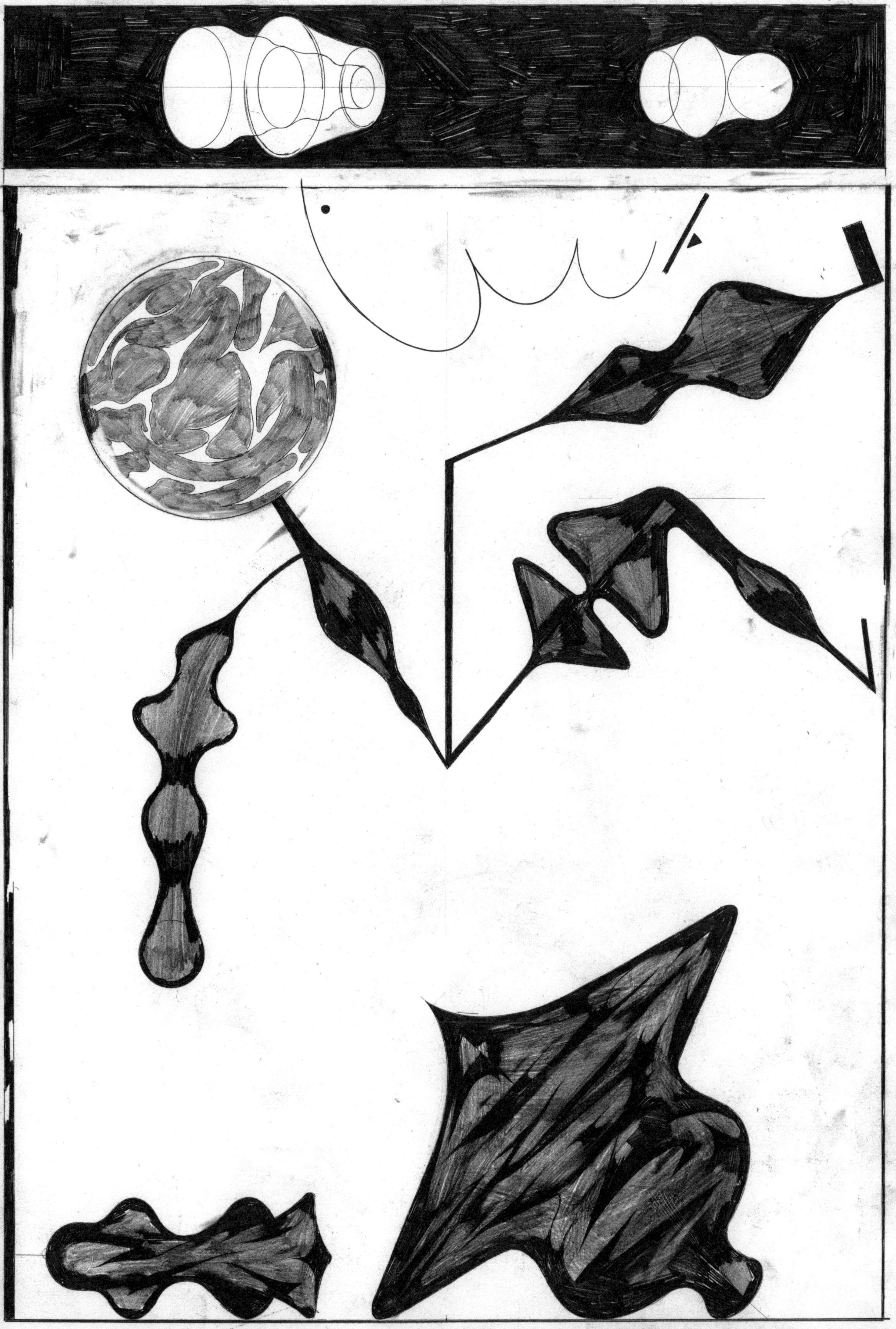

i conceived them
to entail and deny the personal
at the same time

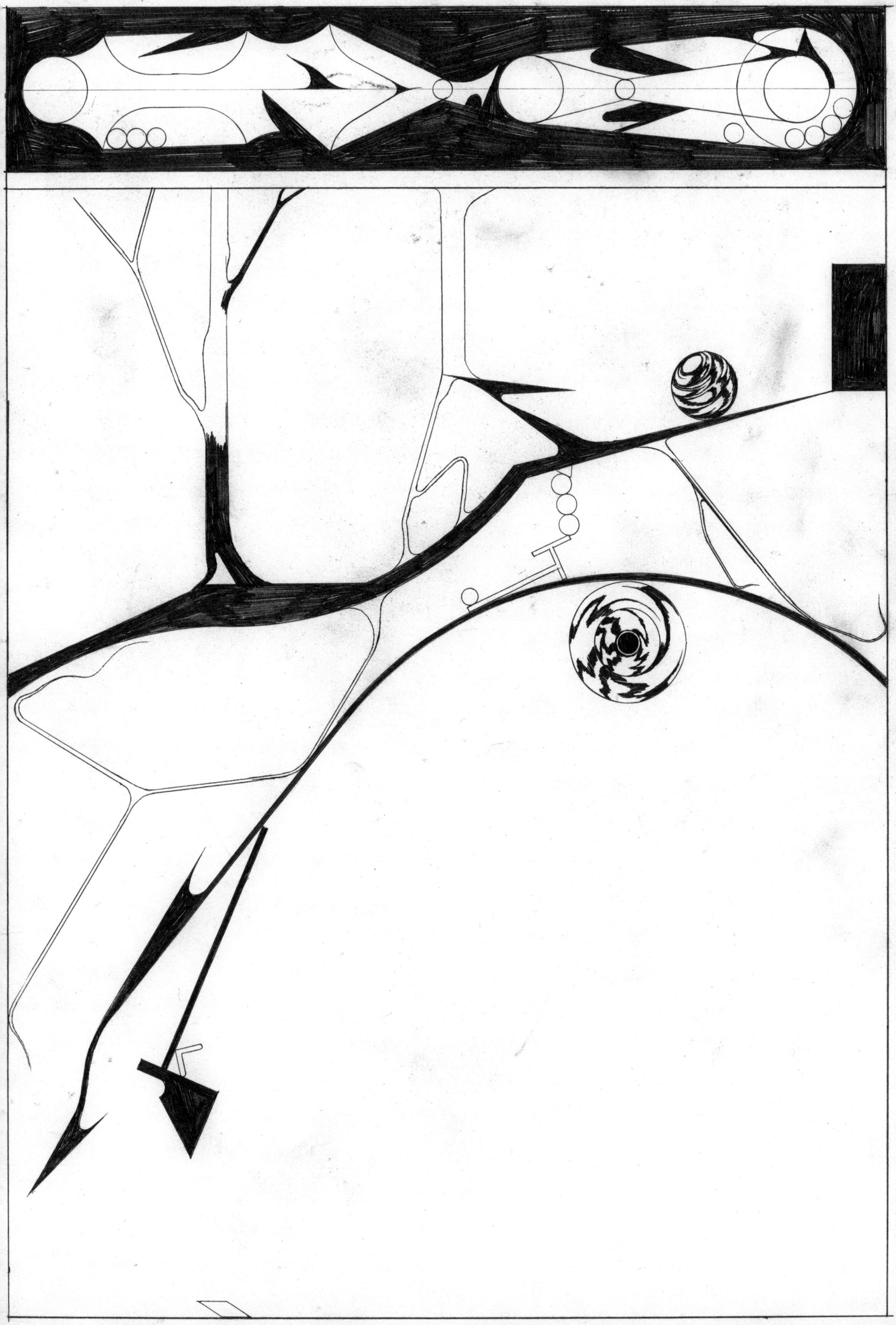

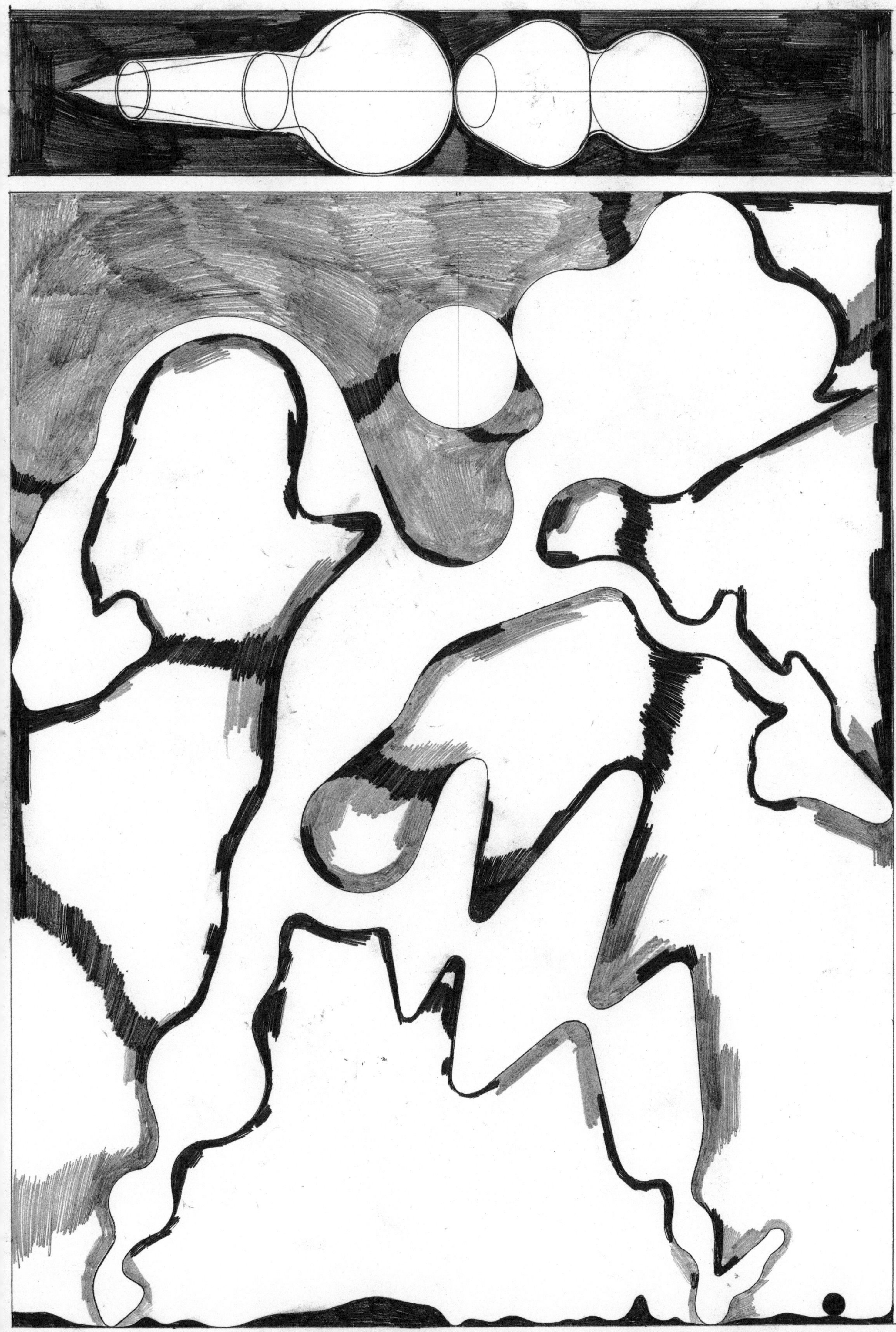

**reaching for their hands
they wondered about**

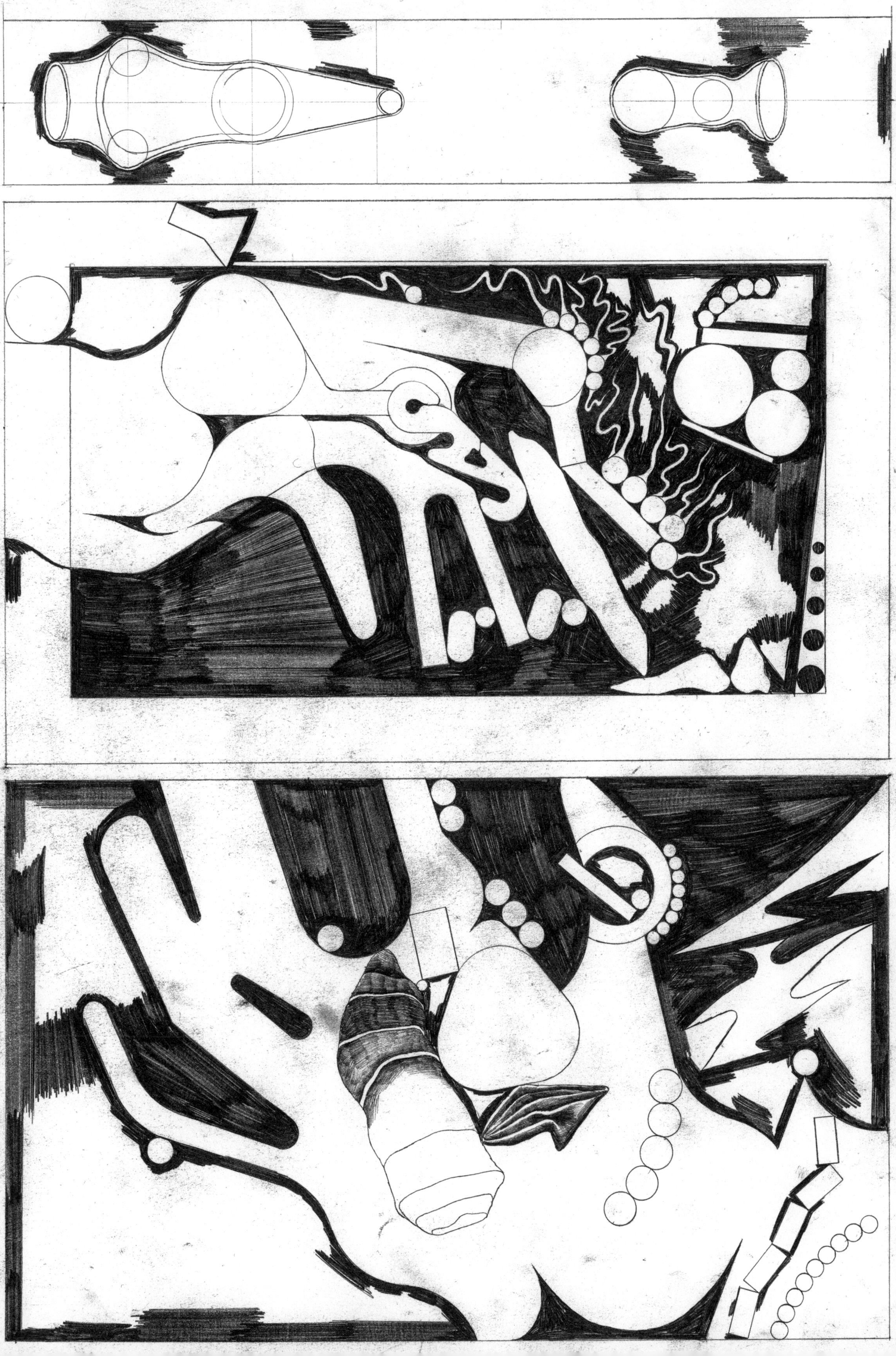

who determines
if something is inhabitable

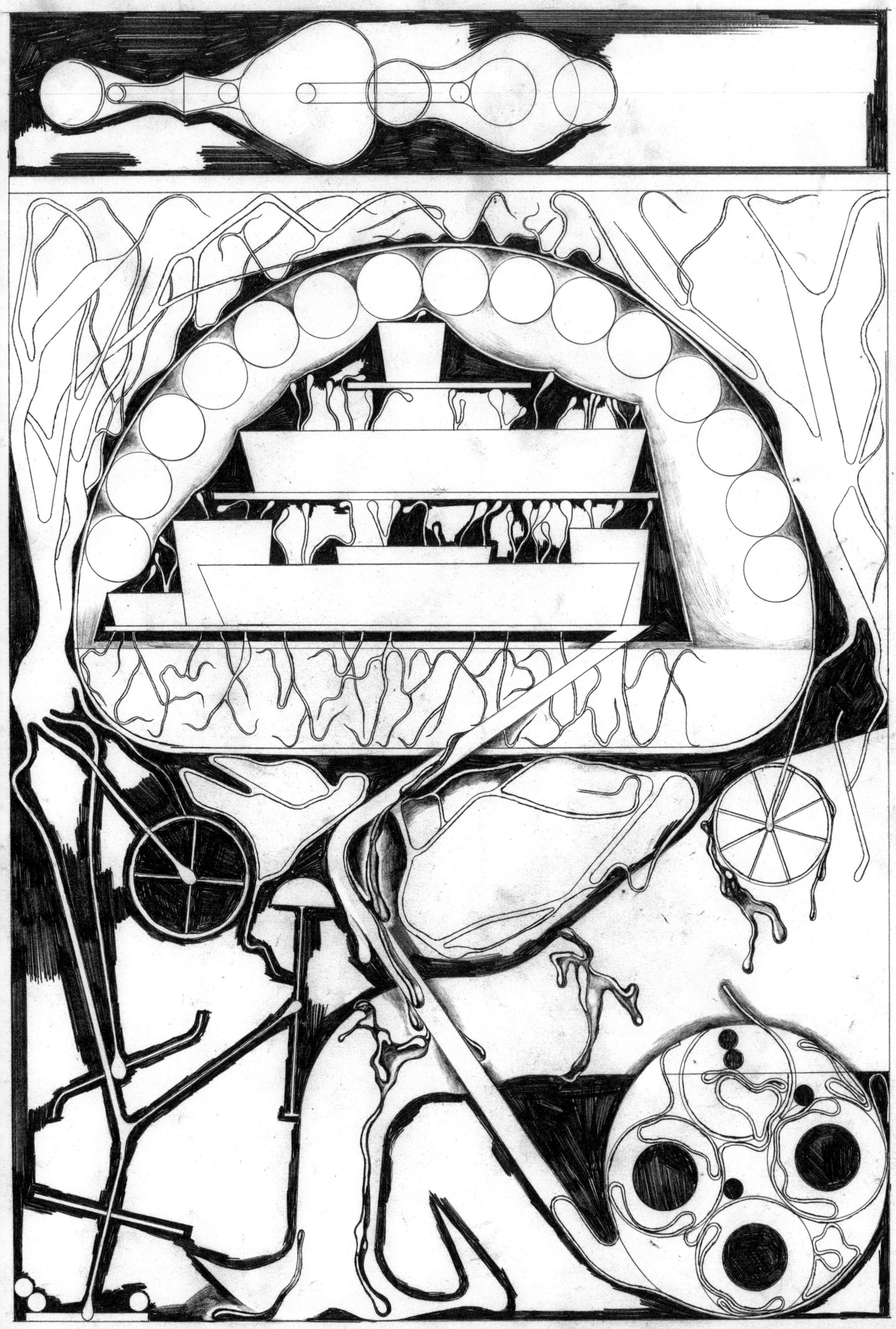

anyway being inside
does not always mean shelter

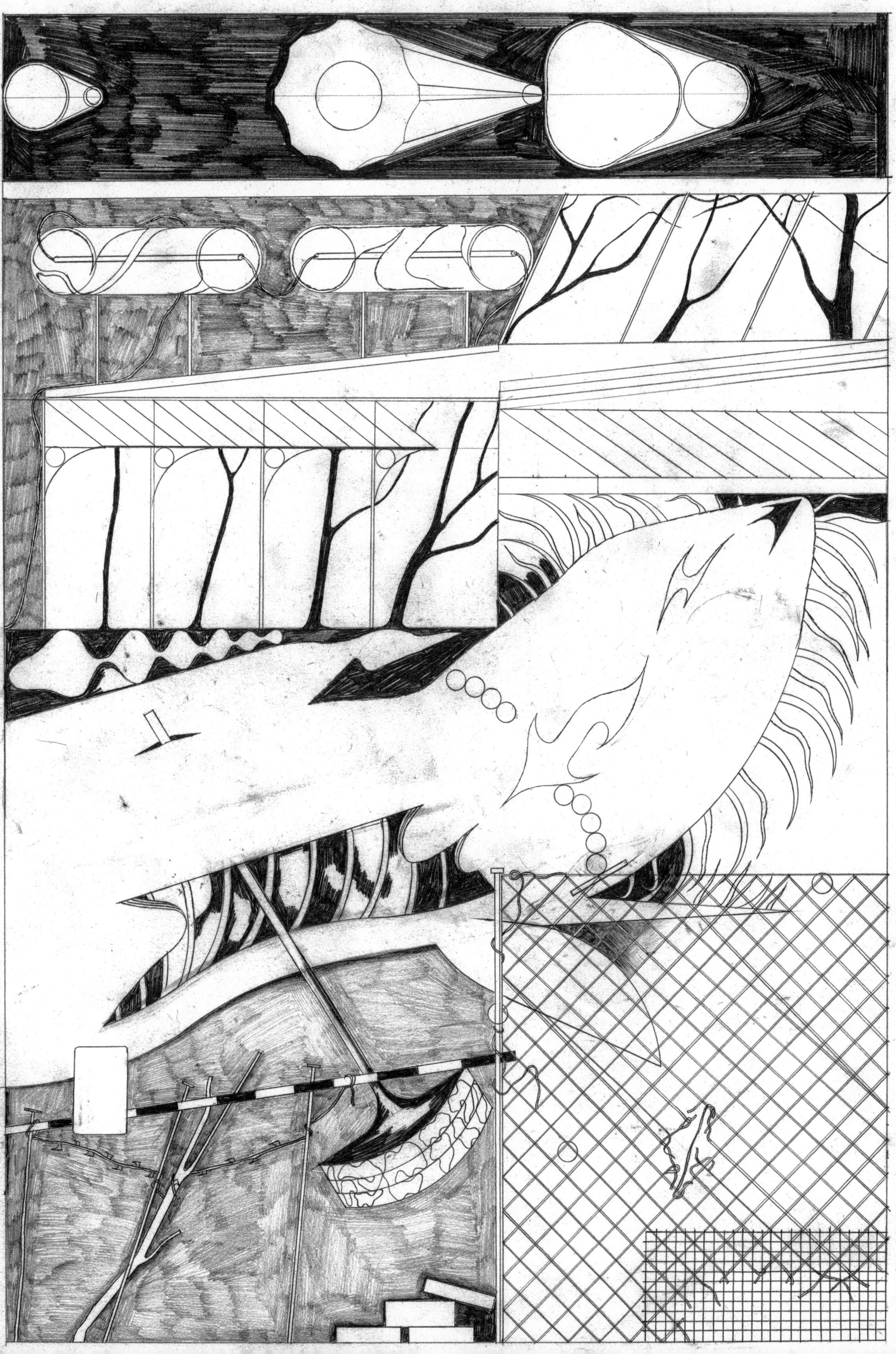

there is gonna be some trouble
a whole house will need to be rebuilt

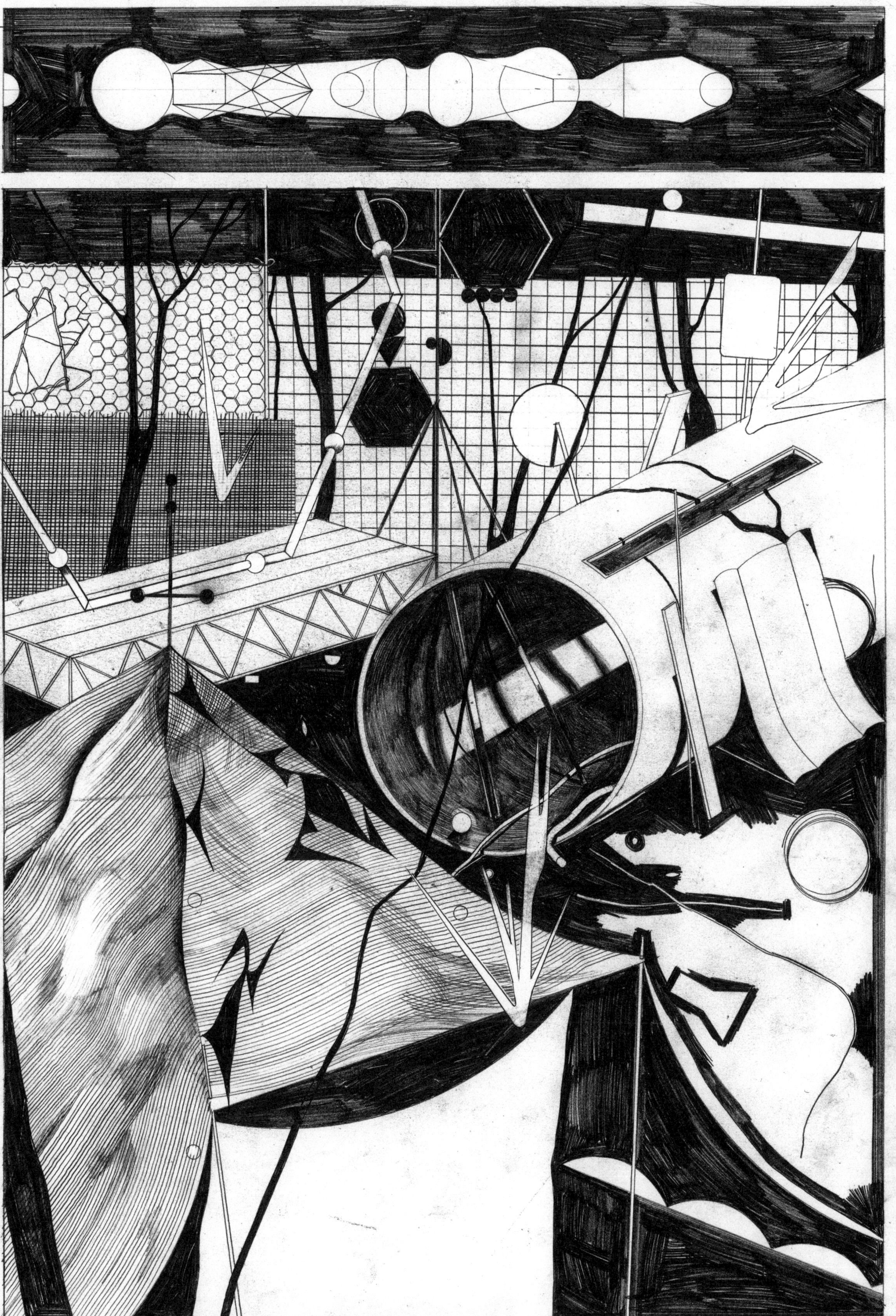

x started to research alternatives

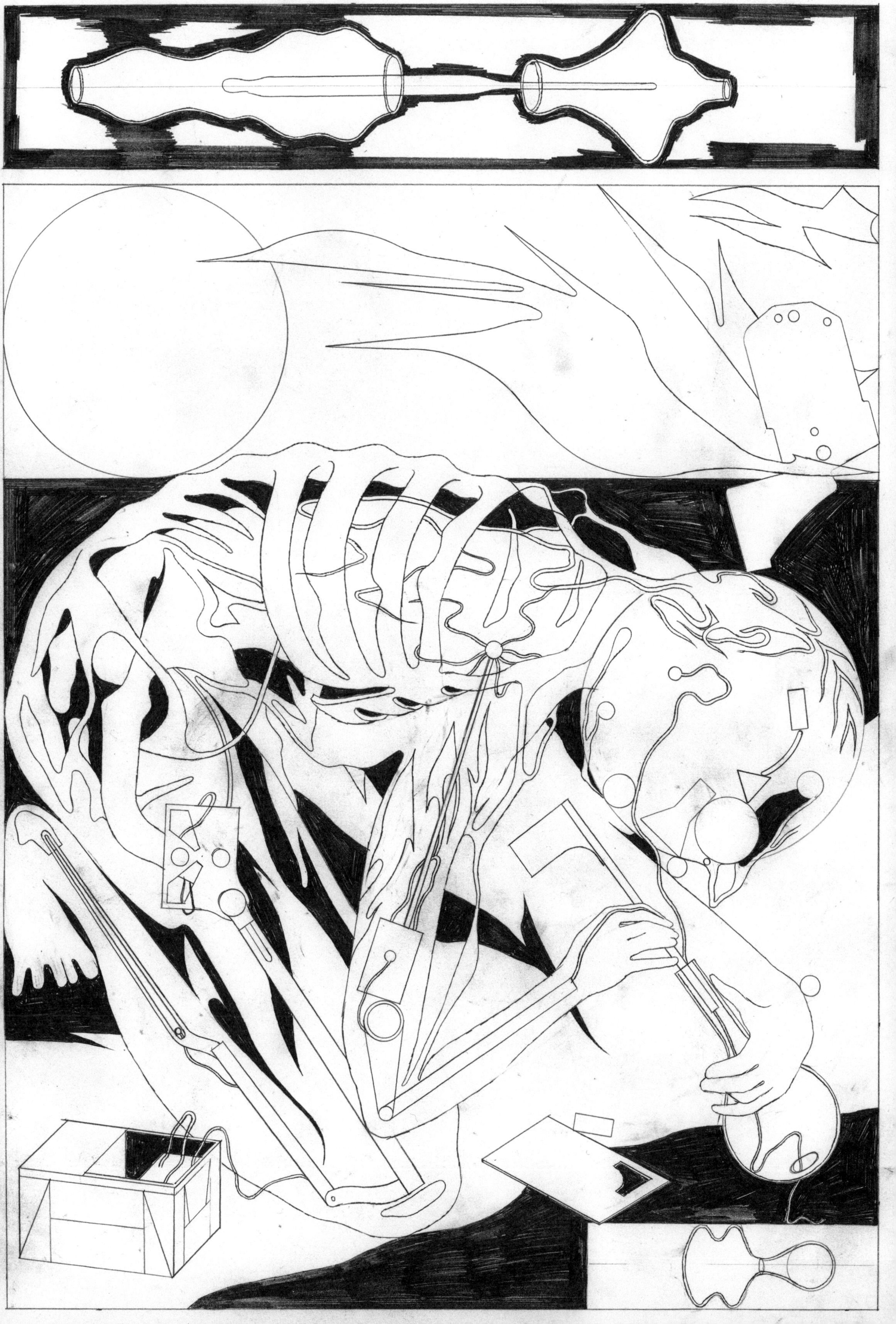

while hiding pebbles from a factory worker
they discovered they were being monitored

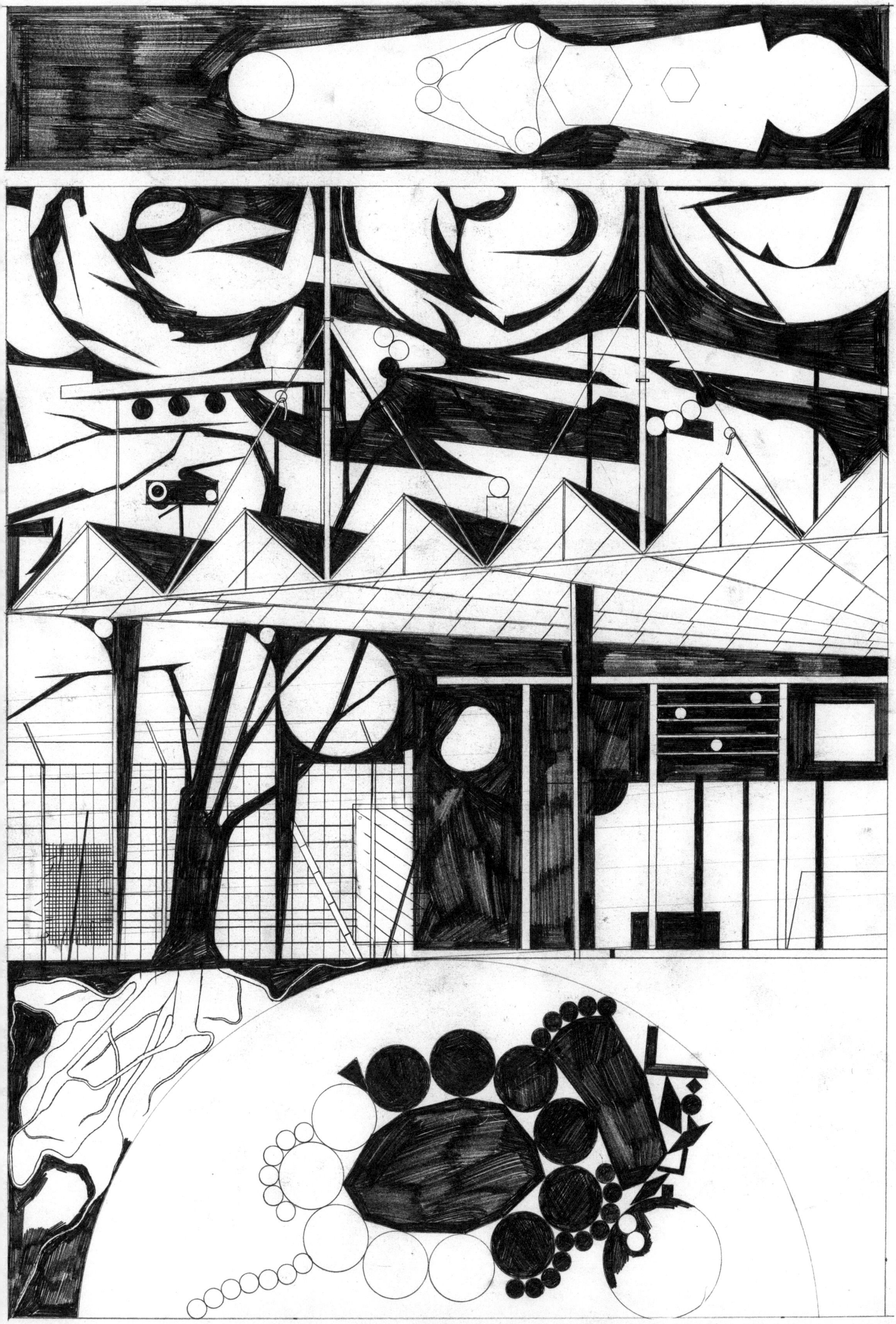

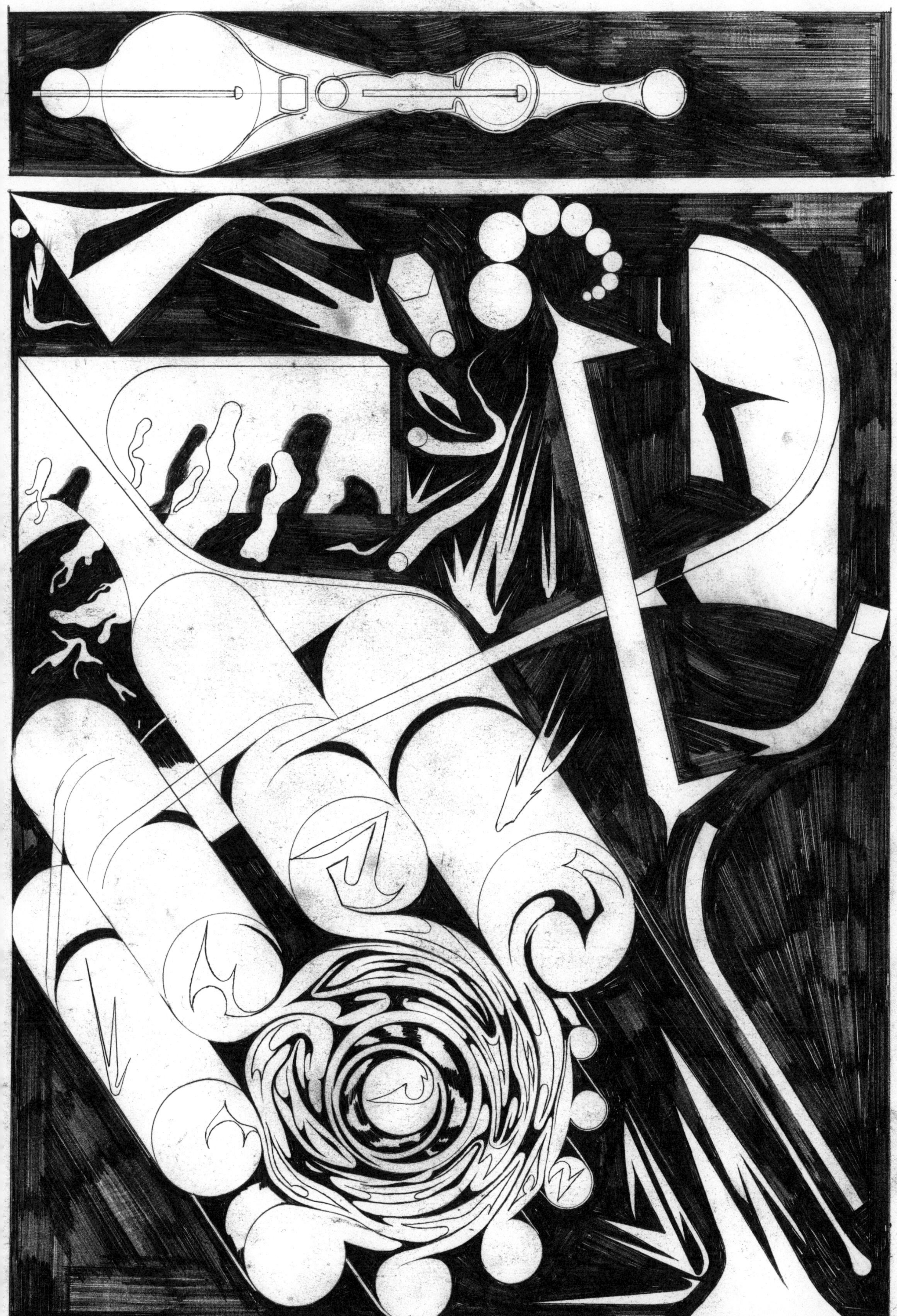

in all of this x began to talk about a biosphere about how infinitely many of these fragmented and scattered factors must interact in this microclimate the interaction of water and sun-light flora and fauna amphibians the right humus the happy coincidence that no foot or agricultural implement rolls over it no wind blows too hard before the stems are strong enough to withstand even the slightest discomfort a symbiosis that no science can predict not biology not economic geography and certainly not any other least of all if it were based on empiricism

rationalism would have to be completely disregarded

it would even go so far as to claim that this is beyond the human horizon beyond their own mind if a being has ever entered the symbolic order and is capable of language it will never be able to create its own biosphere

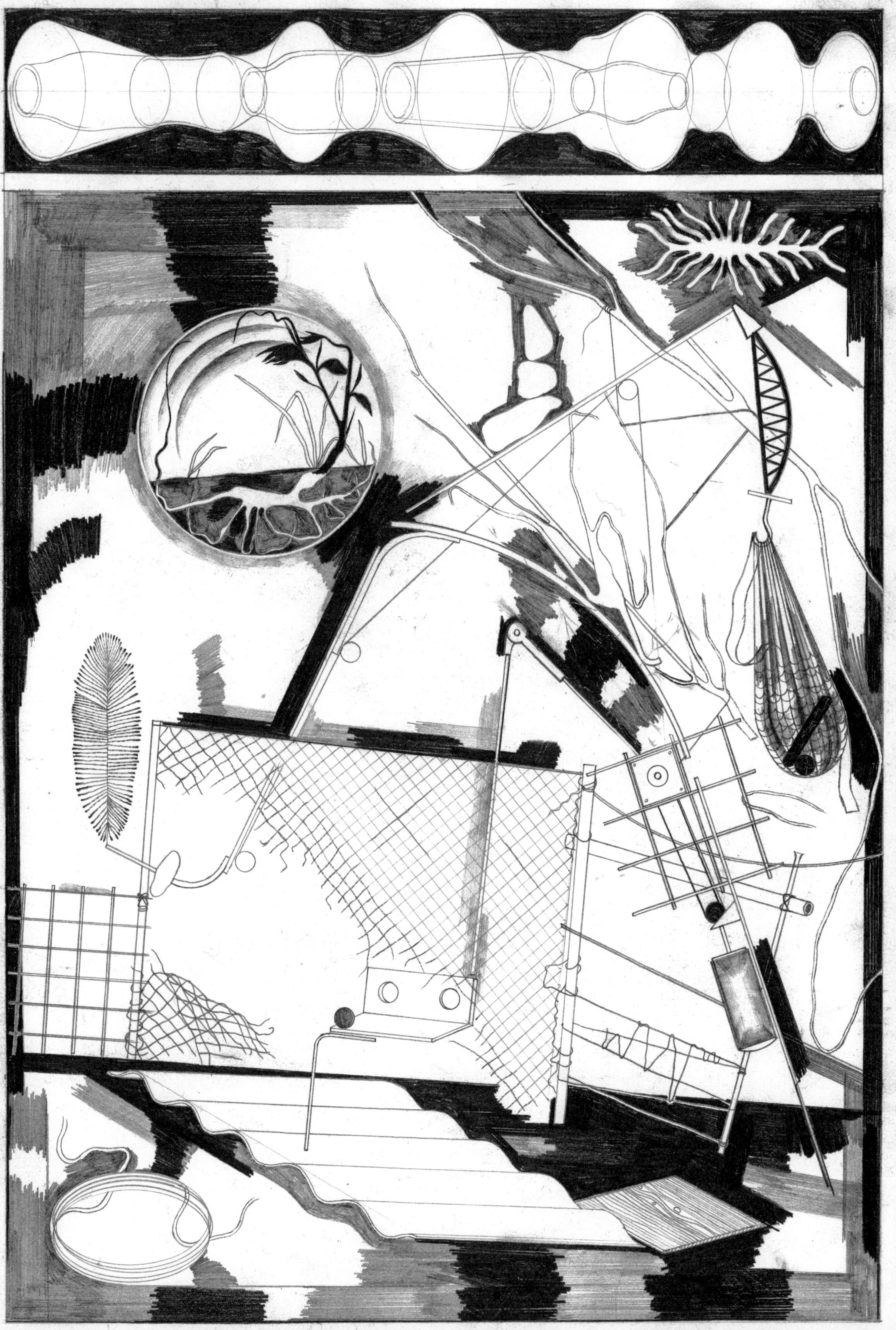

to be inside
doesn't automatically mean shelter

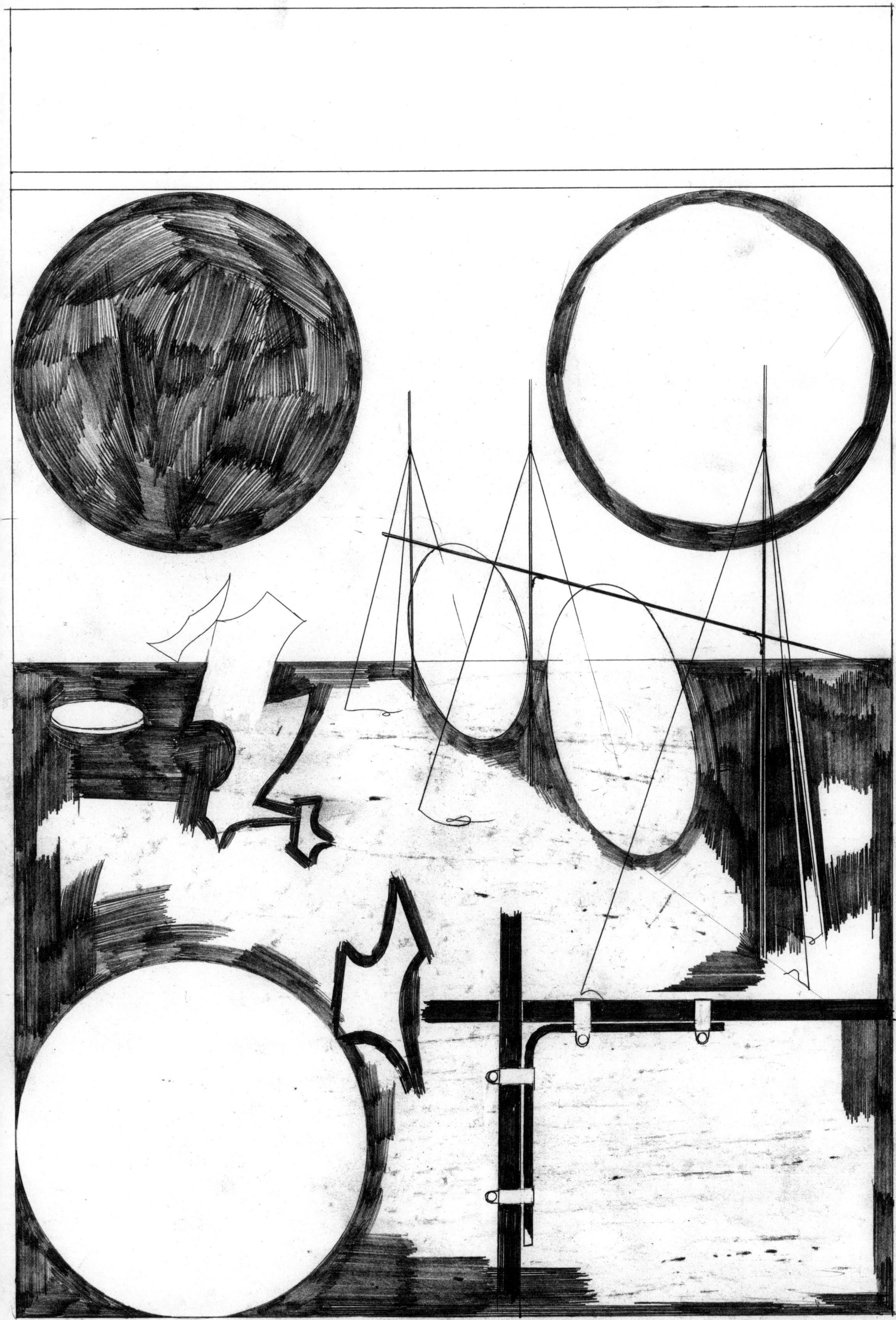

but how only to bring these small parts together as long as they look so differently with everyone

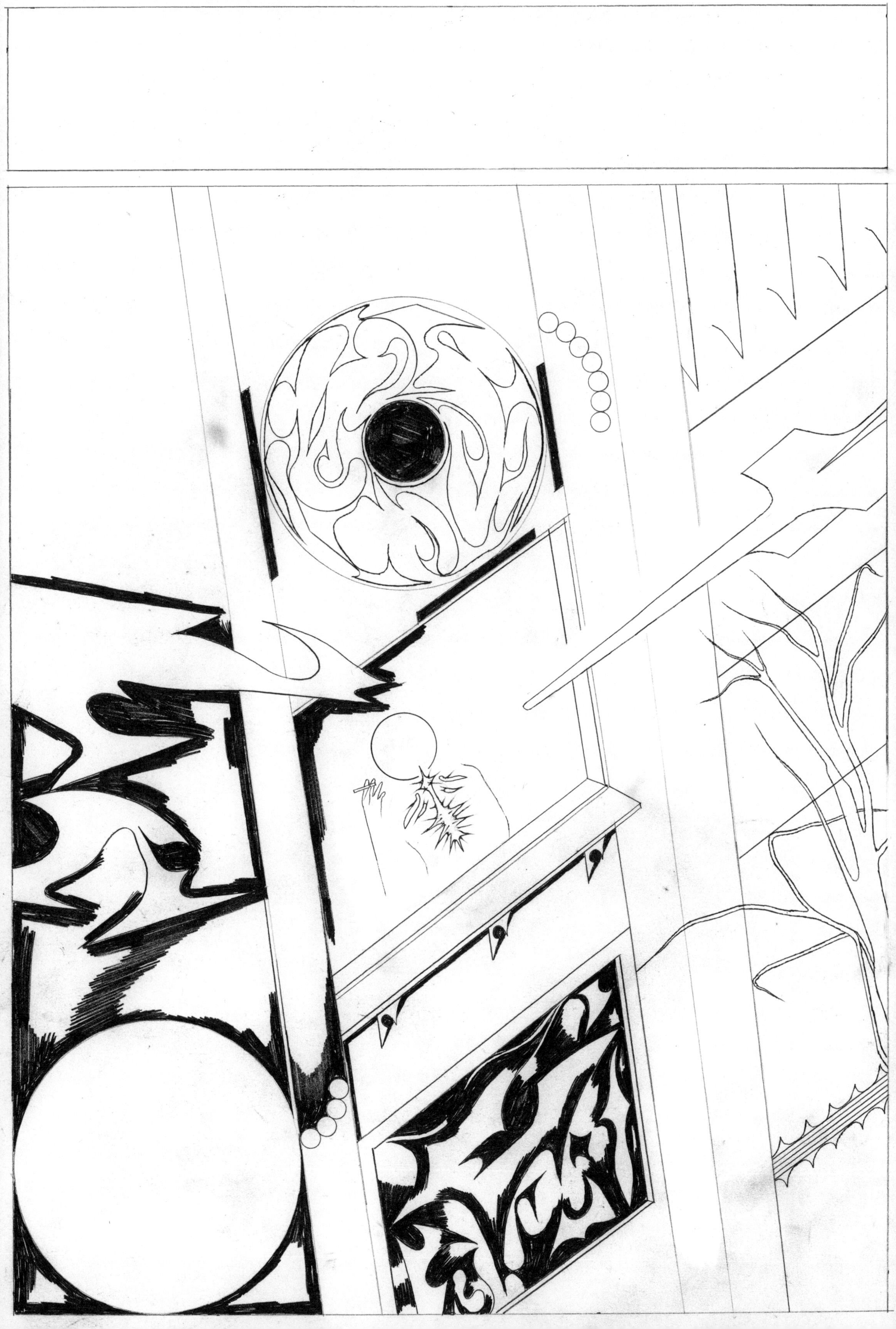

i mean i saw you sleeping even though
we never spent a night together

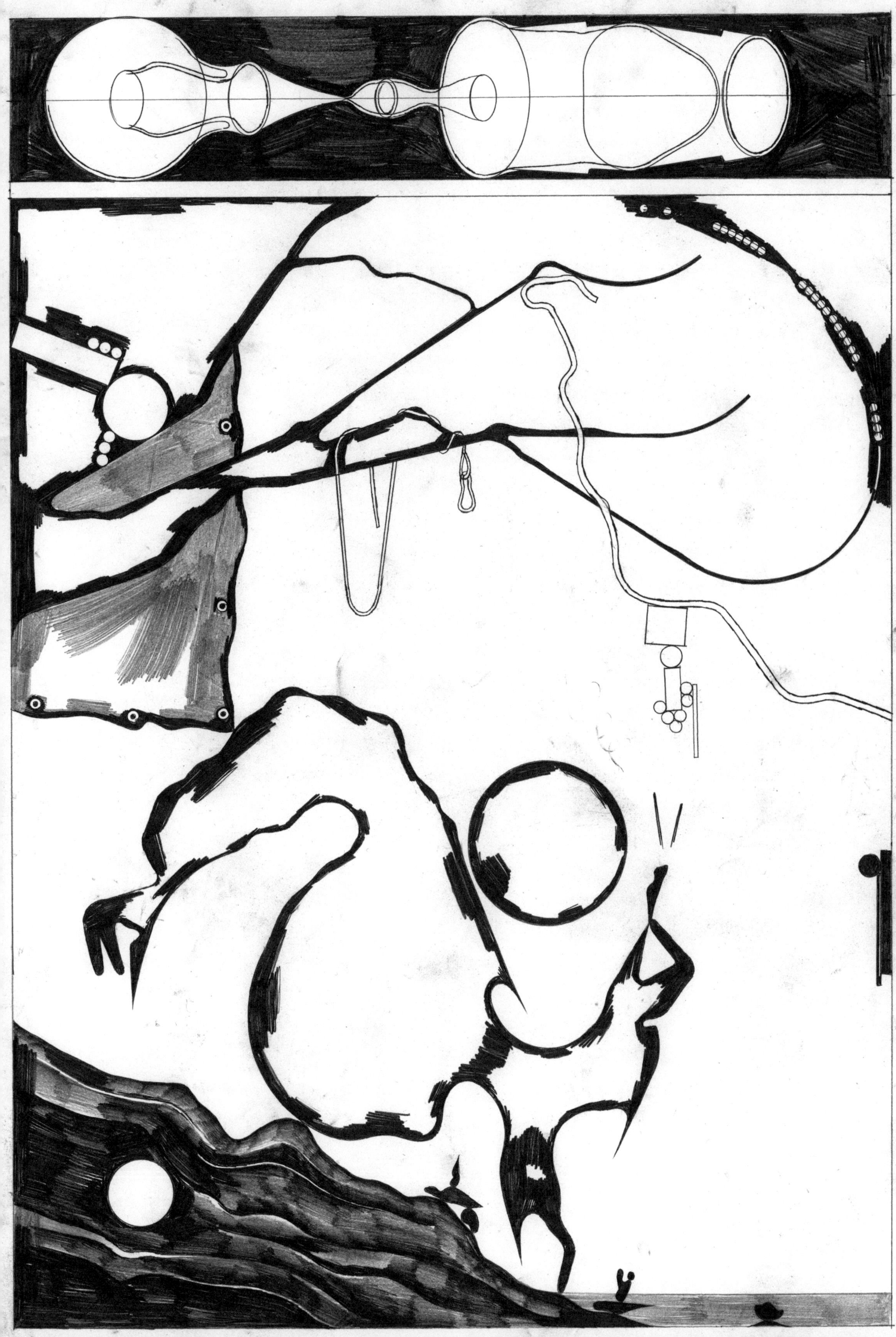

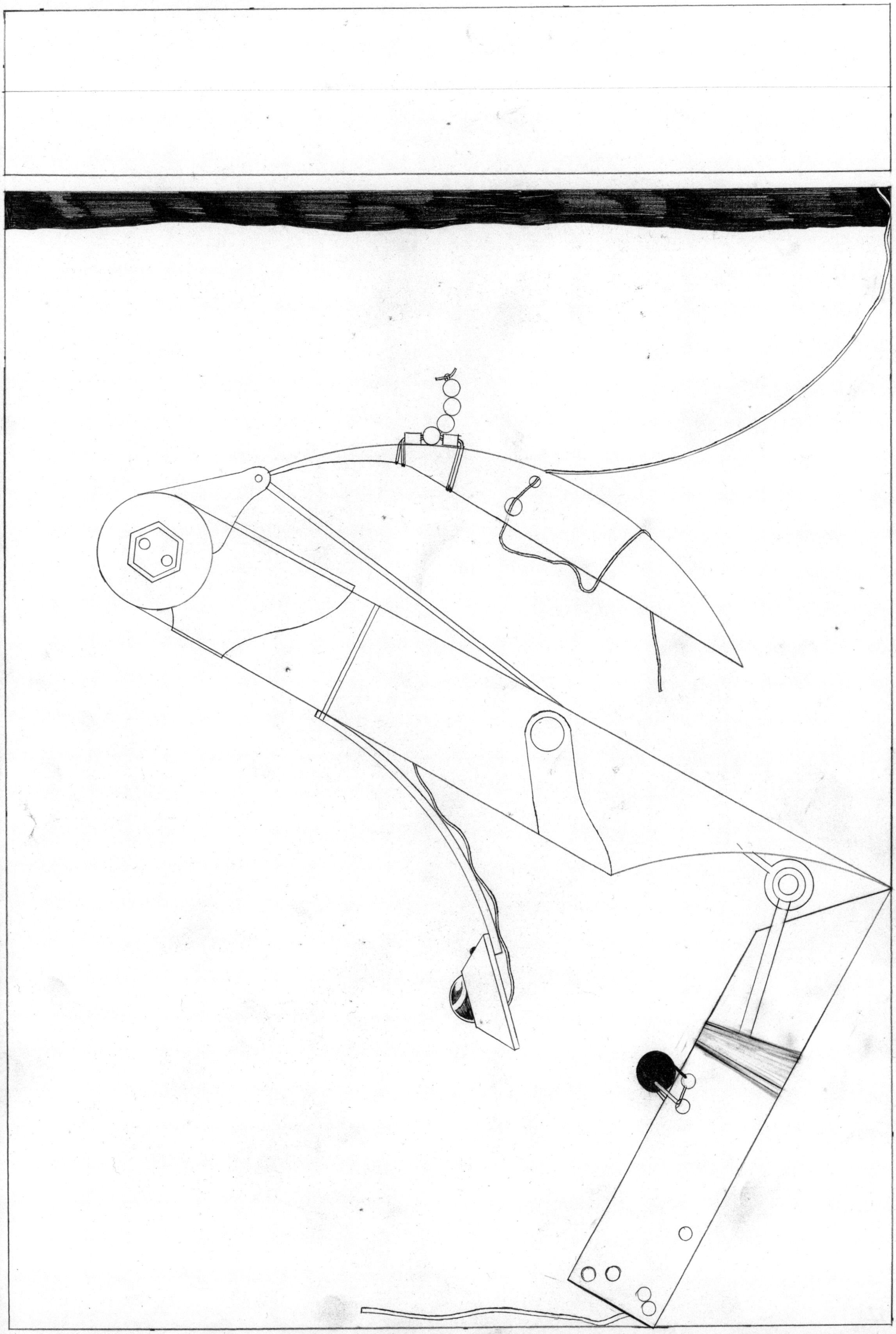

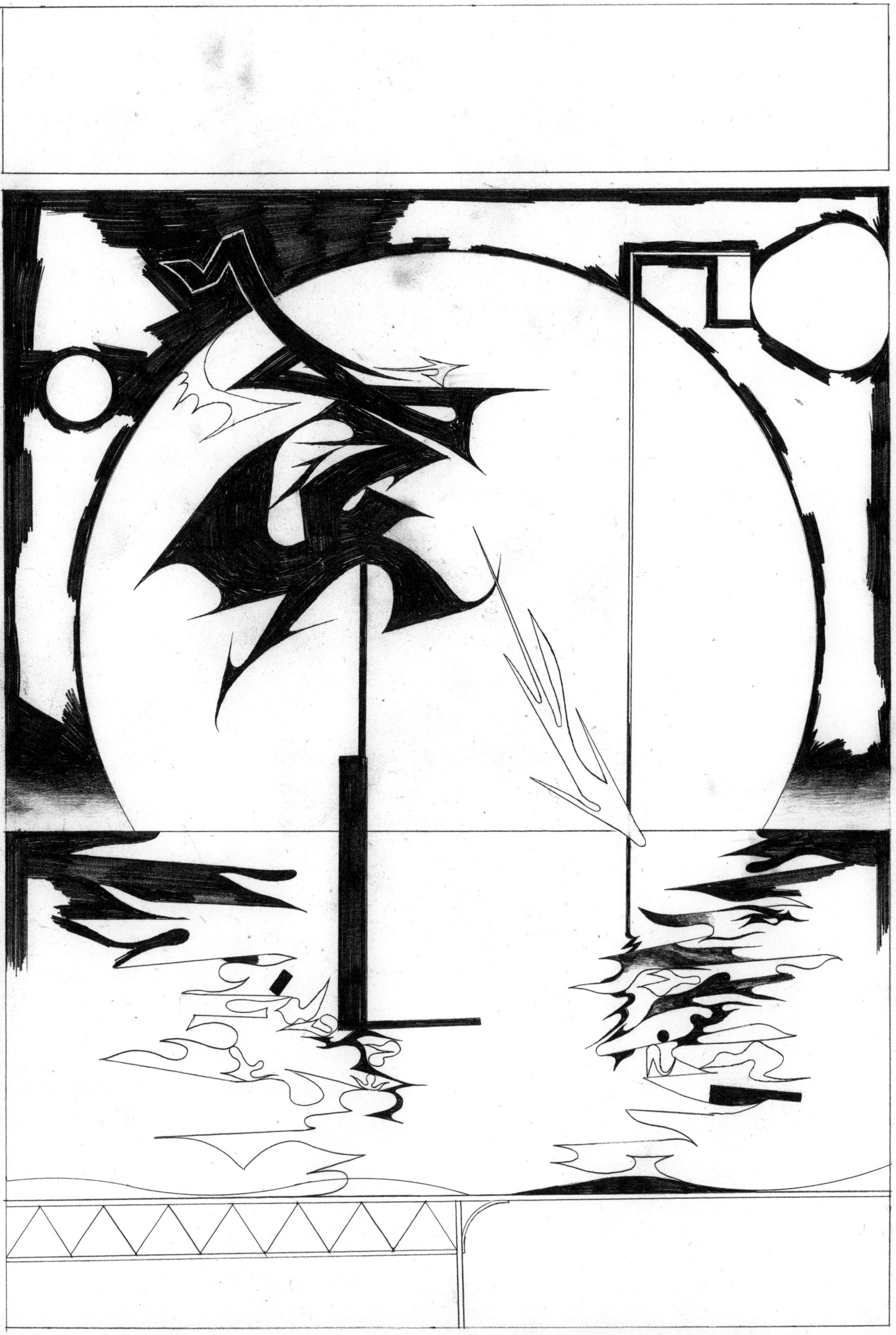

already anchored in irony
these myriad individual fragments will allow
nothing more than multiple perspectives
~~more magic or curse~~

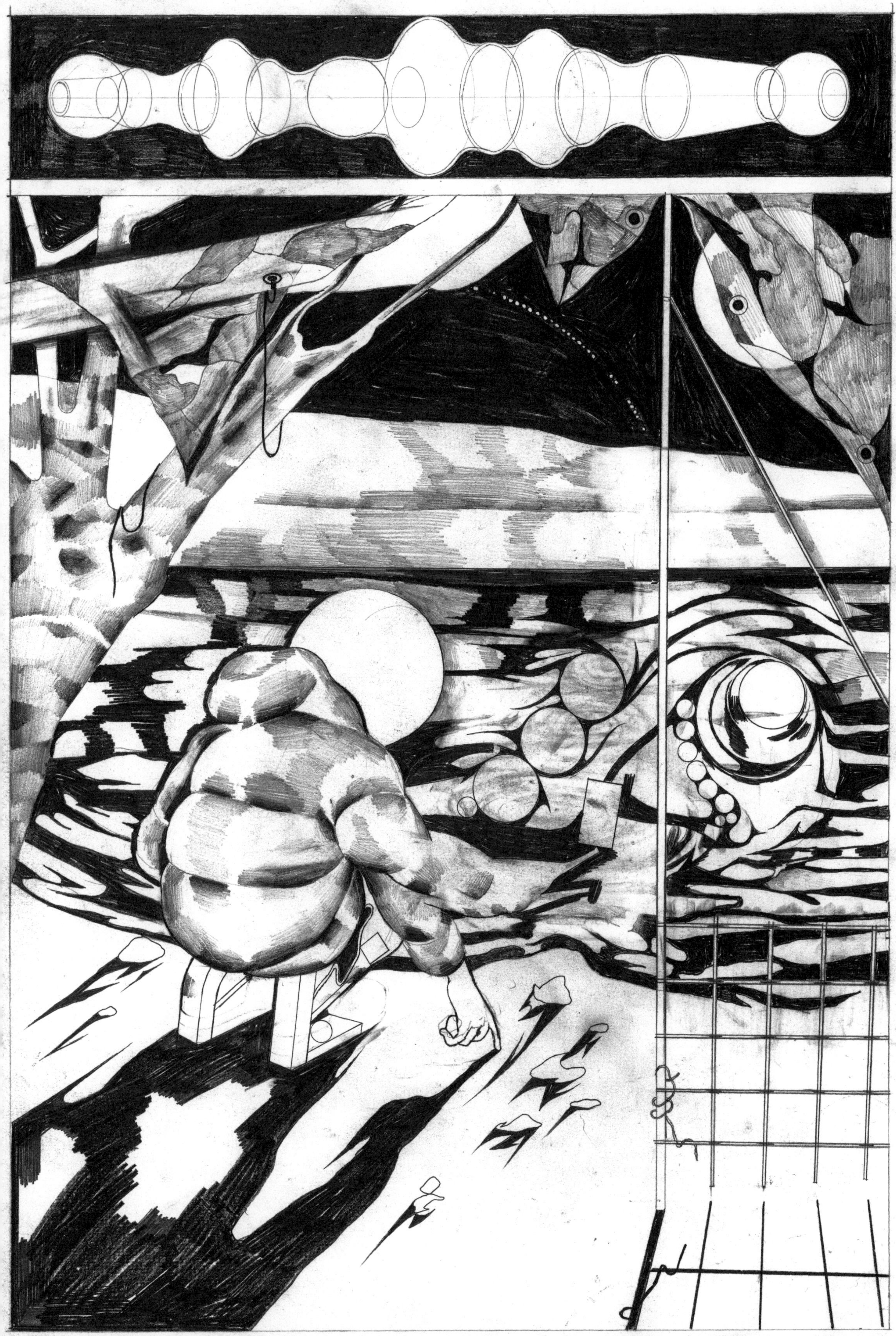

Julia Moritz
Lava der Illusionen

«In the darkness that faces outward from the sun a mute spirit woke. Wholly involved in chaos, he knew no pattern. He had no language, and did not know the darkness to be light.»
– Ursula K. Le Guin (1929–2018)

Licht und Schatten, Sound und Stille, Chaos und Gefüge. Mit diesen bildgewaltigen Gegensätzen eröffnet die feministische Science-Fiction-Autorin Ursula K. Le Guin ihren dritten Roman *City of Illusions* (1967).[1] Und mit diesen wuchtigen Worten beginnt mein Versuch, die künstlerische Position und Praxis von Mathis Pfäffli zu erschliessen. Denn dass Schreiben und Zeichnen enge Verwandte sind, liegt auf der Hand. Oder besser: in der Hand selbst natürlich. Oder noch besser: unnatürlich in der Hand – denn ohne Material und Werkzeug bleibt dies blosse Geste. Stift oder Taste verwahren erst die Markierung, das Zeichen, auf eine Weise, dass sie mit dem Folgenden in Verbindung gebracht werden kann: Silbe/Kurve, Wort/Form, Satz/Gestalt, Argument/Grund, Geschichte/Bild.

Illusions …

Der Philosoph Jacques Derrida definiert das Verhältnis von Schreiben und Zeichnen unter anderem durch den Aspekt der Verräumlichung.[2] Ein Zeichen hat somit einen Ort: eine Koordinate im Zusammenhang mit seinen es umgebenden Zeichen, einen Kontext. Ohne diesen Kontext bleibt es bedeutungslos. Das Zeichen kann aber aus diesem Kontext heraus- und in neue Beziehungen eintreten, also verschiedene Abstände und damit Beziehungen zu seinen es umgebenden Zeichen einnehmen. Dies ist für Derrida die Grundform aller menschlichen Wahrnehmung von Welt. Es gibt demnach keine unvermittelte Erfahrung von Gegenwart. In ihrer Vermitteltheit ähnelt Erfahrung an sich der Natur der Zeichnung. Im Umkehrschluss: Wirklichkeit ist Illusion.

City …

Die Erzählung *City of Illusions* begibt sich auf den Planeten Terra, 1200 Jahre nachdem der Über-Feind die Liga aller Welten besiegt und den Planeten kolonisiert hat. Die Ureinwohner•innen sind zu kleinen Gemeinschaften dezimiert worden und leben in weit voneinander entfernten ländlichen Gemeinden oder als nomadisierende Stämme zusammen. Das Böse kontrolliert die Bevölkerung mit mentalen Projektionen. Der Protagonist findet sich mit gelöschtem Gedächtnis im Wald ausgesetzt. In diesem Stadium ist er uns ebenso unbekannt wie sich selbst. Sein Geist eine tabula rasa, seine Identität ist aus dem Nichts zu konstruieren.

Darkness …

Die Ästhetik von Mathis Pfäffli kann als postapokalyptische, dystopische, unzweifelhaft düstere Vision der Konsequenzen gegenwärtiger neoliberaler Herrschaft gesehen werden. Doch sie ist mehr als das. Pfäfflis Werk stellt nicht nur vor, evoziert nicht nur Möglichkeiten, imaginiert nicht nur Abgründe. Zwischen den Zeilen, oder besser gesagt Linien, stellt Pfäffli die entscheidende Frage: Kann, wenn das Zeichen seinen Ort verlässt – wenn es zu wandern, sich zu wandeln und sein Unwesen in Grauzonen zu treiben beginnt, neue Allianzen sucht und so Welt(en) erschafft –, kann es in diesem Abstand, in dieser tabula rasa, in dieser Verräumlichung, in dieser Differenz Sinnlichkeit geben?

Sun …

Auch Ursula K. Le Guin verstand ihre Praxis als visionären Prozess:

«Man sieht jemanden, auf eine gewisse Entfernung, meist in einer Landschaft. Der Ort ist da, die Person ist da. Ich erfinde sie nicht, ich denke sie mir nicht aus: Er oder sie ist dort. Und meine Aufgabe ist es, auch dorthin zu kommen.»[3]

Zurück zur Erzählung: Eine kleine Gemeinschaft findet unseren Protagonisten im Wald. Dieser ist nackt, bis auf einen Ring, den er am Finger trägt. Er verfügt über keinerlei Gedächtnis. Seine motorischen Fähigkeiten sind die eines Kindes. Die Gemeinschaft entscheidet, ihn aufund anzunehmen und ihn zu pflegen.

Mute …

Der deutsche Lyriker Paul Celan (1920–1970) verfasste in den Jahren 1963–1965 folgende Zeilen:[4]

Grosse, glühende Wölbung
mit dem sich
hinaus- und hinweg-
wühlenden Schwarzgestirn-Schwarm:

der verkieselten Stirn eines Widders
brenn ich dies Bild ein, zwischen
die Hörner, darin,
im Gesang der Windungen, das
Mark der geronnenen
Herzmeere schwillt.

Wo-
gegen
rennt er nicht an?

Die Welt ist fort, ich muss dich tragen.

Auf der Webseite des Goetheanum in Dornach bei Basel stosse ich auf einen Eintrag des Anthroposophen Martin Kollewijn zu diesem Gedicht. Kollewijns Interpretation endet mit einem Hinweis auf Jacques Derridas Lesart des Gedichts.[5] Derrida zitierte es am Schluss seiner Gedenkrede «Der ununterbrochene Dialog»[6] für seinen deutschen Gegenspieler Hans-Georg Gadamer (1900–2002), den Begründer der Hermeneutik, der im Alter von 102 Jahren gestorben war. Auch Gadamer war mit den Grundfragen des Begreifens der Welt befasst. Statt aber wie Derrida auf den Zusammenhang von rudimentären Zeichen und ihre verschiedenartigste Verräumlichung und damit auf Differenz setzt Gadamer auf Symbole. Als mehrschichtige Sinnbilder besitzen Zeichen gemäss Gadamer eine ihnen gemeinsame universelle Sprache, die den allen menschlichen Schöpfungen innewohnenden Sinn transportiere. Ihm tritt Derrida mit den Worten Celans entgegen: «Die Welt ist fort». Erschienen ist der Gedichtband im selben Jahr wie Le Guins Erzählung *City of Illusions*.

Woke …

Mathis Pfäffli arbeitet vor allem mit Fundstücken. Naturgemäss entstammen diese ganz unterschiedlichen Zusammenhängen. Einst waren sie was, nun sind sie das. Ihre vergangene Funktion entschwindet, gerinnt zu Unbestimmtheit, öffnet sich der Neubestimmung. Mal Natur, mal Technik, mal Satz, mal Seite. Abgeschlossenheit ist Pfäfflis Werk fremd. Zeichnungen werden überarbeitet. Objekte verschwimmen. Der Weg ist das Ziel. Und die Aufgabe ist es eben, dorthin zu gelangen.

*

Nach sechs Jahren wird Le Guins Protagonist von der Gemeinschaft aufgefordert, seinen Weg allein fortzusetzen, um seine Herkunft zu verstehen.

*

In Celans «Grosse[r], glühende[r] Wölbung» erfindet sich das Ich.

*

Chaos …

Wenn Sinn in der Differenz, im Unterschied, im Abstand, im Raum dazwischen und nicht in der Ähnlichkeit (Identität) haust, wo und vor allem wie wirkt dort Sinnlichkeit? Das Sinnliche in Mathis Pfäfflis Werk findet sich für mich in der Dynamik von Wachstum und Vergänglichkeit als sinnstiftender Differenz. Vertrautes mutiert zu Groteskem, Absonderliches gerinnt zu Alltäglichem.

Zeichnungen von Zeichen der Zeit. Zeugen des Zerfalls. Grosse, glühende Wölbung mit dem sich hinaus- und hinwegwühlenden Schwarzgestirn-Schwarm.

Pattern …

Sinn, das ist Raum – Sinnlichkeit, das ist Zeit. Zeit ist Geschichte, Geschichte ist Erzählung. So wird das verzeitlichte sinnliche Erleben zum Schlüssel des Sinns der Welt. Weltbilder werden als mentale Landschaften erfahrbar. Denn Sprache *ist* Umgebung. Der Wunsch, sich auszutauschen, strukturiert die Art und Weise, wie wir uns einander nähern. Dystopie mit Happy End?

In der Stadt der Illusionen stösst unser Protagonist auf viele Hindernisse, um die Wahrheit über sich selbst zu erfahren. Beweise für die Barbarei der menschlichen Gesellschaft häufen sich. Er erfährt, dass jedes Bild ein verzerrtes ist. Schliesslich sind es sprechende Tiere, die zum Zweck der Selbstverteidigung für die Ehrfurcht vor dem Leben plädieren.

Das Sinnliche im Werk von Mathis Pfäffli korrespondiert mit dieser Verzerrung des Lebens, indem es zwischen Organischem und Industriellem changiert. Das mechanische Ding steht in unmittelbarem Austausch mit dem mentalen Bewusstsein und seiner materiellen Träger. Und diese Materialität ist eine gemachte. So schliesst sich der vitale Kreis – ohne aber den Machenden eine Vormachtstellung gegenüber dem Austausch oder gar dem Ding einzuräumen. Horizontal spannt sich der pulsierende Zusammenhang der Sinnlichkeit um die «verkieselte Stirn» des Sinns und verteilt ihn auf immer wieder neue Abstände und Abbildungen.

«He had no language, and did not know the darkness to be light.»

1 Deutsche Übersetzung: *Stadt der Illusionen*, München 1979.
2 Jacques Derrida, «Signatur Ereignis Kontext», in: ders., *Randgänge der Poesie*, Wien 2001, S. 15–45.
3 Elizabeth Cummins: *Understanding Ursula K. Le Guin*. Columbia 1993, S. 4 f. (Übersetzung https://de.wikipedia.org/wiki/Ursula_K._Le_Guin; Zugriff: 12.1.2022).
4 Veröffentlicht in seinem Gedichtband *Atemwende* (1967), hier zit. nach *Paul Celan. Gesammelte Werke in fünf Bänden*, Frankfurt a. M. 1983, Bd. II, S. 97.
5 https://dasgoetheanum.com/dich-tragen (Zugriff: 19.2.2022).
6 Jacques Derrida, «Der ununterbrochene Dialog. Festrede zur Gedenkfeier der Universität Heidelberg, Februar 2003», in: Jacques Derrida/ Hans-Georg Gadamer, *Der ununterbrochene Dialog*, Frankfurt a. M. 2004.

Julia Moritz
Lava of Illusions

"In the darkness that faces outward from the sun a mute spirit woke. Wholly involved in chaos, he knew no pattern. He had no language, and did not know the darkness to be light."
– Ursula K. Le Guin (1929–2018)

Light and shadow, sound and silence, chaos and structure. With these visually powerful contrasts, the feminist science fiction author Ursula K. Le Guin opens her third novel *City of Illusions* (1967).[1] And these powerful words begin my attempt to index the artistic position and practice of Mathis Pfäffli. For it is handily obvious that writing and drawing are close relatives. Or rather: natural in the hand. Or even better: unnaturally in the hand—because without material and tools this remains a gesture. Pen or keystroke register the mark, the sign, in a way that it can be associated with what follows: Syllable/curve, word/form, sentence/shape, argument/reason, story/picture.

Illusions …

The philosopher Jacques Derrida defines the relationship between writing and drawing, among other things, through the aspect of spatialization.[2] A sign has thus a position: a coordinate in relation to its surrounding signs, a context. Without this context it remains meaningless. But the sign can move out of this context and into new relations, that is, can take on different distances and thus relations to its surrounding signs. For Derrida, this is the basic form of all human perception of the world. Accordingly, there is no unmediated experience of presence. In its mediatedness, experience itself resembles the nature of drawing. Conversely: reality is illusion.

City …

The *City of Illusions* narrative takes place on the planet Terra, 1200 years after the super-enemy defeated the League of All Worlds and colonized the planet. The native inhabitants have been decimated into small communities and live together in far-flung rural communes or as nomadic tribes. The enemy controls the population with mental projections. The protagonist finds himself abandoned in the forest with his memory erased. At this point he is as unknown to us as he is to himself. His mind a tabula rasa, his identity is to be constructed from the ground up.

Darkness …

Mathis Pfäffli's aesthetic can be seen as a post-apocalyptic, dystopian, undeniably bleak vision of the consequences of contemporary neoliberal rule. But it is also more than this. Pfäffli's work does not merely imagine, does not merely evoke possibilities, does not merely visualize abysses. Between the lines, Pfäffli poses the crucial question: can, when the sign leaves its place—when it begins to wander, to transform and to do its mischief in gray areas, seeking new alliances and thus creating world(s)—can there be sensuousness in this distance, in this tabula rasa, in this spatialization, in this difference?

Sun …

Ursula K. Le Guin also understood her practice as a visionary process:

"A person seen, seen at a certain distance, usually in a landscape. The place is there, the person is there. I didn't invent him, I didn't make her up: he or she is there. And my business is to get there too."[3]

Back to the narrative: a small community comes across our protagonist in the forest. He is naked, except for a ring on his finger. He has no memory whatsoever. His motor skills are equivalent to those of a child. The community decides to take him in and to care for him.

Mute …

In 1963–1965 the German poet Paul Celan (1920–1970) wrote the following lines:[4]

Great, glowing vault
with the
outward- and away-
burrowing black-constellation swarm:

into the silicified forehead of a ram
I burn this image, between
the horns, therein,
in the singing of the coils, the
marrow of the curdled
heartseas swells.

What
doesn't he
butt against?

The world is gone, I have to carry you.

On the website of the Goetheanum in Dornach near Basel I find a post by the anthroposophist Martin Kollewijn. Kollewijn's interpretation ends with a reference to Jacques Derrida's reading of the poem.[5] Derrida quoted it at the end of his memorial address "The Uninterrupted Dialogue"[6] for his German counterpart Hans-Georg Gadamer (1900–2002), the founder of hermeneutics, who had died at the age of 102. Gadamer, too, had been concerned with the basic questions of comprehending the world. However, instead of relying, as Derrida did, on the interrelation of rudimentary signs and their diverse spatialization, and thus on difference, Gadamer had relied on symbols. As multilayered images of meaning, signs, according to Gadamer, possess a universal language common to them, which transports the meaning inherent in all human creation. Derrida counters him with the words of Celan: "The world is gone." The poetry collection was published in the same year as Le Guin's story *City of Illusions*.

Woke ...

Mathis Pfäffli works primarily with found material. Naturally, these come from very different contexts. If they were once something, they are now something else. Their past function disappears, coagulates into indeterminacy, opening itself to redefinition. Sometimes nature, sometimes technology, sometimes sentence, sometimes page. Completeness is alien to Pfäffli's work. Drawings are reworked. Objects blur. The path is the goal. And the task is to get there.

*

After six years, the community asks Le Guin's protagonist to continue his journey alone in order to understand his origins.

*

In Celan's "Great, glowing vault," the self invents itself.

*

Chaos ...

If meaning resides in difference, in distance, in the space in-between and not in similarity (identity), where and above all how does sensuousness work there? For me, the sensuous in Mathis Pfäffli's work is found in the dynamics of growth and transience as difference that gives meaning. The familiar mutates into the grotesque, the outlandish coagulates into the everyday. Drawings of signs of time. Witnesses to decay. Great, glowing vault with the outward- and away-burrowing black-constellation swarm.

Pattern ...

Meaning, that is space—sensuousness, that is time. Time is history, history is narration. Thus the temporalized sensuous experience becomes the key to the sense of the world. Pictures of the world can be experienced as mental landscapes. For language *is* environment. The desire to exchange structures the way we approach each other. Dystopia with a happy ending?

Our protagonist encounters many obstacles on the journey to learn the truth about himself. Evidence of the barbarity of human society accumulates and he learns that every image is a distorted one. Finally, it is talking animals that plead for the reverence of life in the service of self-defense.

The sensuous in the work of Mathis Pfäffli corresponds with this distortion of life by oscillating between the organic and the industrial. The mechanical thing is in direct exchange with mental consciousness and its material carrier. And this materiality is a made one. Thus the vital circle closes—but without granting the makers a supremacy over the exchange or even the thing. Horizontally, the pulsating context of sensuousness stretches around the "forehead" of meaning and distributes it to ever new distances and images.

"He had no language, and did not know the darkness to be light."

1 German translation: *Stadt der Illusionen*, Munich 1979.
2 Jacques Derrida, "Signature Event Context," in: *Randgänge der Poesie*, Vienna 2001, pp. 15–45.
3 Elizabeth Cummins: *Understanding Ursula K. Le Guin*. Columbia 1993, p. 4 f.
4 Paul Celan, *Breathturn into Timestead*. The Collected Later Poetry: A Bilingual Edition, translated from the German and with commentary by Pierre Joris, New York 2014, p. 97.
5 https://dasgoetheanum.com/dich-tragen (last accessed 2/19/2022).
6 Jacques Derrida, "The Uninterrupted Dialogue. Festrede zur Gedenkfeier der Universität Heidelberg, Februar 2003," in: Jacques Derrida/ Hans-Georg Gadamer, *Der ununterbrochene Dialog*, Frankfurt a. M. 2004.

Mathis Pfäffli ist in Luzern aufgewachsen. Er lebt und arbeitet in Zürich. Sein Werk umfasst Zeichnung, Performance und Installation.

Nach einem Studium in Grafik und Illustration in Luzern und Hamburg war er als Gestalter in Wien und Leipzig tätig. Hier war er an kuratorischen Projekten und der Gestaltung von Katalogen und Künstler•innenbüchern beteiligt. 2013 erhielt er die Möglichkeit, im Luzerner Atelier in Chicago zu arbeiten, und wurde 2016 mit dem Werkbeitrag des Kantons Luzern ausgezeichnet. Anschliessend wandte er sich verstärkt der eigenen künstlerischen Praxis zu und erlangte 2017 am Institut Kunst in Basel den Master in Fine Arts. Er zeigte seine Arbeit bei Einzelausstellungen in Zürich, Basel und Luzern sowie in Gruppenausstellungen im In- und Ausland.

Mathis Pfäfflis Interesse gilt dem emotionalen und intellektuellen Erleben und Erfahren von Welt im weitesten Sinn. Dabei arbeitet er hauptsächlich mit den Medien Zeichnung und Installation. In seinen Werken begegnen sich Fundstücke aller Art, Überbleibsel aus Natur, Industrie und Kultur. Er kombiniert neue und ältere Arbeiten, die sich gegenseitig dekonstruieren und zu etwas Neuem, Anderem fügen. Auf diese Weise entsteht eine zirkuläre Erzählung, die sich aus einem prozessualen ästhetischen Denken entfaltet. Interdisziplinäre Zusammenarbeiten spielen für Mathis Pfäffli eine wesentliche Rolle.

Chantal Kaufmann lebt und arbeitet in Wien und Zürich. Ihre medienübergreifende Arbeit umfasst Video, Text und Installation. Während ihres Bachelorstudiums an der Zürcher Hochschule der Künste betrieb sie mit Marc Hunziker und Rafael Skoczek den Ausstellungsraum UP STATE (Zürich, 2014–2018). In diesem Rahmen befragten sie Ökonomien im Kunstmarkt und gewannen damit 2016 den Kadist-Preis der Kunsthalle Zürich. 2018 lebte und arbeitete Kaufmann mit Unterstützung des Zürcher Werkstipendiums für ein halbes Jahr in Istanbul. Sie erlangte den Master zum Thema Sprache als Infrastruktur an der Akademie der bildenden Künste Wien, der von Sabeth Buchmann betreut wurde. Die hier auf theoretischer Ebene verhandelten Interessen durchziehen Kaufmanns gesamtes künstlerisches Schaffen. Dies zeigt sich in der Reflexion und Sichtbarmachung der spezifischen Modalitäten des jeweiligen Mediums, welche die Betrachter•innen stets zu einer eigenen Interpretation einladen. Ihre Arbeiten wurden in zahlreichen Ausstellungen im In- und Ausland gezeigt.

Julia Moritz lebt und arbeitet als Kunsthistorikerin und Kuratorin in Berlin. Sie arbeitet derzeit am Gropius Bau, Berlin. Als Kuratorin für Theorie und Programm arbeitete sie an der Kunsthalle Zürich und leitete *The Maybe Education and Public Programs* der dOCUMENTA (13) in Kassel (2012). Zuvor lehrte Moritz zeitgenössische Kunstgeschichte an der Leuphana Universität Lüneburg (2012), wo sie Ausstellungen und Veranstaltungsprogramme für den Kunstraum der Universität organisierte. Sie wirkte an der Manifesta 7 in Trentino/Südtirol (2008) und dem Deutschen Pavillon auf der 52. Biennale di Venezia (2007) mit und kuratierte unabhängige Projekte wie die *Young Girl Reading Group Show* (mit Dorota Gawęda und Eglė Kulbokaitė, 2016). Moritz ist Mitherausgeberin von *Question of the Day* (2007).

Sophia Roxane Rohwetter ist Kunst- und Kulturwissenschaftlerin und lebt in Wien. Sie studierte Kulturtheorie an der Leuphana Universität Lüneburg sowie Kunst und Medien an der Zürcher Hochschule der Künste und am Bennington College, Vermont, USA. Derzeit absolviert sie einen Master in Critical Studies an der Akademie der bildenden Künste Wien, wo sie als Assistentin am Institut für Kunst- und Kulturwissenschaften arbeitet. Sie forscht zu visuellen Kulturen der Antipsychiatrie, feministischen Poetiken des Wahnsinns und der Psychoanalyse. Sie schreibt für *Texte zur Kunst* und *Spike Art Magazine* und ist Mitbegründerin des digitalen Literaturmagazins www.andshymagazine.com.

Arnaud Wohlhauser ist in Fribourg geboren und lebt und arbeitet in Zürich. Seine künstlerische Praxis umfasst Performances, Skulptur, Video und Schreiben. Er interessiert sich für Momente, in denen im Alltäglichen ein Nachgeschmack von Fiktion auftritt. Geschichten von Echos, Wiederholungen und Zufällen sind Strategien, um die gewaltsame Banalität der Trennung, die unter einem kapitalistischen Paradigma immer mehr zunimmt, anzusprechen und zu bekämpfen. Er ist Teil des Zürcher Künstler•innenkollektivs Natalie Portman. Nach dem Studium an der HEAD in Genf schloss er in Basel am Institut Kunst den Master in Fine Arts ab.

Biographies

Mathis Pfäffli grew up in Lucerne. He now lives and works in Zurich. His oeuvre includes the genres of drawing, performance and installation.

Having studied graphic art and illustration in Lucerne and Hamburg he then worked in Vienna and Leipzig as a designer and was involved in curatorial projects and the design of catalogues and artists books. In 2013 he had the opportunity to work in the Lucerne Studio in Chicago. He was awarded a Grant from the Canton Lucerne in 2016. He then turned his attention more to his own artistic praxis, gaining a Master's in Fine Arts from the Institut Kunst in Basel in 2017. His works have been shown in solo exhibitions in Zurich, Basel and Lucerne as well as in group exhibitions at home and abroad.

Mathis Pfäffli is interested in the emotional and intellectual experience of the world in the broadest sense. He works mainly with the media of drawing and installation. His works bring together all kinds of found objects, remnants from nature, industry and culture. He combines new and older works that mutually deconstruct one another giving rise to something new, different. This results in a circular narrative that unfolds and further develops out of a processual aesthetic form of thinking, whereby interdisciplinary collaborations also play a vital role.

Chantal Kaufmann lives and works in Vienna and Zurich. Her overarching media work involves video, text and installation. While studying for a Bachelor's degree at the Hochschule der Künste in Zurich she organised the UP STATE exhibition space (Zurich, 2014–2018) together with Marc Hunziker and Rafal Skoczek. In conjunction with that exhibition space they engaged in a joint artistic praxis that questioned the economies of the art market. In 2016 they won the Kadist Prize of the Kunsthalle in Zurich. In 2018 Kaufmann lived and worked for six months in Istanbul with a Work Grant from the City of Zurich. She gained a Master's on the theme of Language as Infrastructure at the Academy of the Fine Arts in Vienna under the directorship Sabeth Buchmann. The interests negotiated here on a theoretical level pervade her whole artistic work. This is evident in the way the specific modalities of the respective medium are reflected on and rendered visible, thus inviting viewers to constantly undertake an interpretation of their own. Her works have been shown in numerous exhibitions at home and abroad.

Julia Moritz is an art historian and curator who lives and works in Berlin. She is currently working at the Gropius Bau in Berlin. She has worked at the Kunsthalle Zurich as a curator responsible for theory and programme and she directed *The Maybe Education and Public Programs* for dOCUMENTA (13) in Kassel in 2012. Prior to that Moritz taught contemporary art history at the Leuphana University in Lüneburg (2012), where she organised exhibitions and events for the university's art space. She was involved in Manifesta 7 in Trentino/South Tyrol in 2008 and the German Pavilion at the 52nd Venice Biennale in 2007 and has curated independent projects such as the *Young Girl Reading Group Show* (with Dorota Gawęda and Eglė Kulbokaitė, 2016). Moritz is co-editor of *Question of the Day* (2007).

Sophia Roxane Rohwetter is a writer and researcher working in art theory and art writing. She studied Cultural Theory at Leuphana University Lüneburg and Art and Media at Zurich University of the Arts and Bennington College. She currently completes a Master in Critical Studies at the Academy of Fine Arts in Vienna, where she works as an assistant at the Institute of Art Theory and Cultural Studies. Her research focuses on visual cultures of anti-psychiatry, feminist poetics of madness and psychoanalysis. She writes for *Texte zur Kunst* and *Spike Art Magazine* and is the cofounder of the digital literature magazine www.andshymagazine.com.

Arnaud Wohlhauser was born in Fribourg and lives and works in Zurich. In his artistic work, involving performance, video, objects, and writing, he is interested in moments of appearance of an aftertaste of fiction in the everyday. He likes to tell stories of echoes, repetitions, and coincidence, as strategies to address and fight the violent banality of separation that is ever increasing under a capitalist paradigm. He is co-founder of Natalie Portman, an artist collective based in Zurich. He studied at HEAD school of art and design in Geneva, and a Master in Fine Arts at the Institut Kunst FHNW in Basel.

Index

Kleine Fotos/
Small photographs

1–32, 145–176
Bildnotizen/image notes,
2016–2021

Zeichnungen/
Drawings

57–129
Tracer, 2021/22,
Grafit auf Papier/
graphite on paper,
42 × 29,7 cm

Arbeiten/Works

18, 19
Antenne, 2016, Aluminiumguss, Stahl, gesammelte Stangen, Zeltschnur, Zeltspanner, variable Grösse/aluminum casting, steel, collected poles, guy rope, turnbuckles, dimensions variable, Fotos/photos: Mathis Pfäffli.

25, 164
Shelter, 2016, Aluminiumguss, Beton, Abfall, Fundstücke, Reste früherer Arbeiten, Video, variable Grösse/aluminum casting, concrete, waste, found pieces, remains of existing works, video, dimensions variable, Fotos/photos: Mathis Pfäffli.

Ausstellungsansichten/
Exhibition views

2, 23, 27, 32, 158, 167, 174
Stiff Neck, Gruppenausstellung/group exhibition, Giulietta, Basel 2021. Kuratiert von/curated by Ambra Viviani, David Richter, Jacob Ott und/and Lukas Treiber. Fotos/photos: Mathis Pfäffli. Abgebildete Arbeiten/depicted works:
• *The Kids Call It Ghosthouse*, 2021, Aluminium, Glas, LED, Kabel, Stahlseil, Adapter, Speckstein/aluminum, glass, LED, cable, steel rope, adapter, steatite, 80 × 80 cm
• *Portraits of 5 Surveillance Cameras* (eine von fünf Zeichnungen/one of five drawings), 2021, Grafit auf Papier/graphite on paper, 42 × 29,7 cm

162
Animated Matter, Gruppenausstellung/group exhibition, La Dépendance, Saint-Imier 2021. Kuratiert von/curated by Mathis Pfäffli. Foto/photo: Jan Van Oordt. Abgebildete Arbeit/depicted work:
• Überreste einer Erzählperformance, Stahlkugeln/remains of a narrative performance, steel balls

175
Beauty is Everywhere, Gruppenausstellung/group exhibition, Museum im Bellpark, Kriens 2020. Kuratiert von/curated by Hilar Stadler, Ralf Keller und/and David Glanzmann. Foto/photo: Martin Stollenwerk. Abgebildete Arbeit/depicted work:
• *All Beings in Serenity (s21e4)*, 2020, Grafit auf Papier, gefundene Magnete, zweckentfremdetes Blech/graphite on paper, found magnets, alienated sheet, 189 × 131 cm

11, 145, 147, 152
Tooth Gap, Einzelausstellung/solo exhibition, Vera Wessels, Zürich/Zurich 2020. Kuratiert von/curated by Benedikt Bock. Fotos/photos: Benedikt Bock. Abgebildete Arbeiten/depicted works:
• *Switchboard*, 2020, Lasercut-Abfall aus Aluminium, Kabel, Fundstücke, Bakelitgriffe/lasercut remains from aluminum, cable, found pieces, Bakelite handels, 30 × 21 cm
• *Shades*, 2020, wiederverwendete Aluminiumlamellen, bemalte Holzkugeln, Zinn, Klemmbriden, Stahlseil/reused aluminum blades, painted wood balls, tin, cable clips, steel rope, 120 × 30 cm
• *Thoughts in Symmetry*, 2020, wiederverwendetes Glas, Stahl, Stahlseil, Silikon, Leuchtstoffröhre, Kabel, Schrumpfschlauch, Wasser/reused glass, steel, steel rope, silicone, luminescent tube, cable, shrinking tube, water, 120 × 30 cm

4, 5, 8, 148, 155, 160, 161, 166
Palympsest Dust, Installation in Kollaboration mit/installation in collaboration with Rebecca Kunz, Ausstellungsraum Klingental, Basel 2020. Kuratiert von/curated by Thomas Heimann. Fotos/photos: Guadeloupe Ruiz und/and Michael Blaser. Abgebildete Arbeit/depicted work:
• *Palympsest Dust*, 2020, Installation: Ton, wiederverwendetes Glas, Elektroschrott, Kabel, variable Grösse/clay, reused glass, electrical waste, cable, dimensions variable; Objekte/objects: wiederverwendetes Glas, Elektroschrott, Kabel, variable Grösse/reused glass, electrical waste, cable, dimensions variable

17, 24, 28, 150
Zwischen Warten und Scherben, was auch immer da so glänzt, Gruppenausstellung/group exhibition, gelbes Haus, Luzern/Lucerne 2020. Kuratiert von/curated by Timo Müller. Fotos/photos: Mathis Pfäffli. Abgebildete Arbeit/depicted work:
• *7 Steine. Eine Geschichte*, 2020, Stein, Zement, Sand, Glas, erzählte Geschichte, variable Grösse/stone, cement, sand, glass, narrated story, dimensions variable

9, 10, 14, 15, 20, 31, 157, 159, 168, 171, 176
Only Openings and Ways Through, Einzelausstellung/solo exhibition, La Dépendance, Saint-Imier 2020. Fotos/photos: Claude Barrault. Abgebildete Arbeiten/depicted works:
• *Thoughts in Symmetry*, 2020, wiederverwendetes Glas, Stahl, Stahlseil, Silikon, Leuchtstoffröhre, Tee, Kabel, Transformator/reused glass, steel, steel rope, silicone, luminescent tube, tea, cable, transformer, 120 × 30 cm
• *Iris*, 2020, Zeichnungen graviert in zwei Fenster der Dépendance in Saint-Imier/drawings engraved in two windows of the Dépendance in Saint-Imier
• *Stones*, 2020, Zeichnungen graviert in zwei Steine, die man durchs Küchenfenster der Dépendance in Saint-Imier sieht/drawings engraved in two stones, that you can see through the window of the Dépendance in Saint-Imier
• *Switchboard*, 2020, Holz, Glas, Beton, Acrylfarbe, Fundstücke, runde Bakelitgriffe, Gummibälle/wood, glass, concrete, acrylic paint, found pieces, round Bakelite handles, rubber balls, 57 × 103 cm
• *Pupil*, 2020, Video mit Bildern aus dem Archiv der Dépendance/video with found footage from the archive of the Dépendance

1, 30, 153
In the Tall Grass, Gruppenausstellung auf dem Gelände der Getreidezüchtung Peter Kunz/group exhibition on campus of plant breeding association Peter Kunz, Feldbach 2019. Kuratiert von/curated by Vinzenz Meyner. Fotos/photos: Anja Wille. Abgebildete Arbeit/depicted work:
• *What You Felt Was Not What I Felt, Thoughts in Symmetry*, 2019, wiederverwendetes Glas, Stahl,

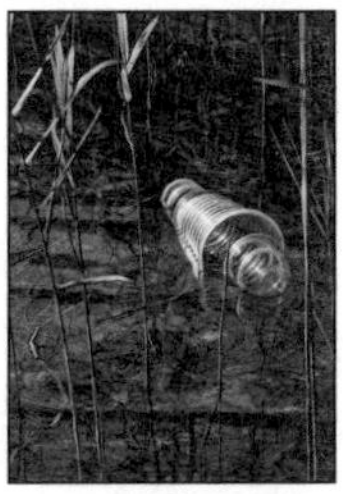
1

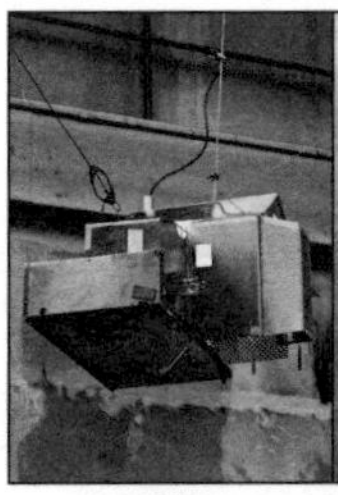
2

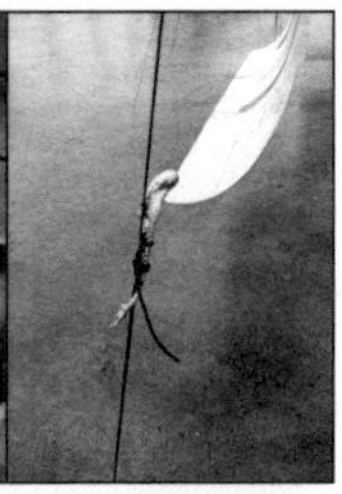
3

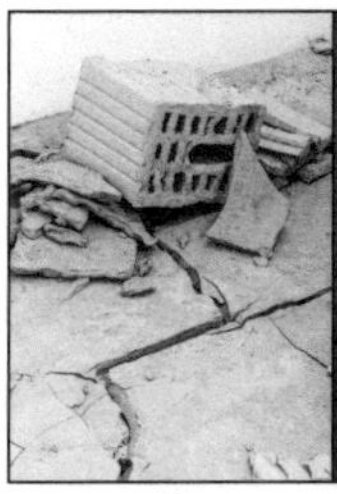
4

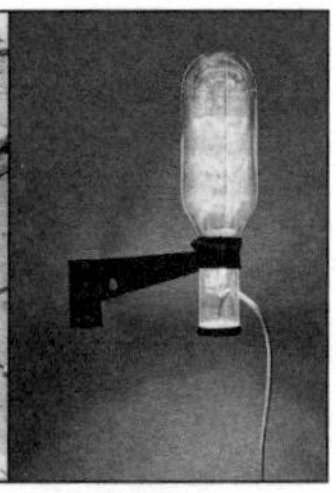
5

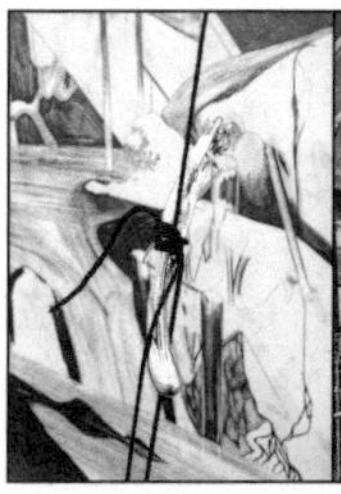
6

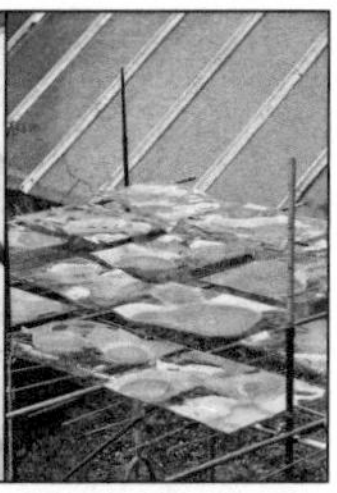
7

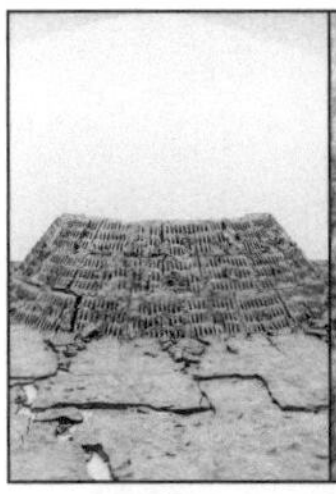
8

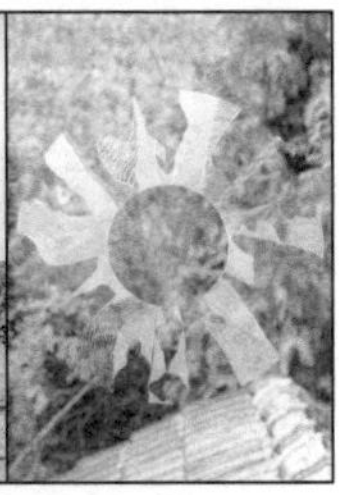
9

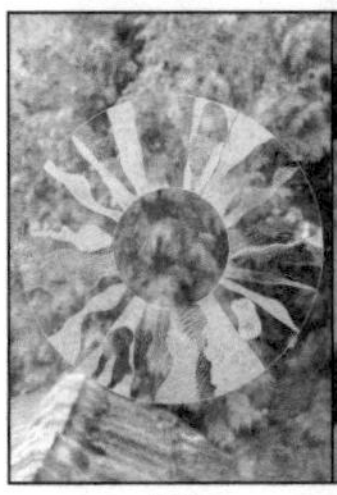
10

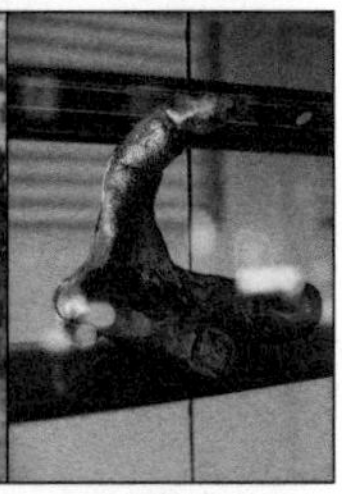
11

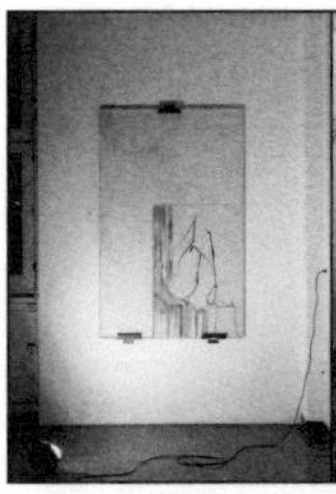
12

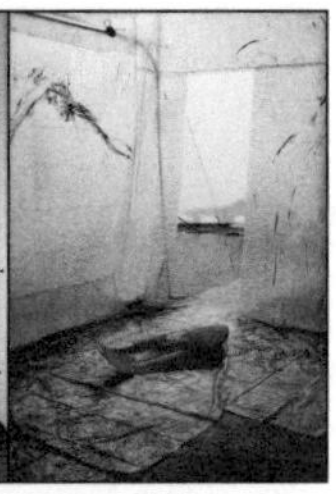
13

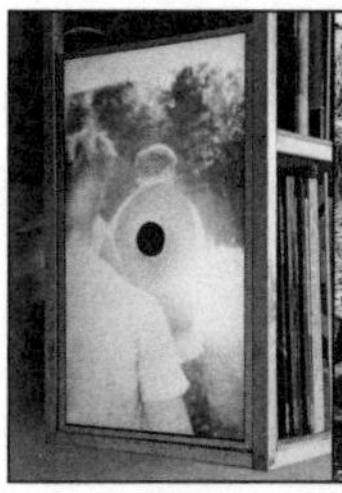
14

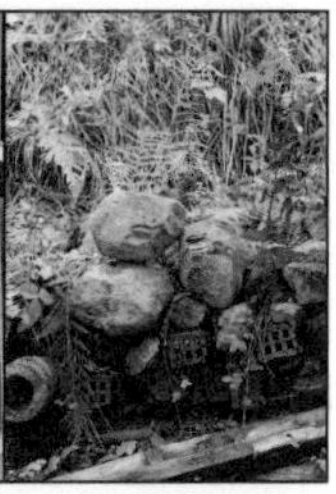
15

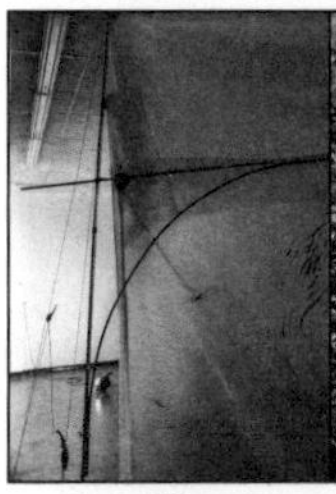
16

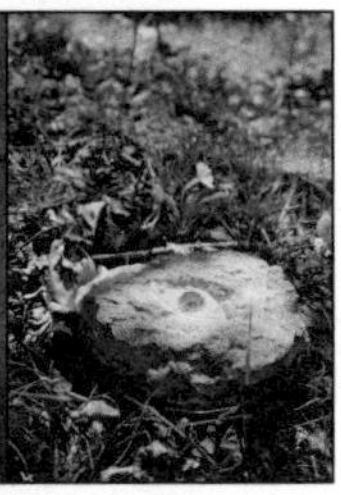
17

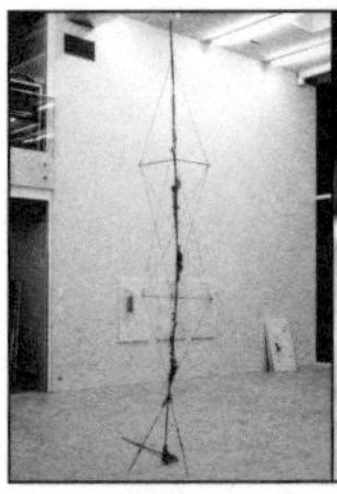
18

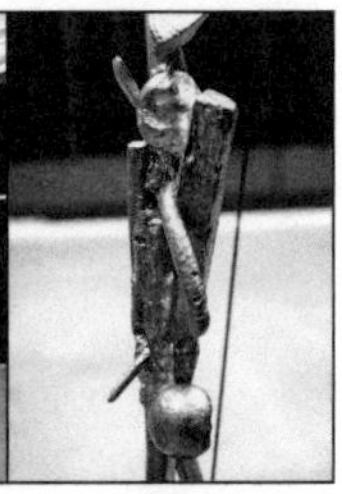
19

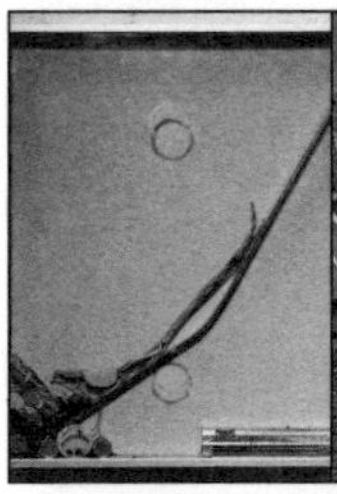
20

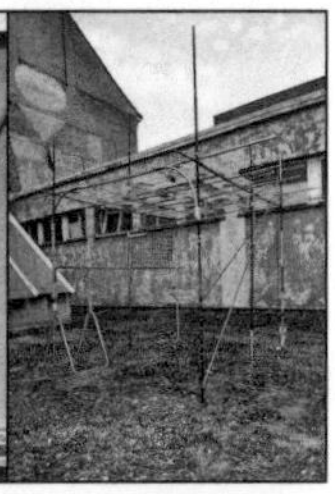
21

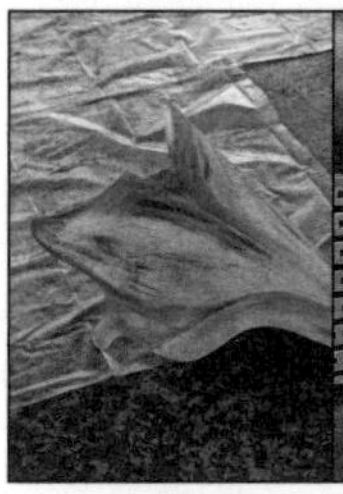
22

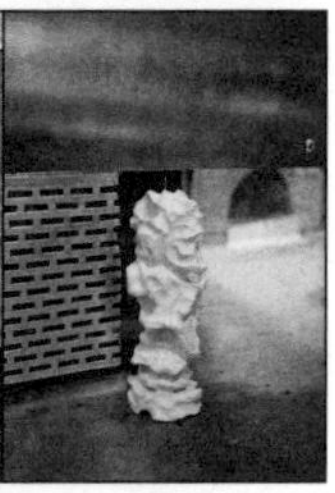
23

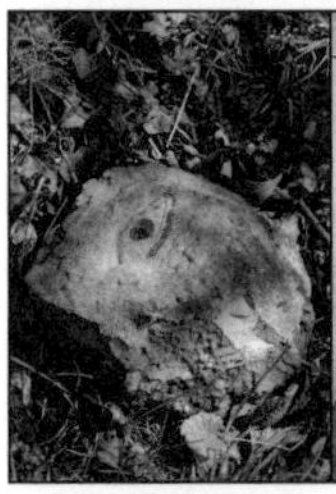
24

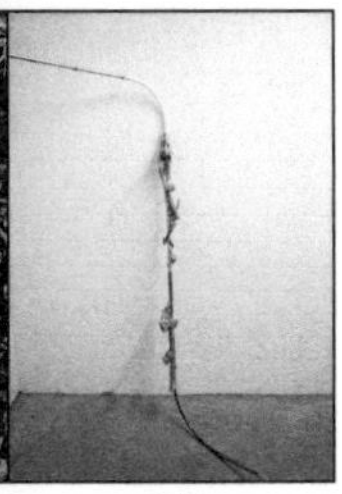
25

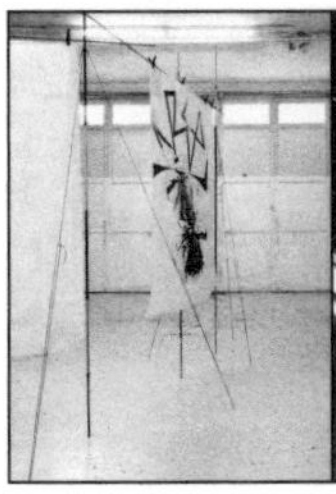
26

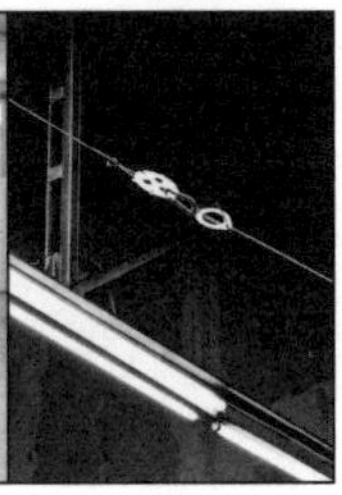
27

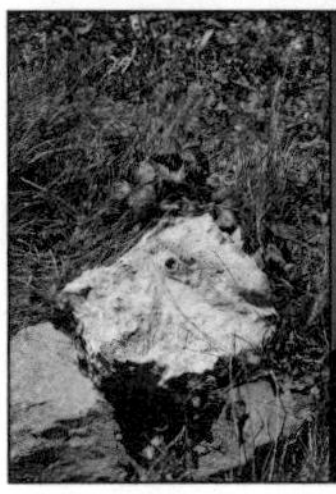
28

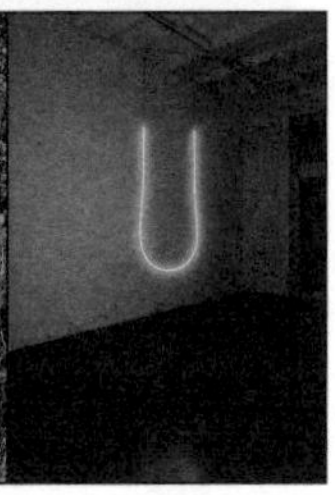
29

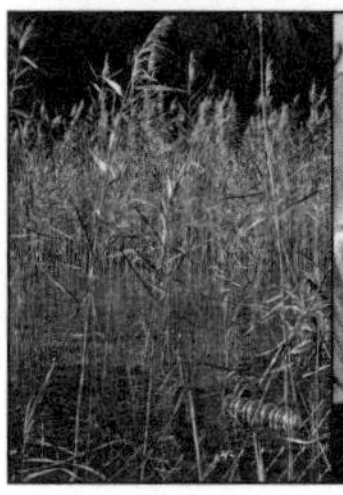
30

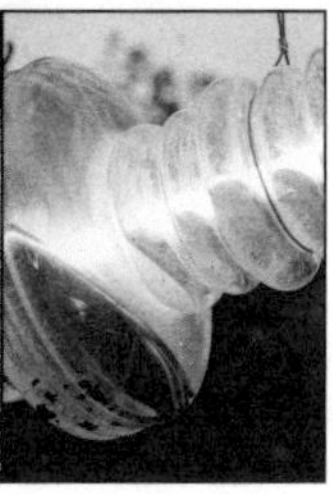
31

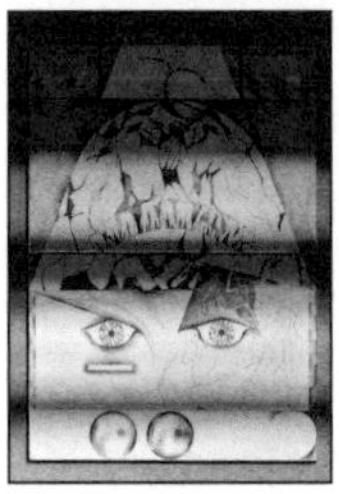
32

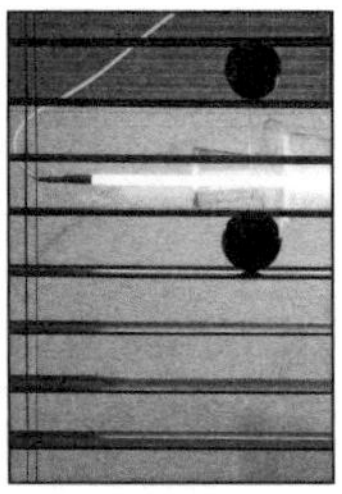
145

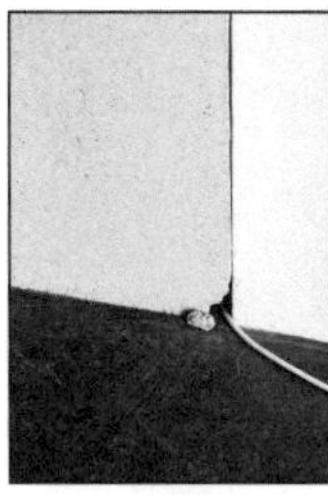
146

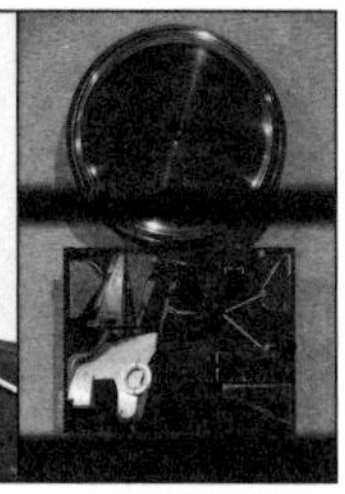
147

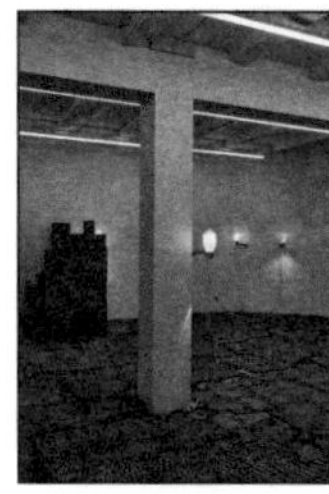
148

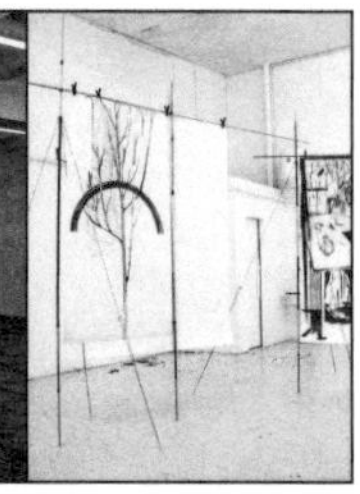
149

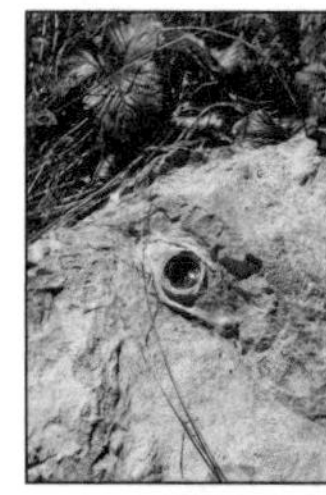
150

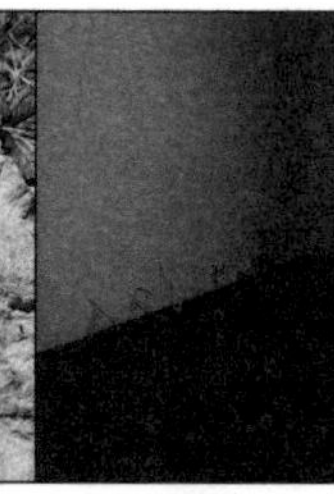
151

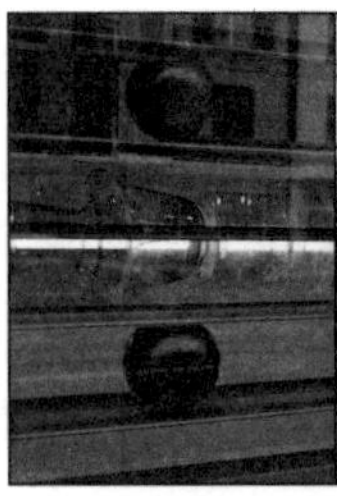
152

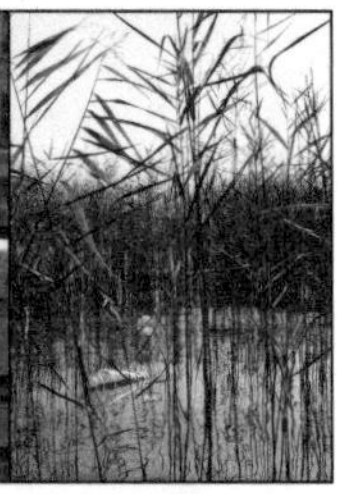
153

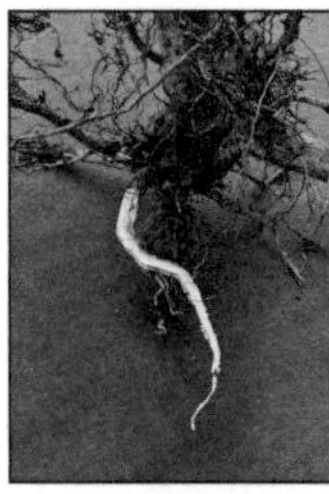
154

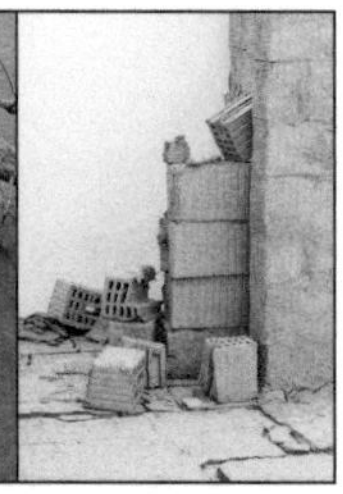
155

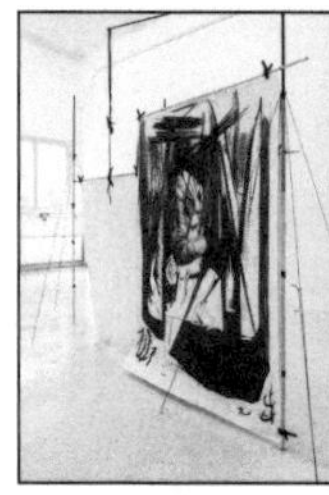
156

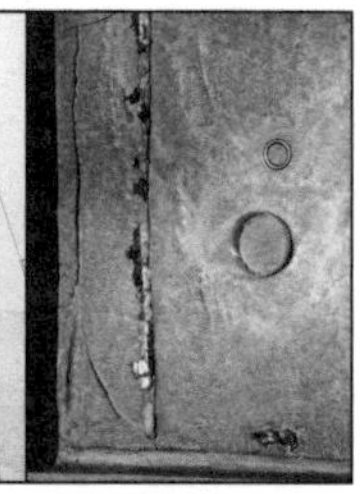
157

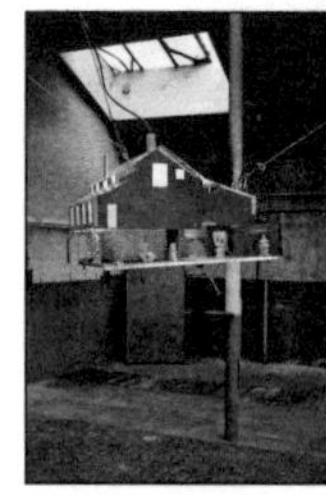
158

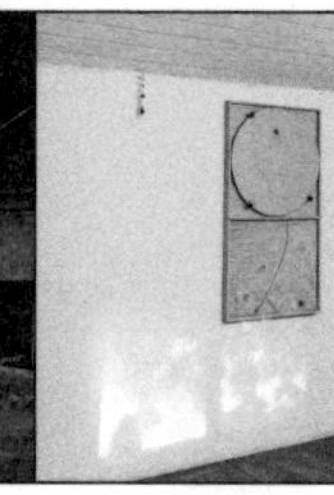
159

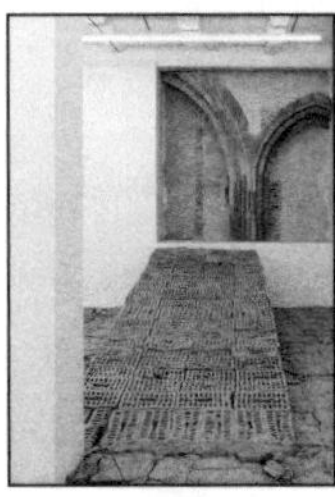
160

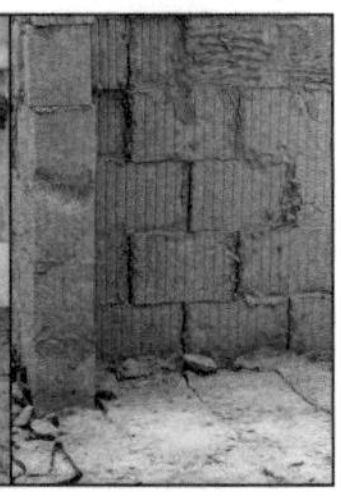
161

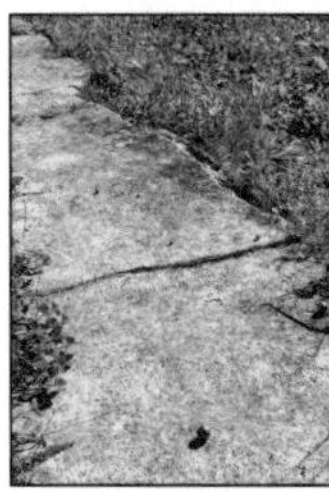
162

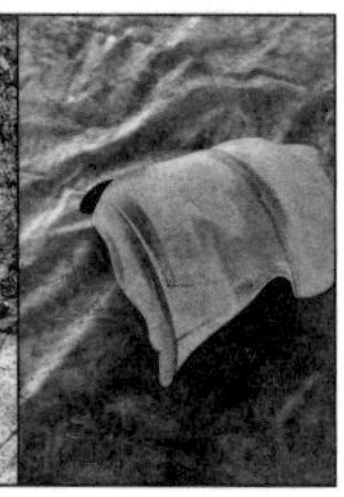
163

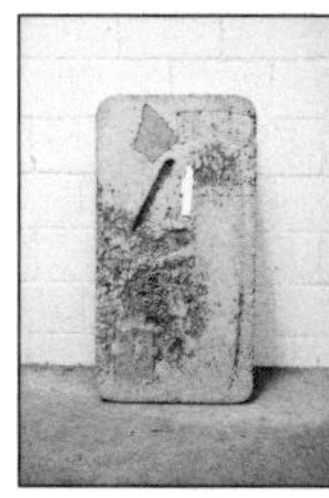
164

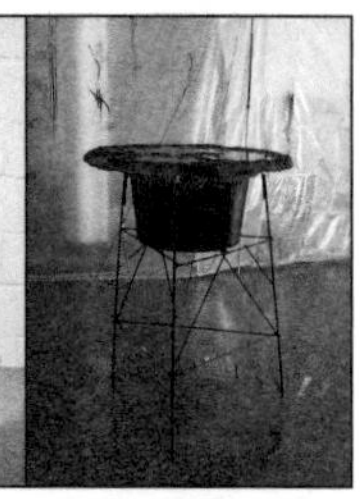
165

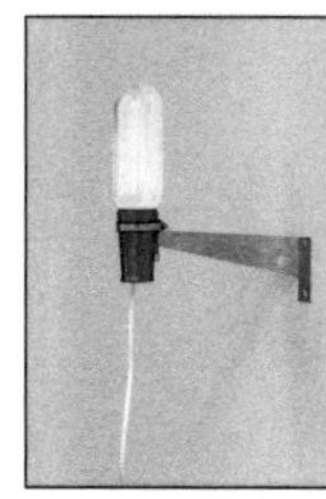
166

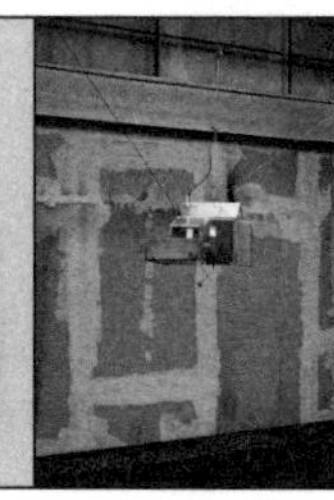
167

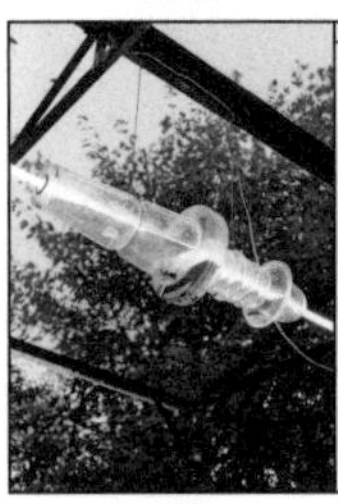
168

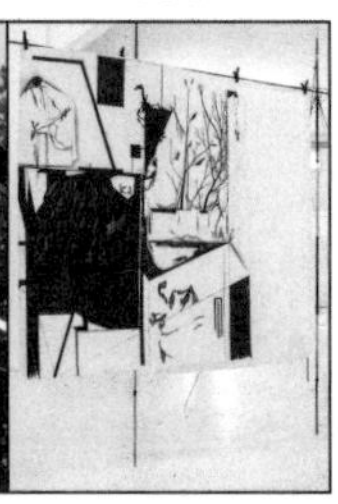
169

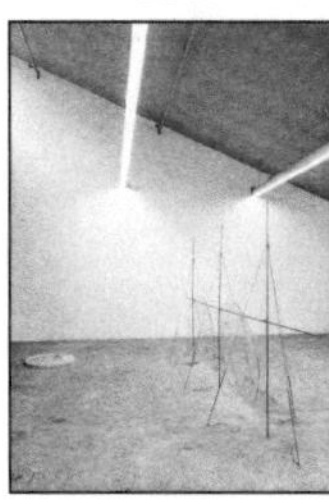
170

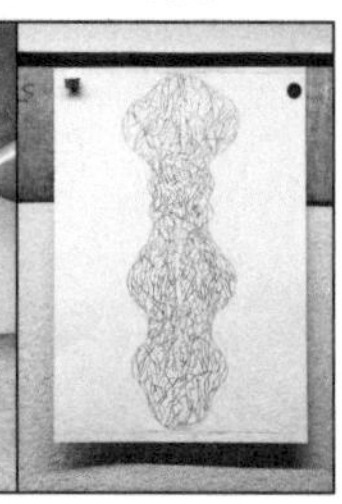
171

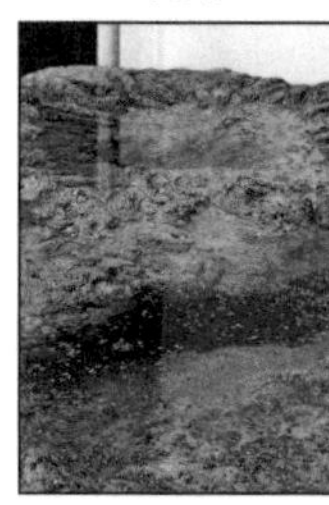
172

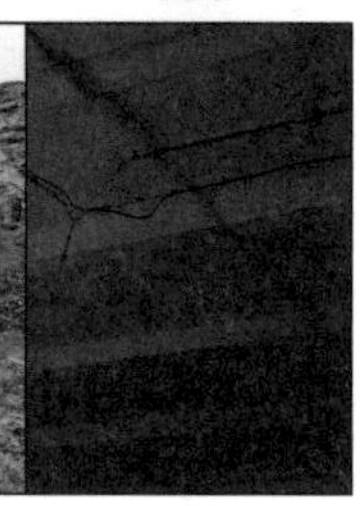
173

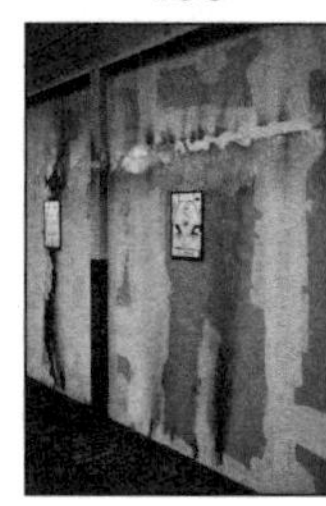
174

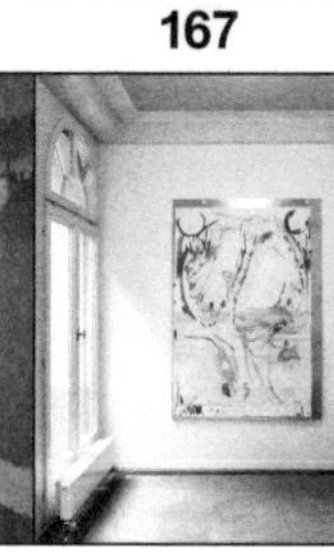
175

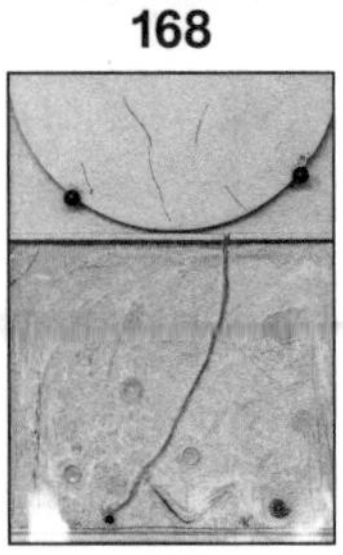
176

Stahlseil, Silikon, Stahlkugeln, variable Grösse/reused glass, steel, steel rope, silicone, steel balls, dimensions variable

170
We Invite You to Hope, Gruppenausstellung/group exhibition, Kunsthaus Baselland, Basel 2017. Kuratiert von/curated by Carolyn Christov-Bakargiev und/and Chus Martínez. Foto/photo: Christian Knörr. Abgebildete Arbeiten/depicted works:
• *An Eye on a Reflecting Plane—Its Lens Slightly Tipping the Surface*, 2017, graviertes Glas, je 110 × 110 cm; wiederverwendete Bestandteile bestehender Installationen, variable Grösse/engraved glass, 110 × 110 cm each; reused parts of an existing installation, dimensions variable
• *Untitled*, Beton, Fundstücke/concrete, found pieces, 50 × 50 cm

12, 13, 16, 22, 163, 165, 172
Nebelmeer, Einzelausstellung/solo exhibition, Schwarzwaldallee, Basel 2017. Kuratiert von/curated by Karin Borer und/and Daniel Kurth. Fotos/photos: Claude Barrault. Soundtrack zur Ausstellung/Soundtrack accompanying the exhibition: Manuel Schneider; Textbeitrag/script: Arnaud Wohlhauser. Abgebildete Arbeiten/depicted works:
• *Gear*, 2017, Grafit und Acrylfarbe auf gelaserte Stahlformen, verschiedene Grösse/graphite and acrylic paint on lasered steel mold, dimensions variable
• *Membran*, 2017, Grafit auf Papier, Stahl, ungereinigtes Panzerglas/graphite on paper, steel, uncleaned bulletproof glass, 150 × 100 cm
• *Brunnen*, 2017, Beton, PVC, Armierungseisen, Holz, Wasser, Wasserlinsen, variable Grösse/concrete, PVC, reinforcing rod, wood, water, duckweed/dimensions variable

29, 146, 151, 154, 173
U, Kollaboration mit/collaboration with Manuel Schneider, Oslo10, Basel 2016. Kuratiert von/curated by Aaron Ritschard. Fotos/photos: Moritz Schermbach.

7, 21
C'est fini l'ironie, Gruppenausstellung/group exhibition, Ausstellungsraum Carrosserie, Basel 2016. Kuratiert von/curated by Manuel Schneider. Fotos/photso: Mathis Pfäffli. Abgebildete Arbeit/depicted work:
• *Leonardo DiCaprio*, 2016, gesammelte Trekkingstöcke, wiederverwendete Aluminiumstangen, Metallgitter aus der Brandruine, zu welcher man sich über das Flachdach Zugang verschaffen konnte, thermisch verformtes Glas, Lötzinn, Spirulina-Algen, gefundener Draht, variable Grösse/collected trekking poles, reused aluminum poles, metal lattice from a fire ruin accessible through the flat roof, thermally deformed glass, solder, Spirulina, found wire, dimensions variable

3, 6
Werkbeiträge Luzern 2015, Gruppenausstellung/group exhibition, Ausstellungsraum AKKU, Emmenbrücke 2015. Fotos/photos: Mathis Pfäffli. Abgebildete Arbeit/depicted work:
• *Her skin was outdoorsy tinted, the colour I remember from professional mountaineers. Every visible part of her body was blotched with darker freckles of an orange tone. Also, the nose and the ears were spotted but in a more reddish tone, and with her fingers she betimes pushed her hair behind these ears. The hair was almost the same colour as her skin, a coppery, shimmering sort of brown, a bit bleached out by the sun* (Detail), 2015, Aluminiumstangen, Zinn, Nylonseil, Papier, Grafit, variable Grösse/aluminum poles, tin, nylon rope, paper, graphite, dimensions variable

26, 149, 156, 169
If the Situation Leads to an Unknown Question Leave Footsteps Behind, Gruppenausstellung/group exhibition, UP STATE, Zürich/Zurich 2015. Kuratiert von/curated by Marc Hunziker, Chantal Kaufmann und/and Rafal Skoczek. Fotos/photos: Ariane Vonmoos. Abgebildete Arbeit/depicted work:
• *An Eye on a Reflecting Plane—Its Lens Slightly Touching the Surface*, 2015, Aluminiumstangen, Zinn, Nylonseil, Papier, Grafit, variable Grösse/aluminum poles, tin, nylon rope, paper, graphite, dimensions variable

Impressum/
Imprint

Diese Publikation erscheint in der Reihe *spot on* der Stadt Luzern und gleichzeitig zur Ausstellung im Kunstmuseum Luzern/This book is published in the series *spot on* of the City of Lucerne and on the occasion of the exhibition at Kunstmuseum Luzern.

Mathis Pfäffli
Floor is Lava
2.7.–4.9.2022

Kunstmuseum Luzern
Europaplatz 1
6002 Luzern/Lucerne
Schweiz/Switzerland
www.kunstmuseum-luzern.ch

Herausgeber/
Editors
Stadt Luzern und/and Kunstmuseum Luzern

Konzept/Concept
Mathis Pfäffli, Pascal Storz

Redaktion/
Managing editor
Laura Breitschmid, Mathis Pfäffli

Projektmanagement/
Project management
Pascal Storz

Texte/Texts
Chantal Kaufmann, Julia Moritz, Sophia Roxane Rohwetter, Arnaud Wohlhauser

Lektorat/
Copyediting
Miriam Wiesel (Deutsch/German), the Kolenda Group (Englisch/English)

Übersetzung/
Translation
The Kolenda Group (Deutsch–Englisch/German–English), Christine O'Neill (Englisch–Deutsch/English–German)

Gestaltung/Design
Pascal Storz

Satz/Typesetting
Hannes Drißner

Umschlagabbildung/
Cover illustration
Tracer, Mathis Pfäffli, 2022

Papier/Paper
Bavaria Gloss
Munken Print White

Schrift/Typeface
Union

Bildbearbeitung/
Image editing
DZA Druckerei zu Altenburg GmbH

Druck und Bindung/
Printing and binding
DZA Druckerei zu Altenburg GmbH

Erschienen im Verlag/
Published by
Spector Books
Harkortstr. 10
04107 Leipzig
www.spectorbooks.com

Vertrieb/Distribution

Germany, Austria
GVA, Gemeinsame Verlagsauslieferung Göttingen GmbH & Co. KG
www.gva-verlage.de

Switzerland
AVA Verlagsauslieferung AG
www.ava.ch

France, Belgium
Interart Paris
www.interart.fr

UK
Central Books Ltd
www.centralbooks.com

USA, Canada, Central and South America, Africa
ARTBOOK | D.A.P.
www.artbook.com

Japan
twelvebooks
www.twelve-books.com

South Korea
The Book Society
www.thebooksociety.org

Australia, New Zealand
Perimeter Distribution
www.perimeter-distribution.com

spot on:
Mathis Pfäffli, Tracer

Die Stadt Luzern veröffentlicht jährlich eine Monografie (ehemals «Junge Kunst»). Auf Bewerbung wählt die Kommission Bildende Kunst jeweils eine Künstlerin oder einen Künstler und unterstützt die künstlerische Arbeit mit einer Publikation. In dieser Reihe sind bisher erschienen/The City of Lucerne annually publishes a monograph (formerly "Junge Kunst"). Upon application, the Commission for Visual Arts selects one artist and supports his or her artistic work with a publication. So far, this series includes

Vol. 1 Raphael Egli
Vol. 2 Julia Kälin
Vol. 3 Margot Zanni
Vol. 4 Claudia Bucher
Vol. 5 Monika Müller
Vol. 6 Miriam Sturzenegger
Vol. 7 Anastasia Katsidis
Vol. 8 Michael Noser
Vol. 9 Lorenz Olivier Schmid
Vol. 10 René Odermatt
Vol. 11 Jeroen Geel
Vol. 12 Sandra Ulloni
Vol. 13 Gilles Rotzetter
Vol. 14 Claudia Kübler
Vol. 15 Anita Zumbühl
Vol. 16 Lotta Gadola
Vol. 17 Lipp & Leuthold
Vol. 18 Mathis Pfäffli

Dank/
Acknowledgments

Der Künstler und das Kunstmuseum Luzern bedanken sich für die grosszügige Unterstützung von Ausstellung und Publikation/The artist and the Kunstmuseum Luzern thank for their generous support for the exhibition and publication Stadt Luzern, Casimir Eigensatz Stiftung, RKK – Regionalkonferenz Kultur.

This book would be incomplete without thankfully mentioning Bastien, casa fantasma, Coopérative Sur le Pont, Fix, Heidi, Inna, Jan, Markus, Pascale, Timo and Zollikerstrasse 249.

ISBN 978-3-95905-669-4

Stadt Luzern

Kunstmuseum Luzern

rkk
regionalkonferenz kultur region luzern

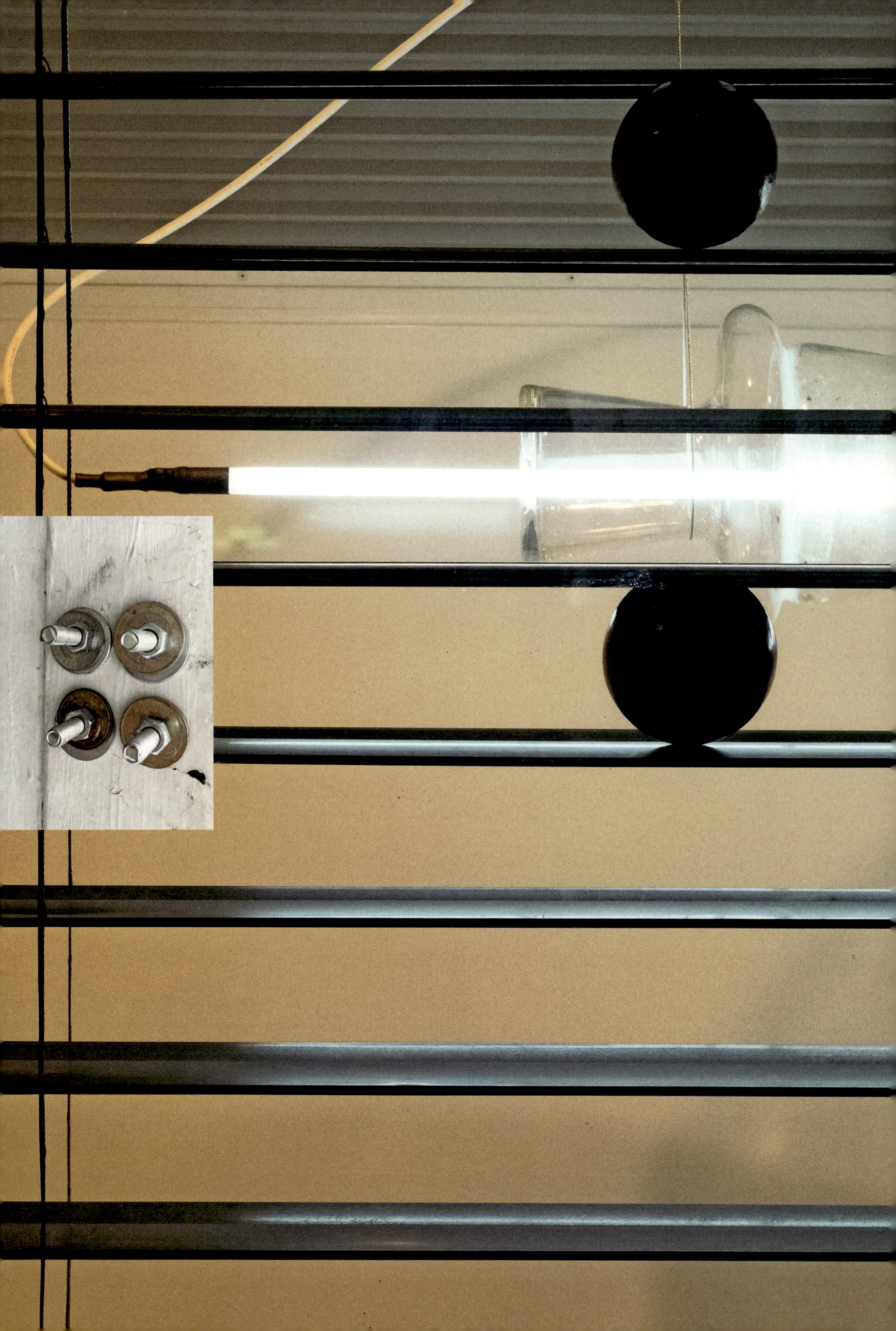

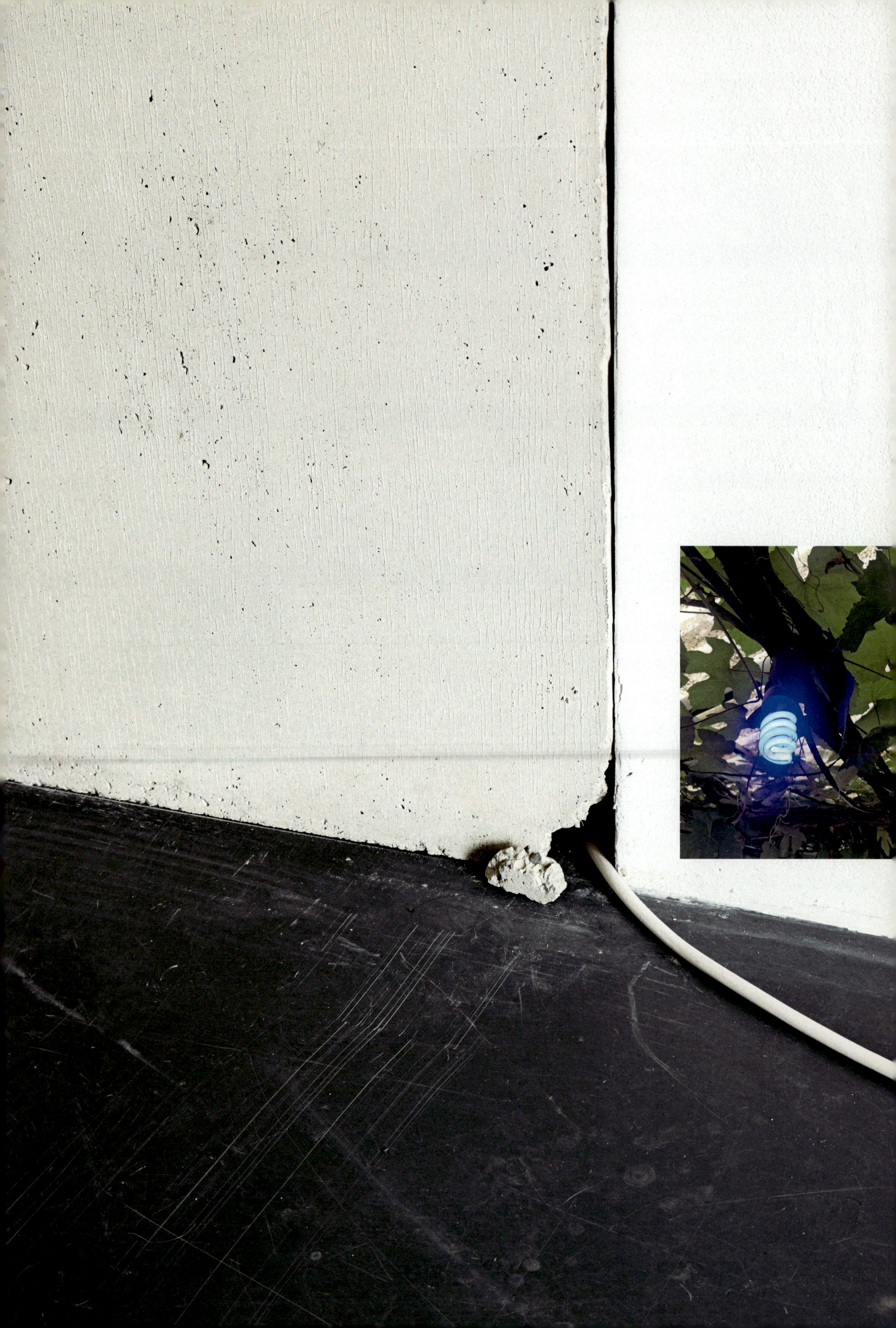

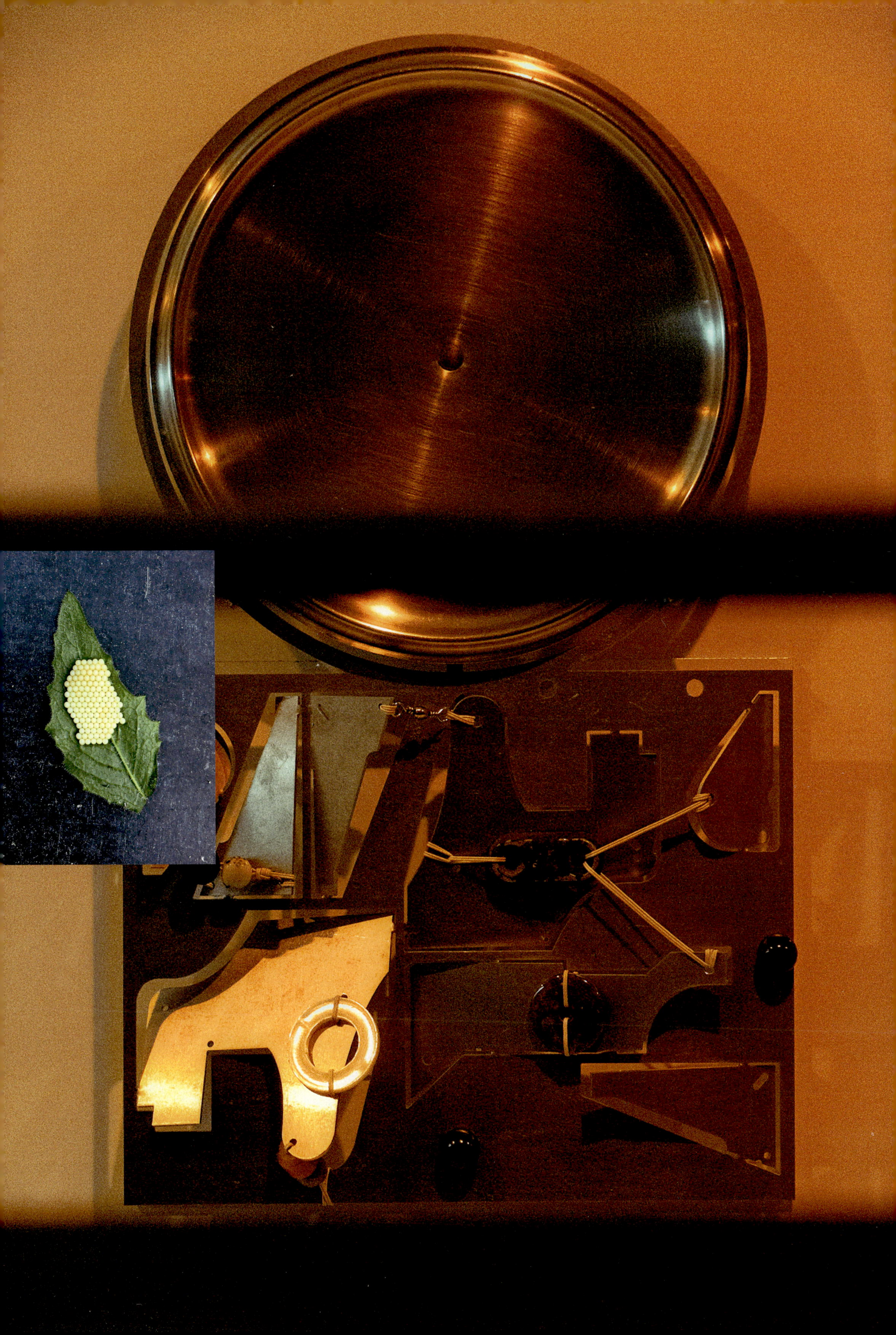

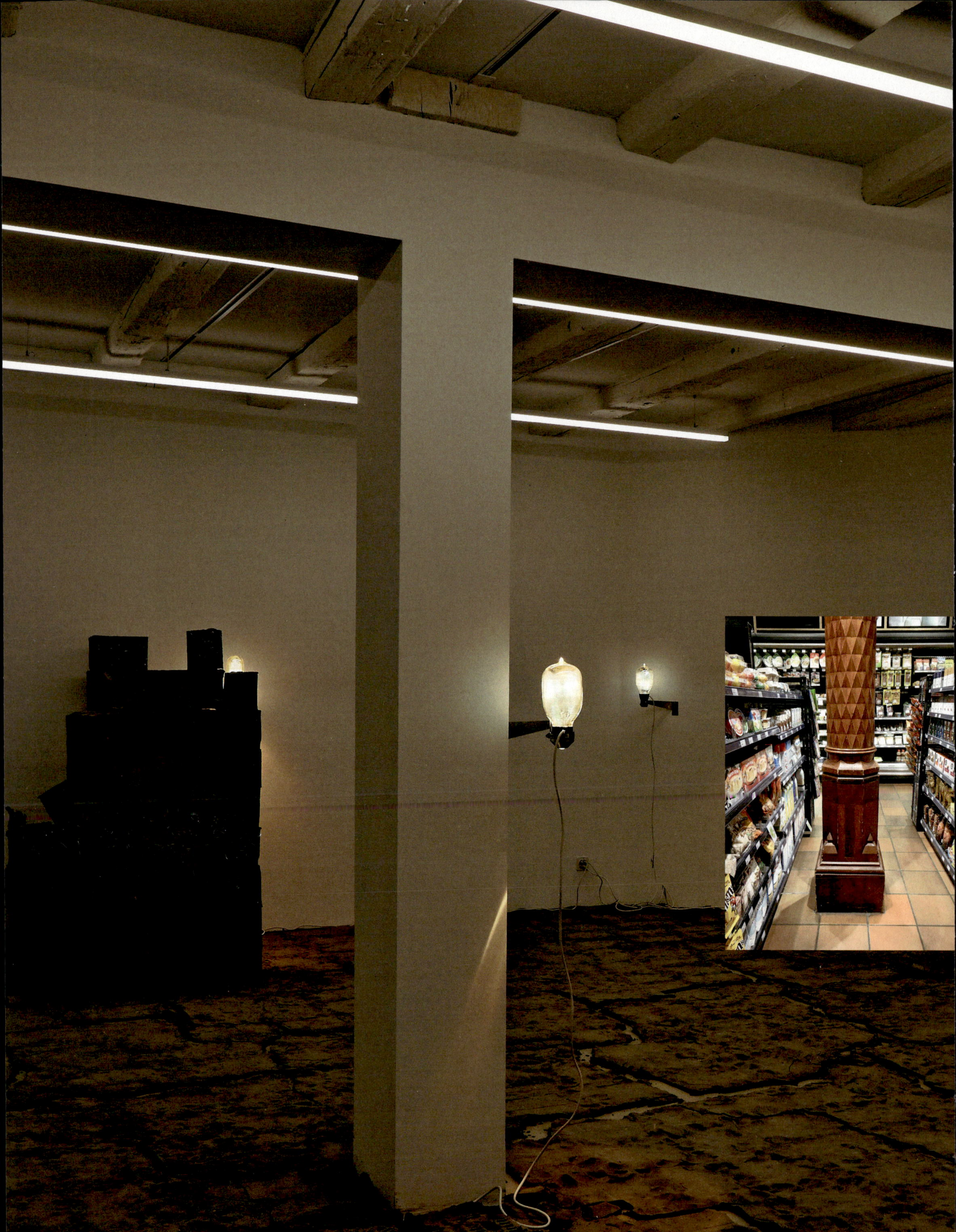

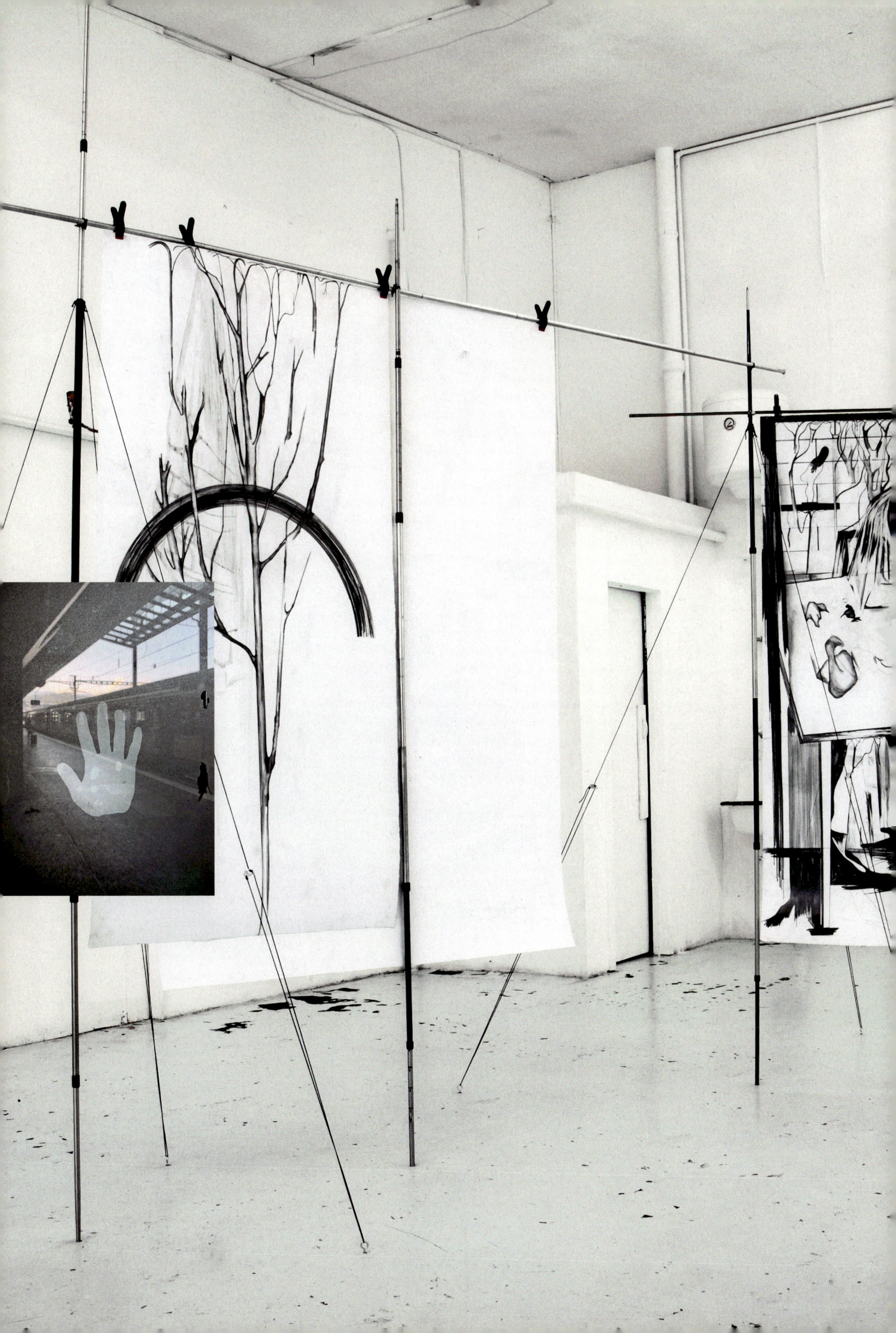

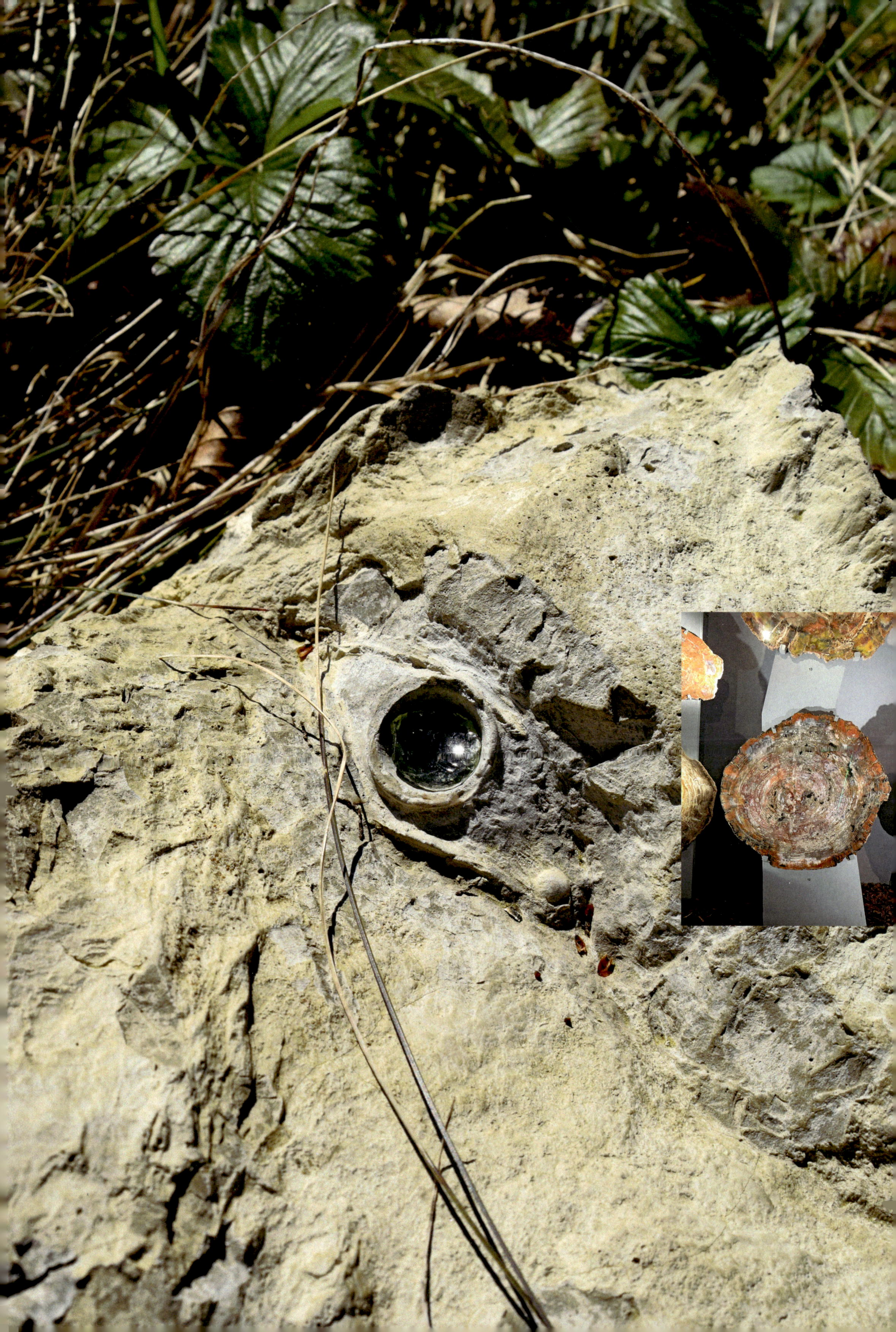

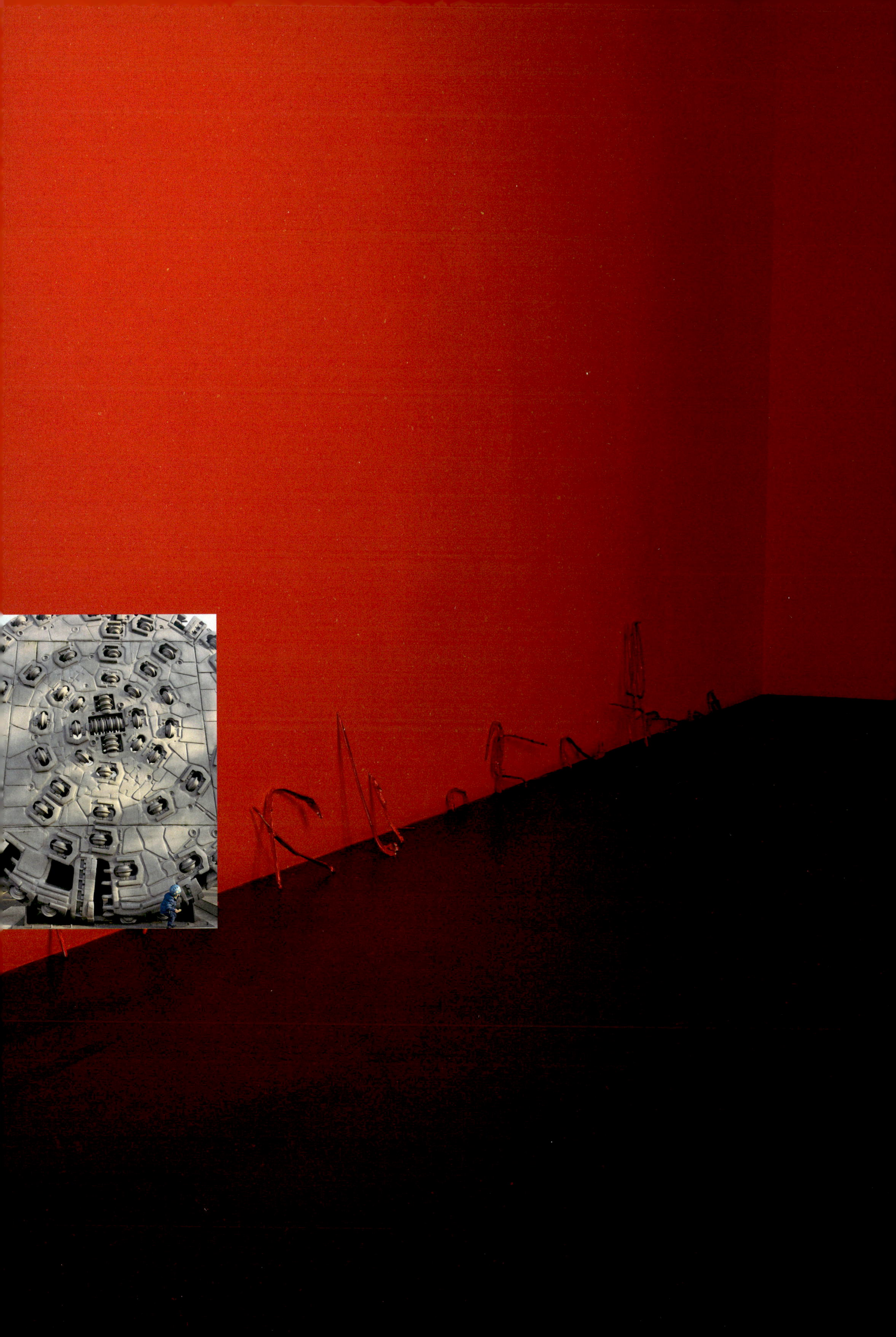

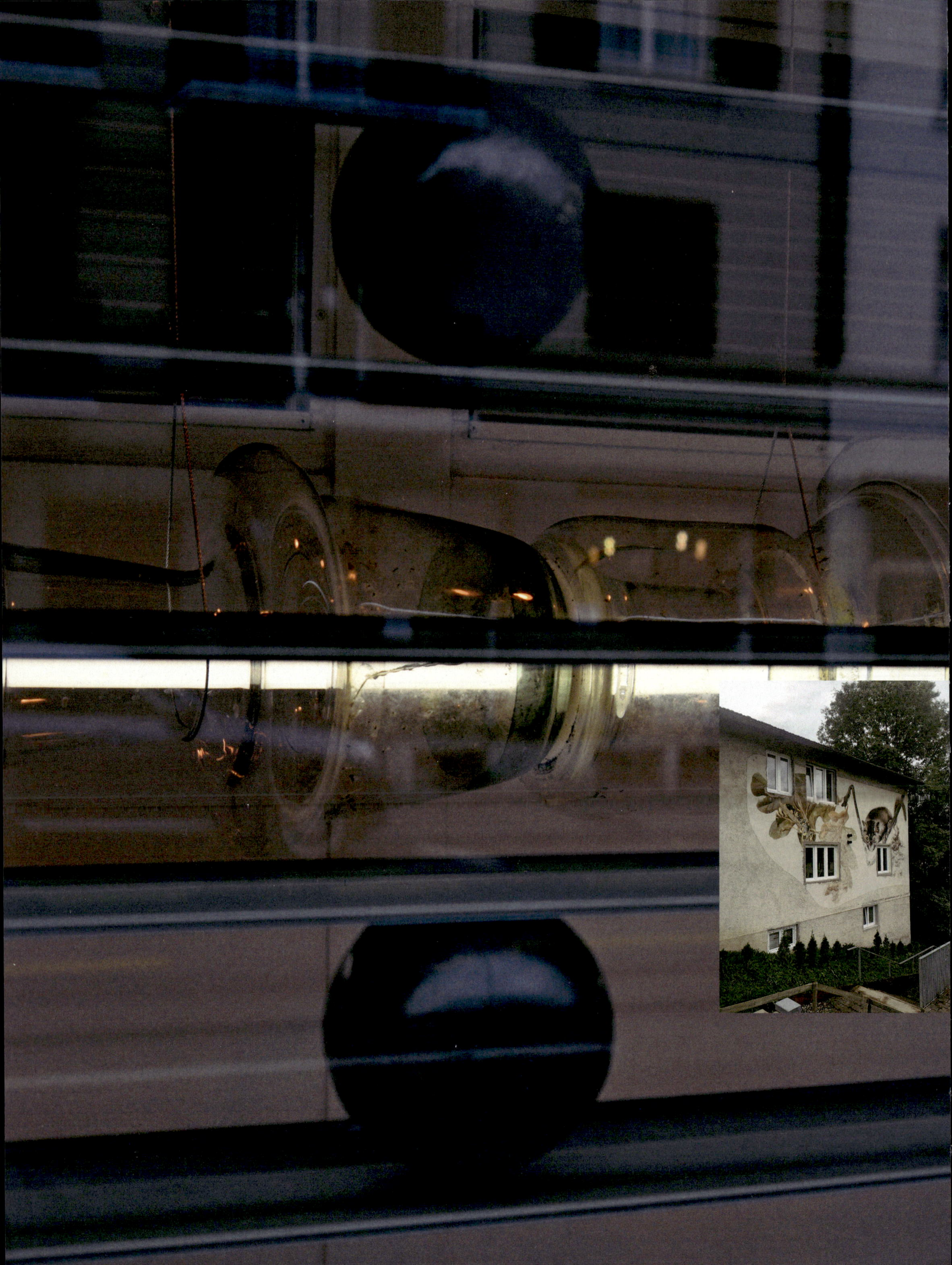

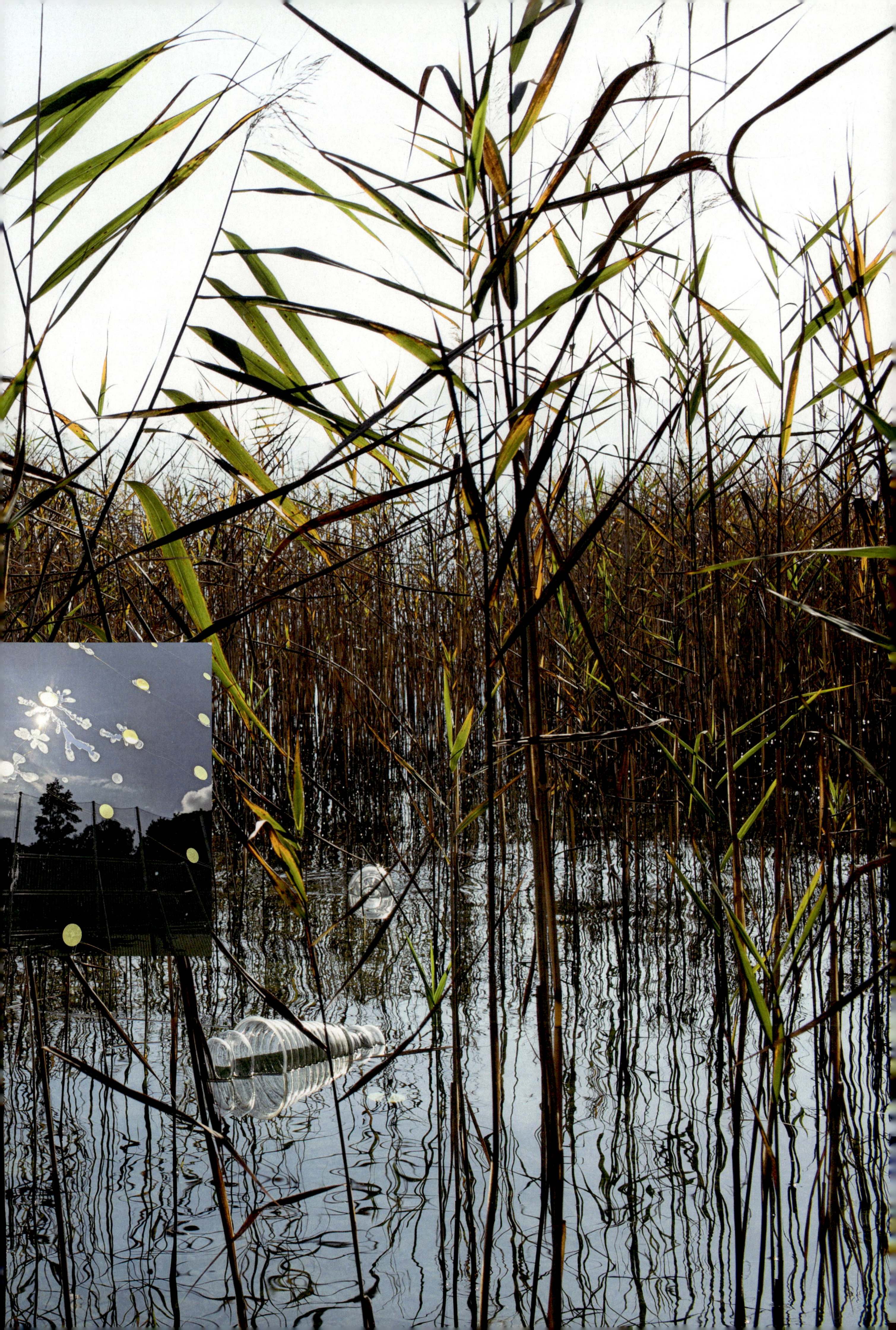

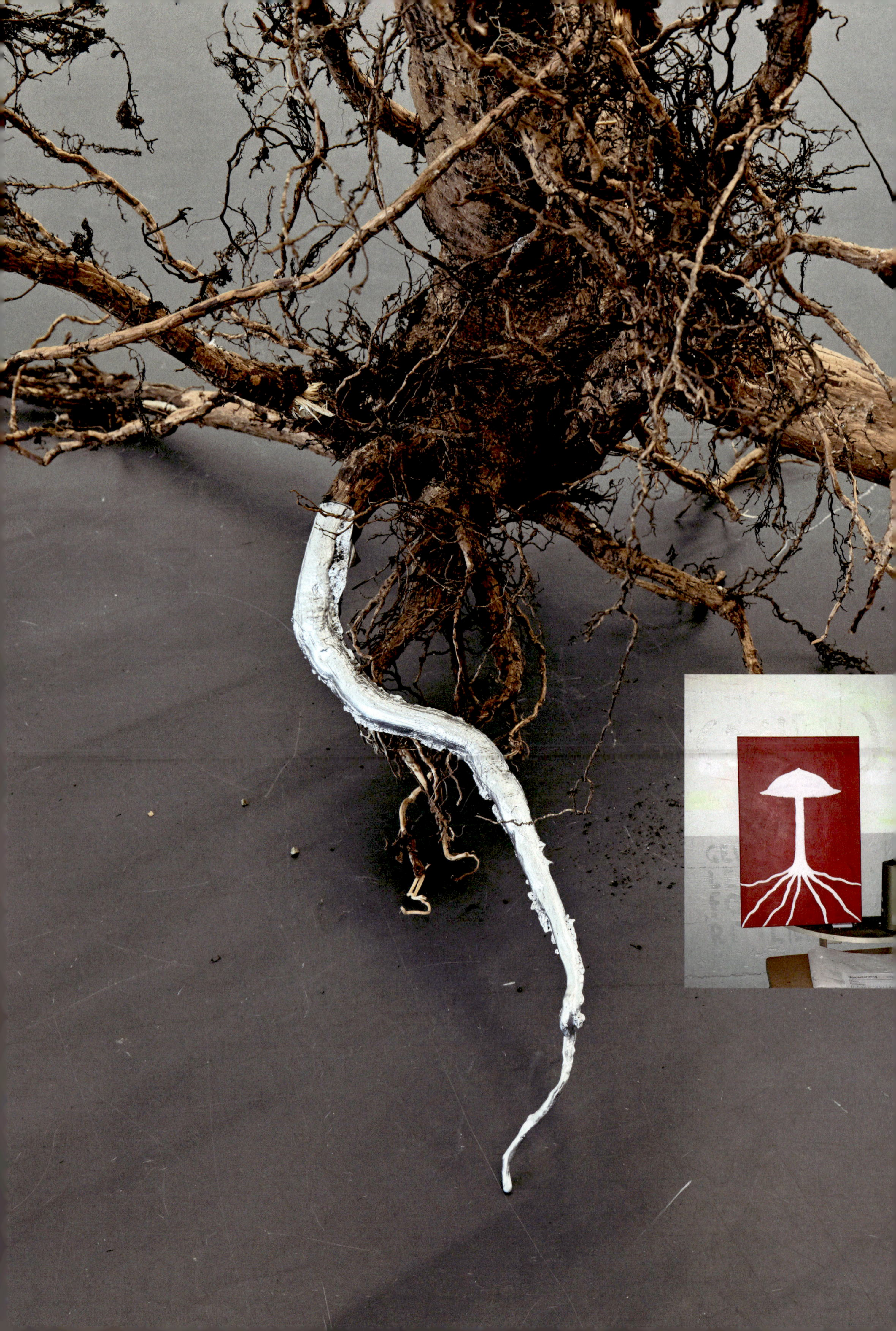

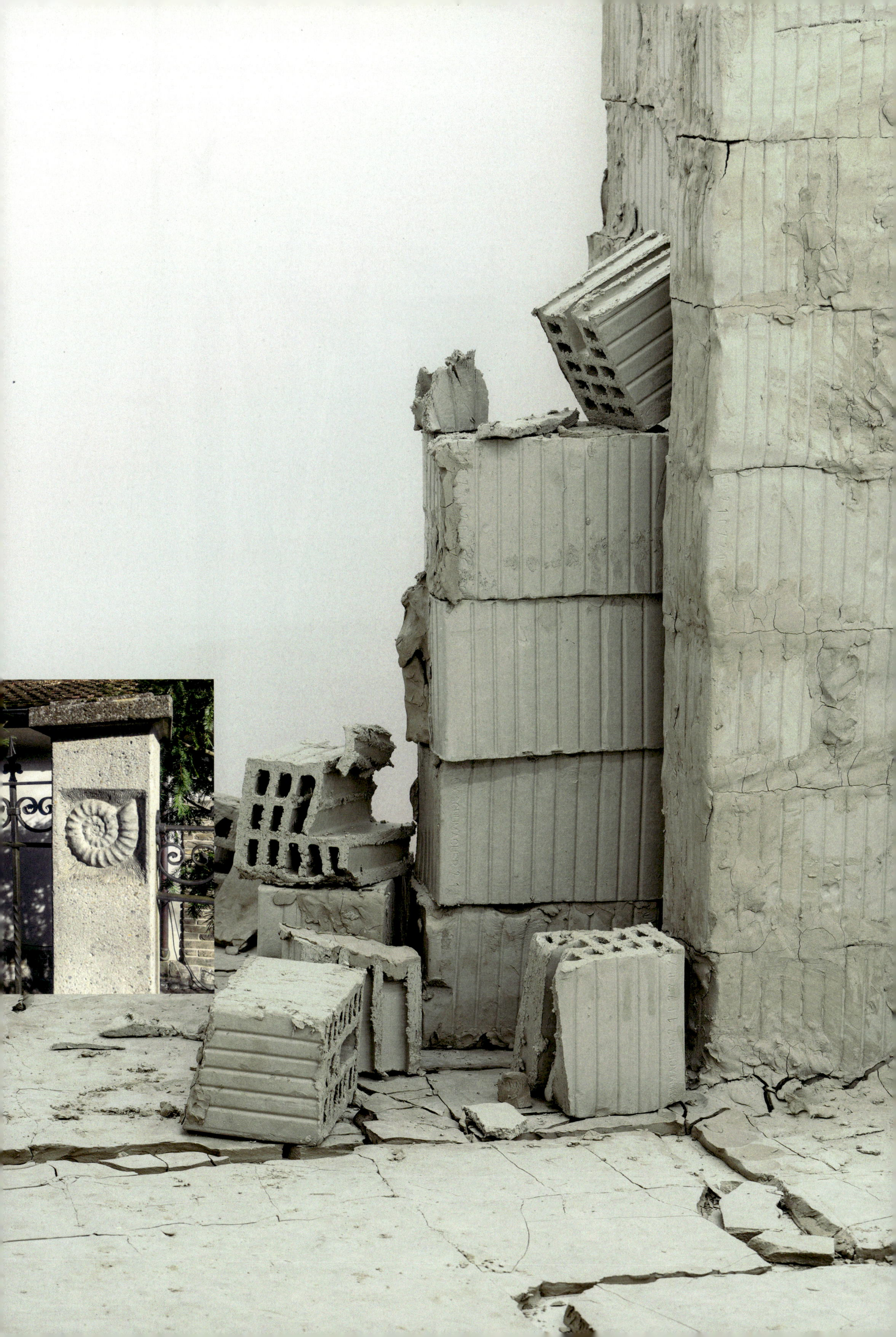

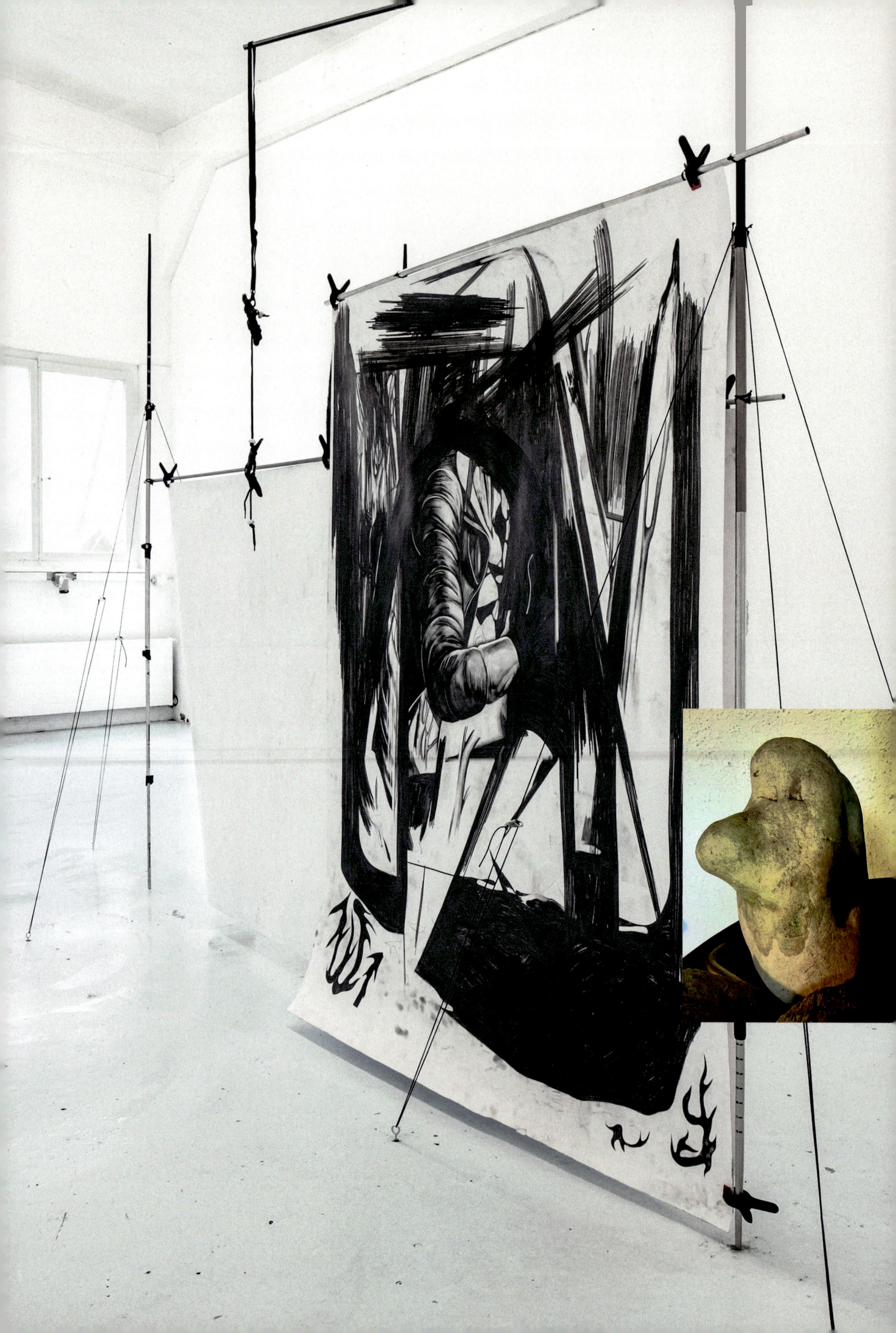

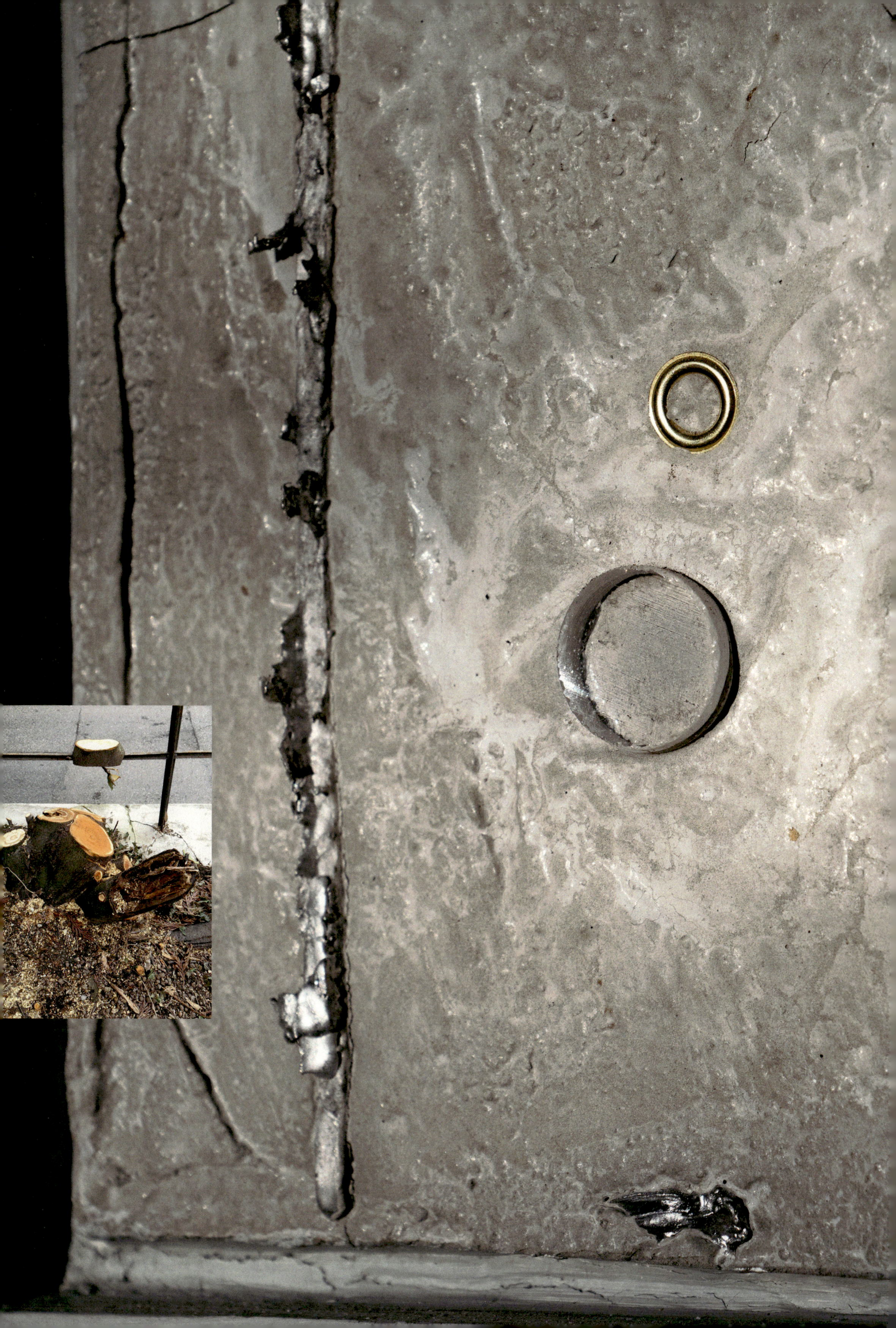

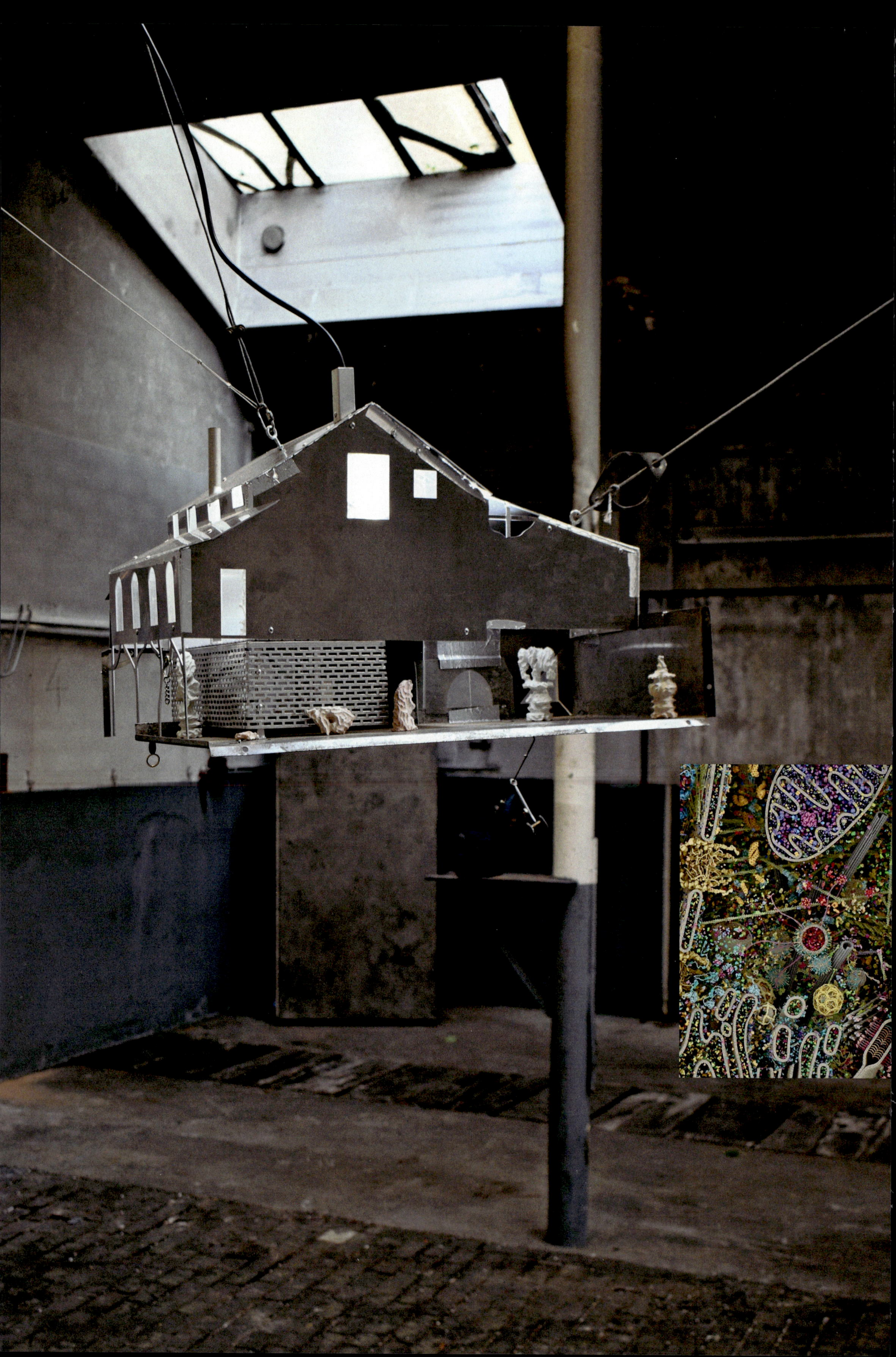

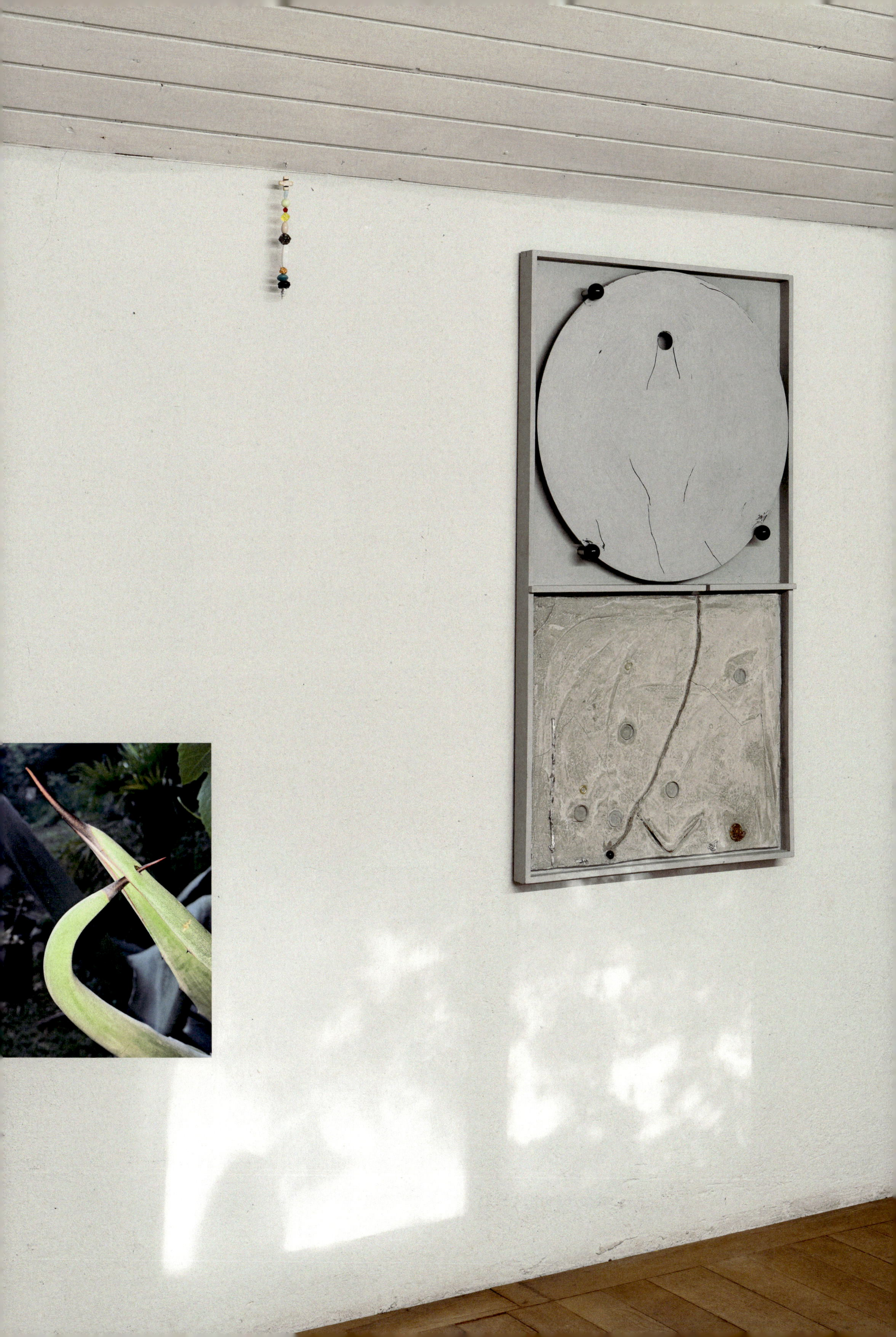

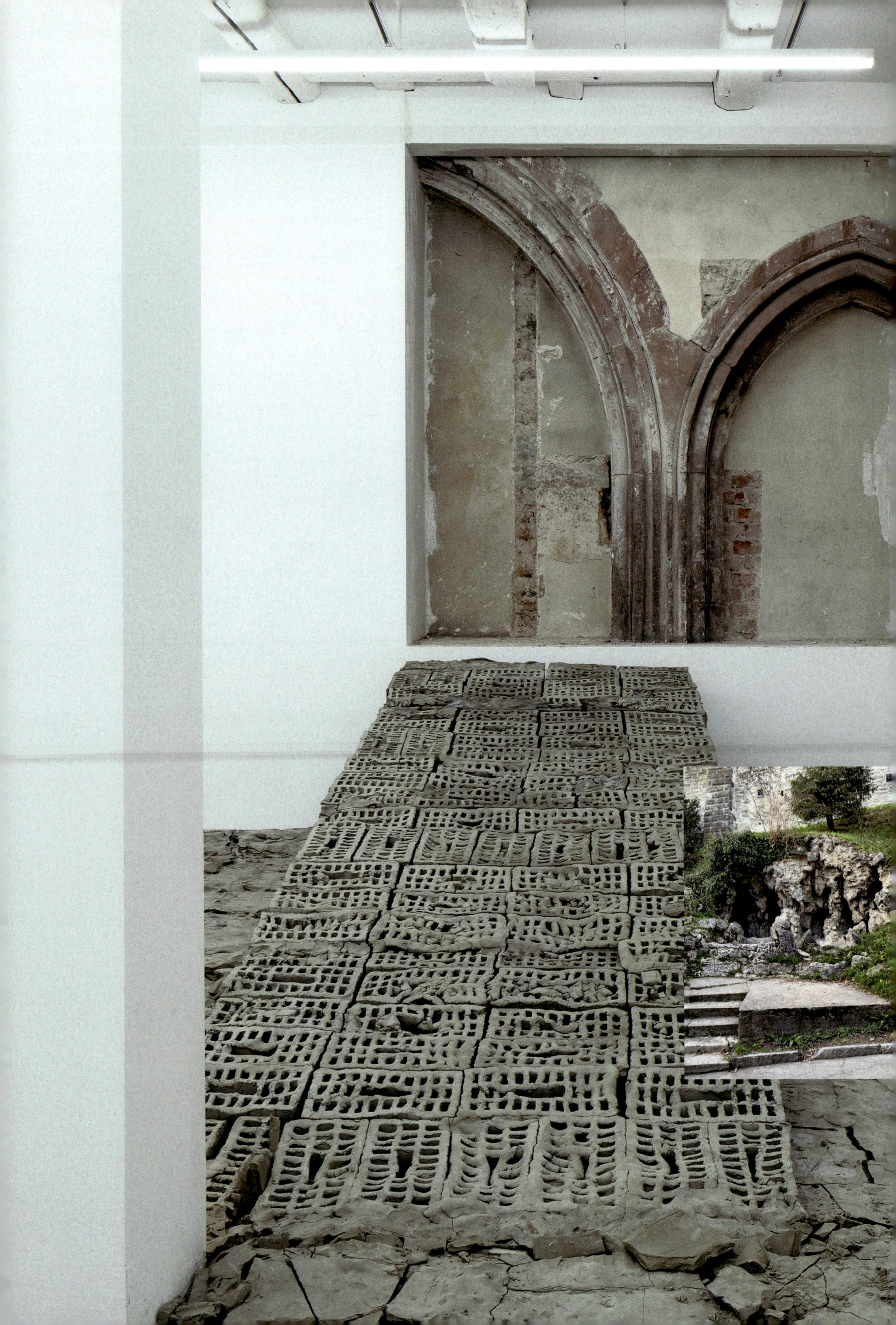

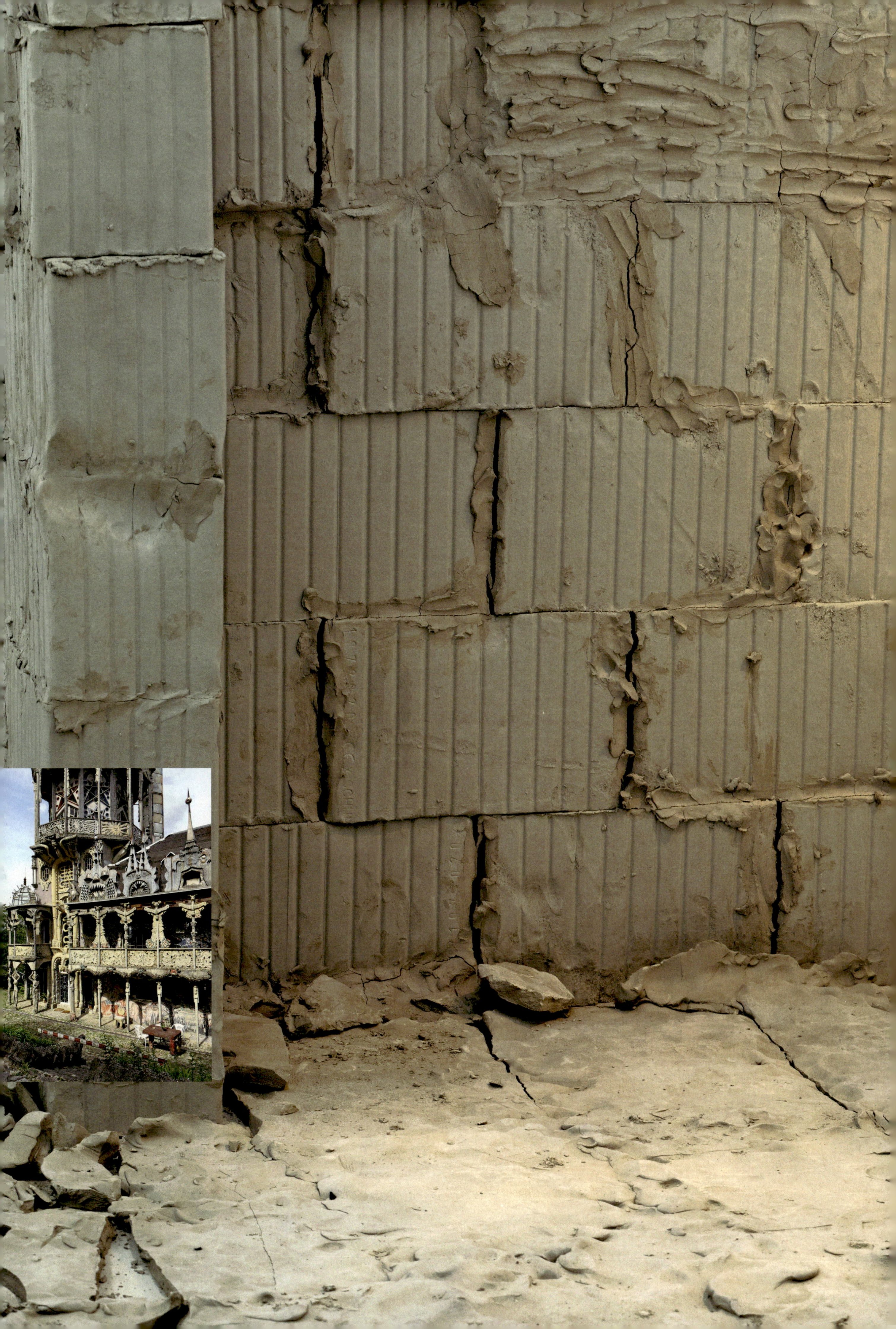

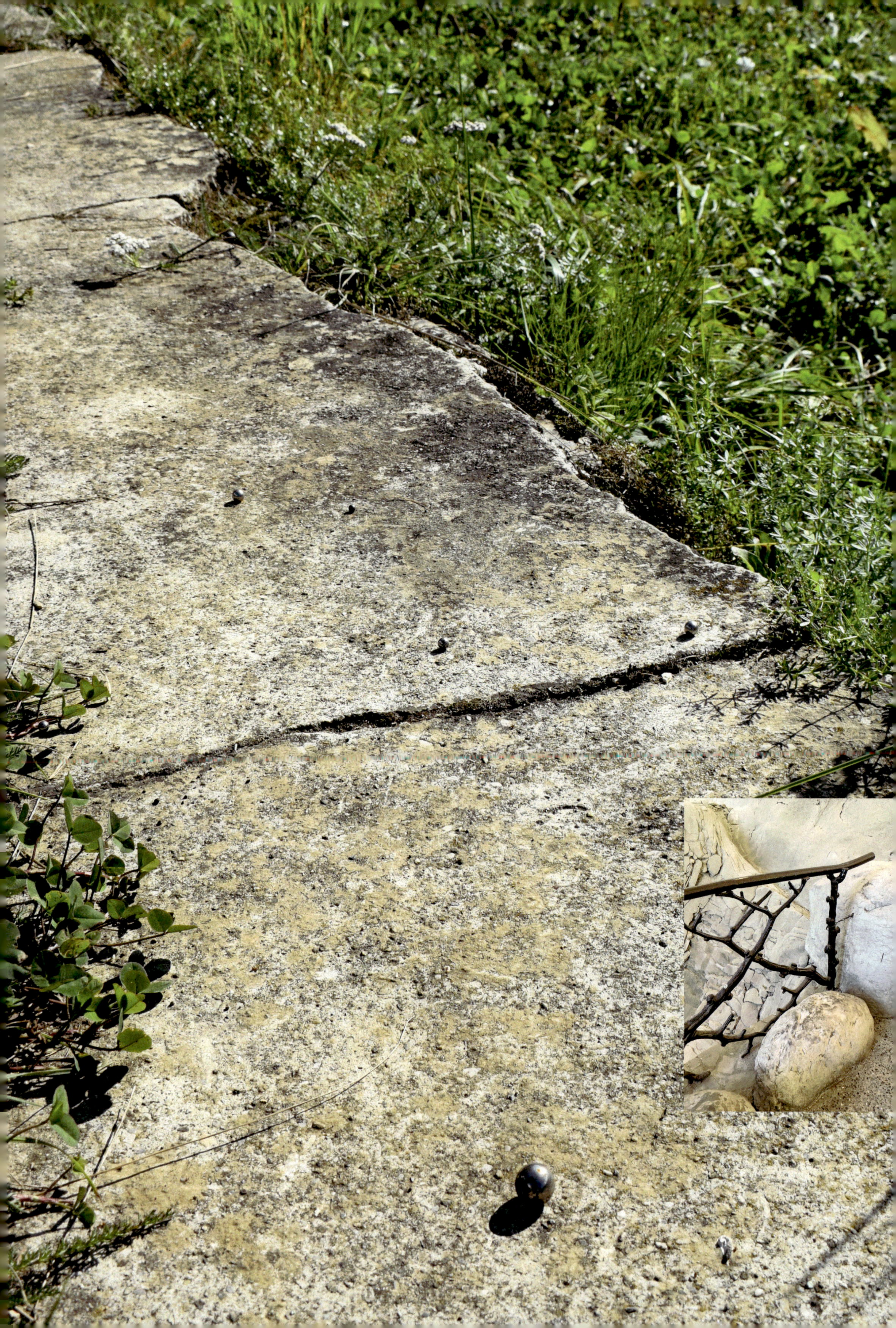

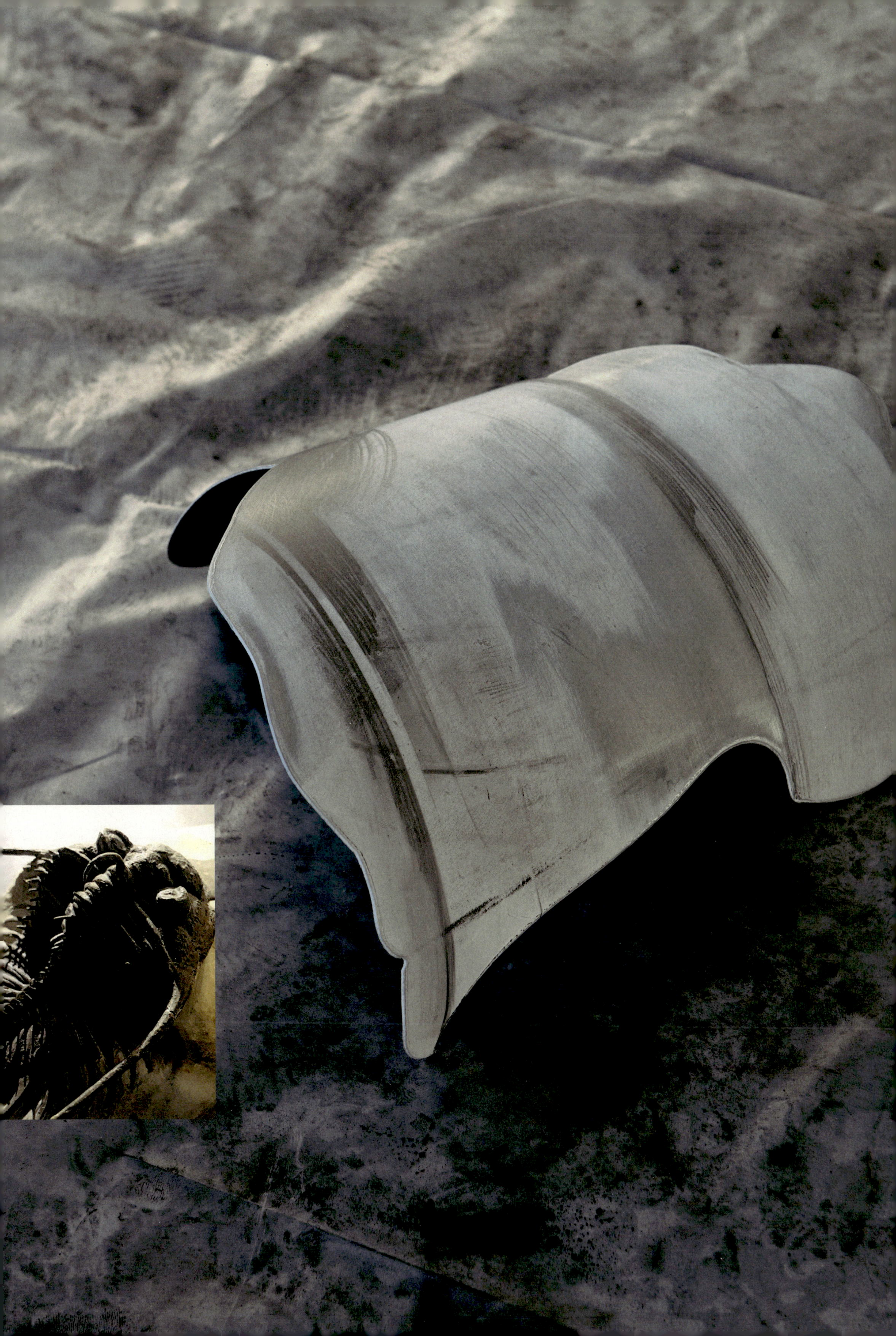

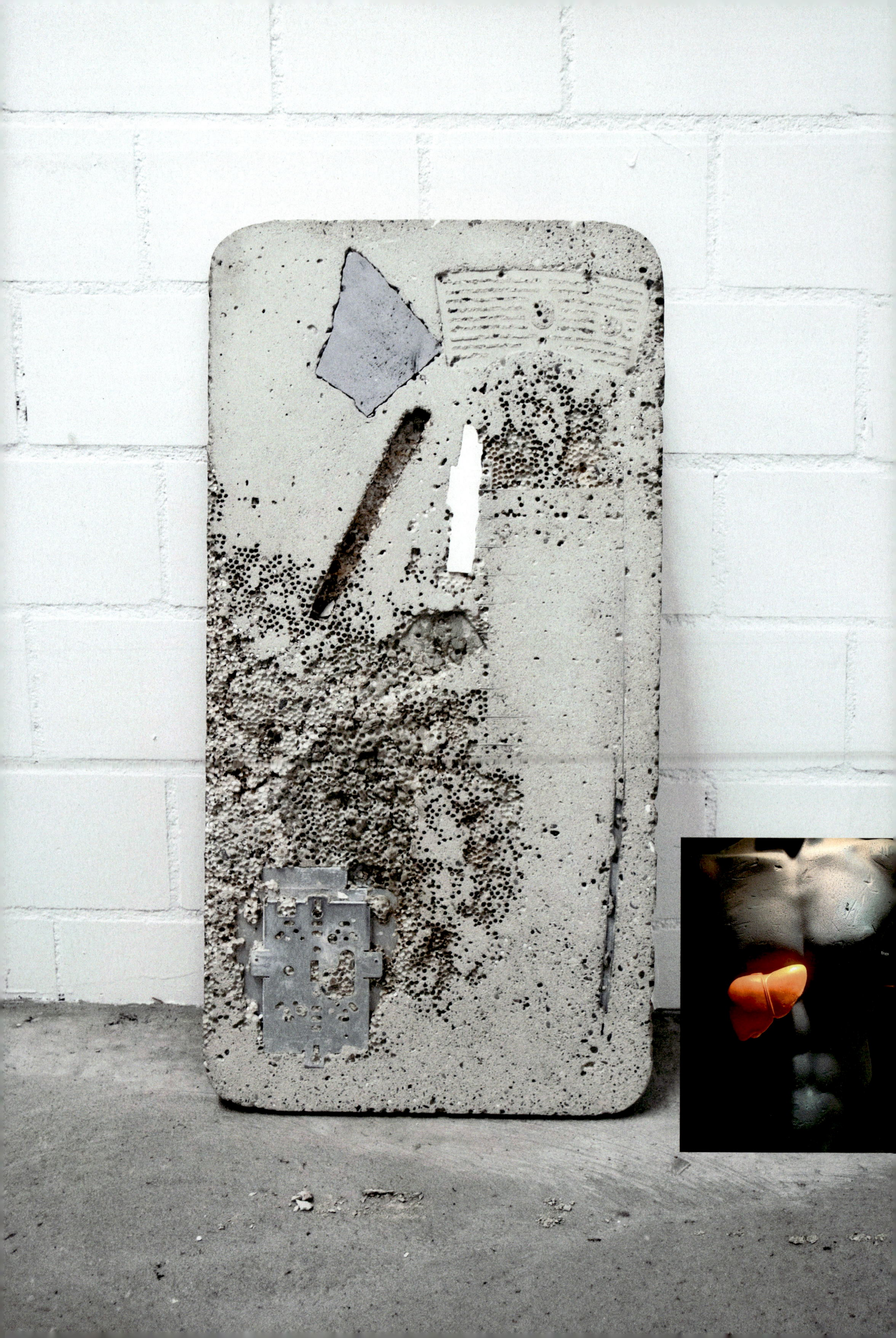

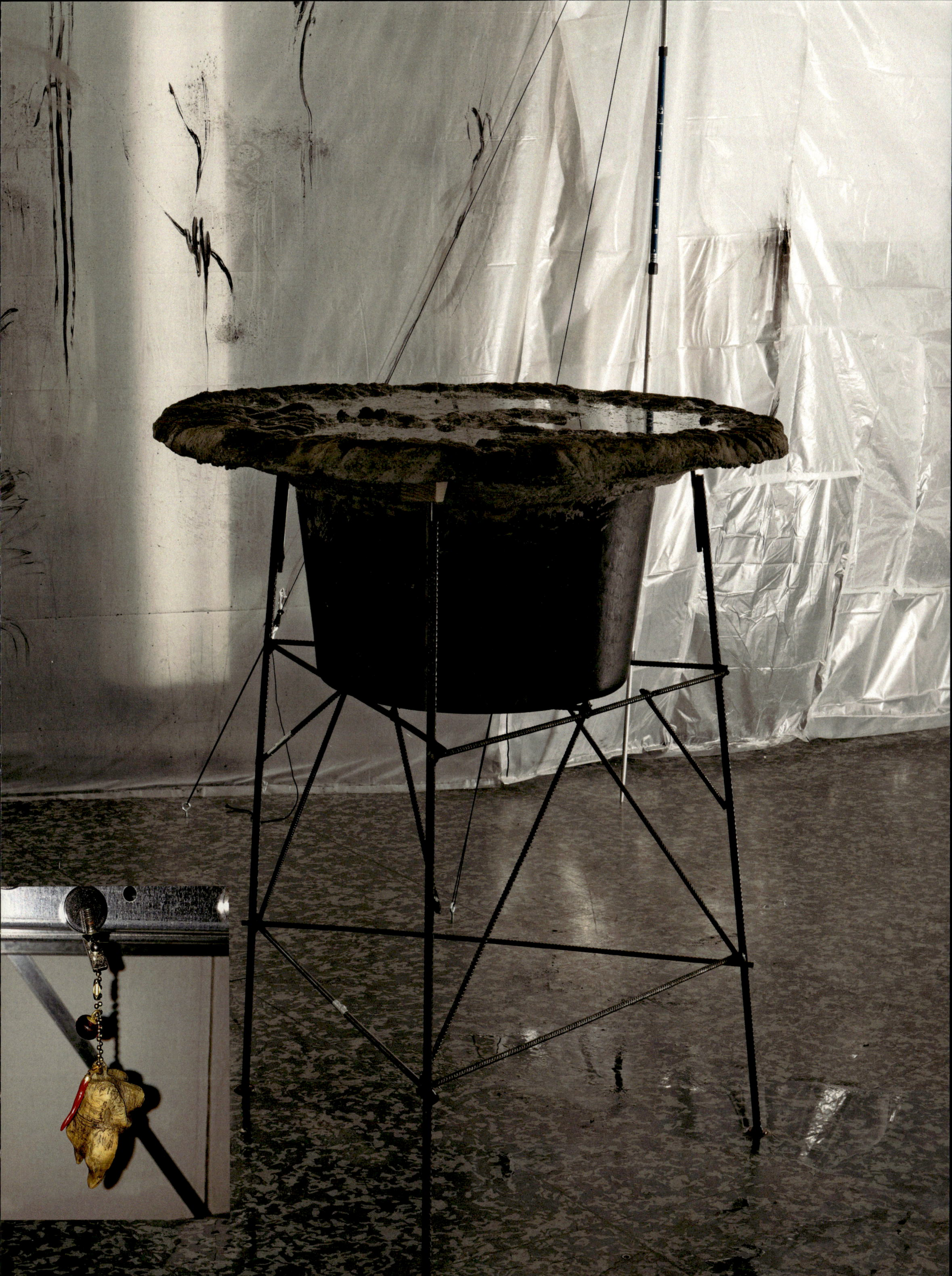

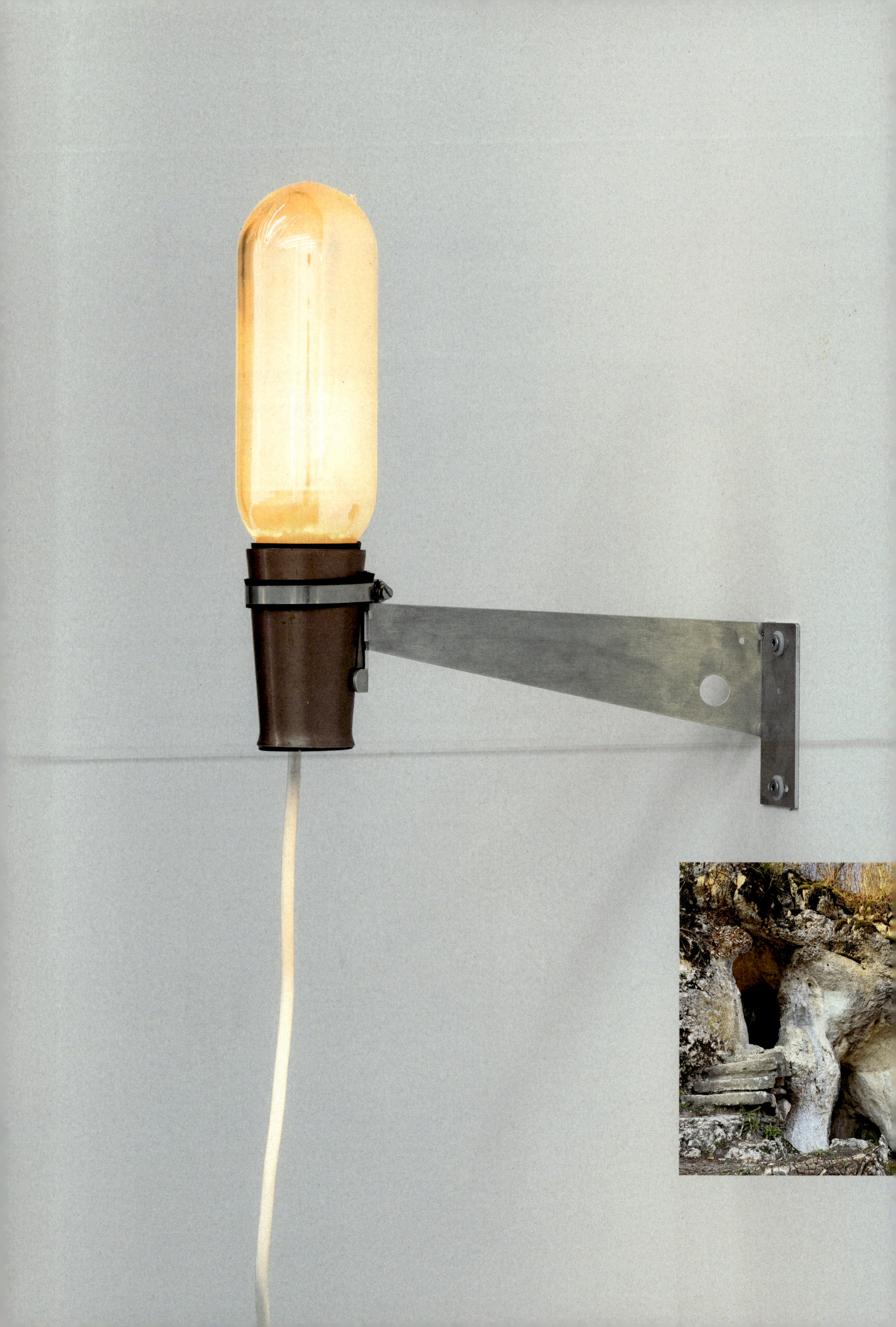

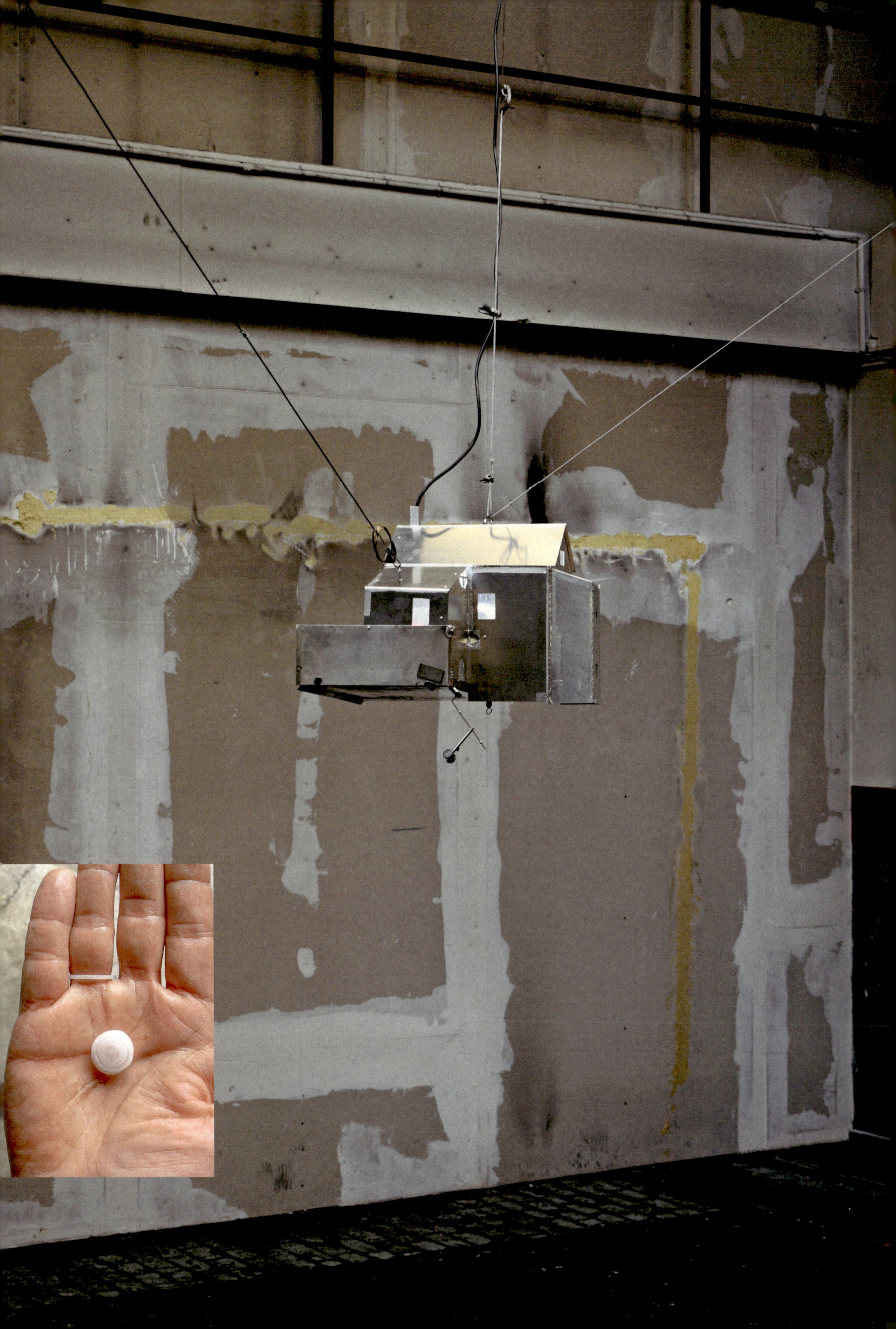

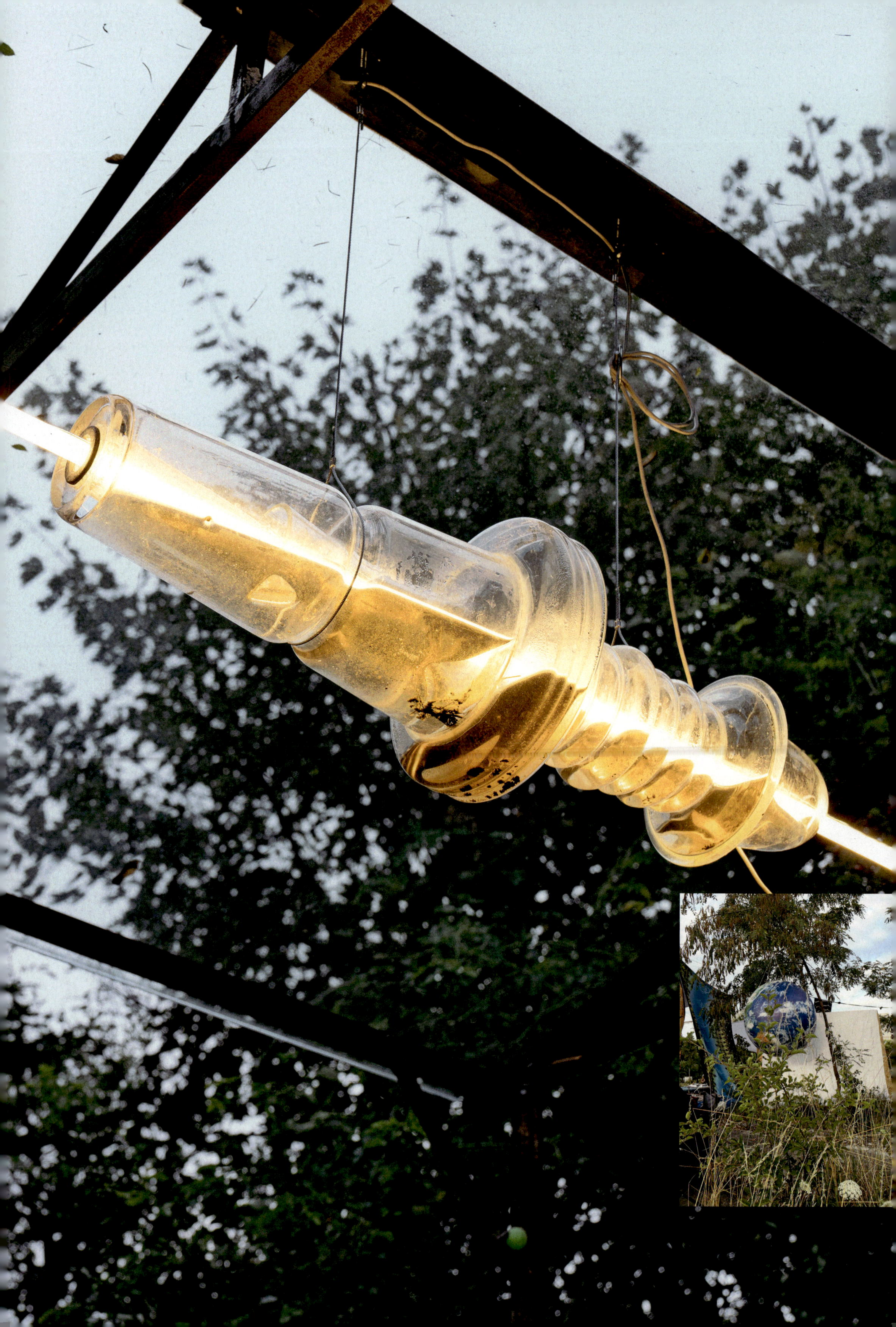

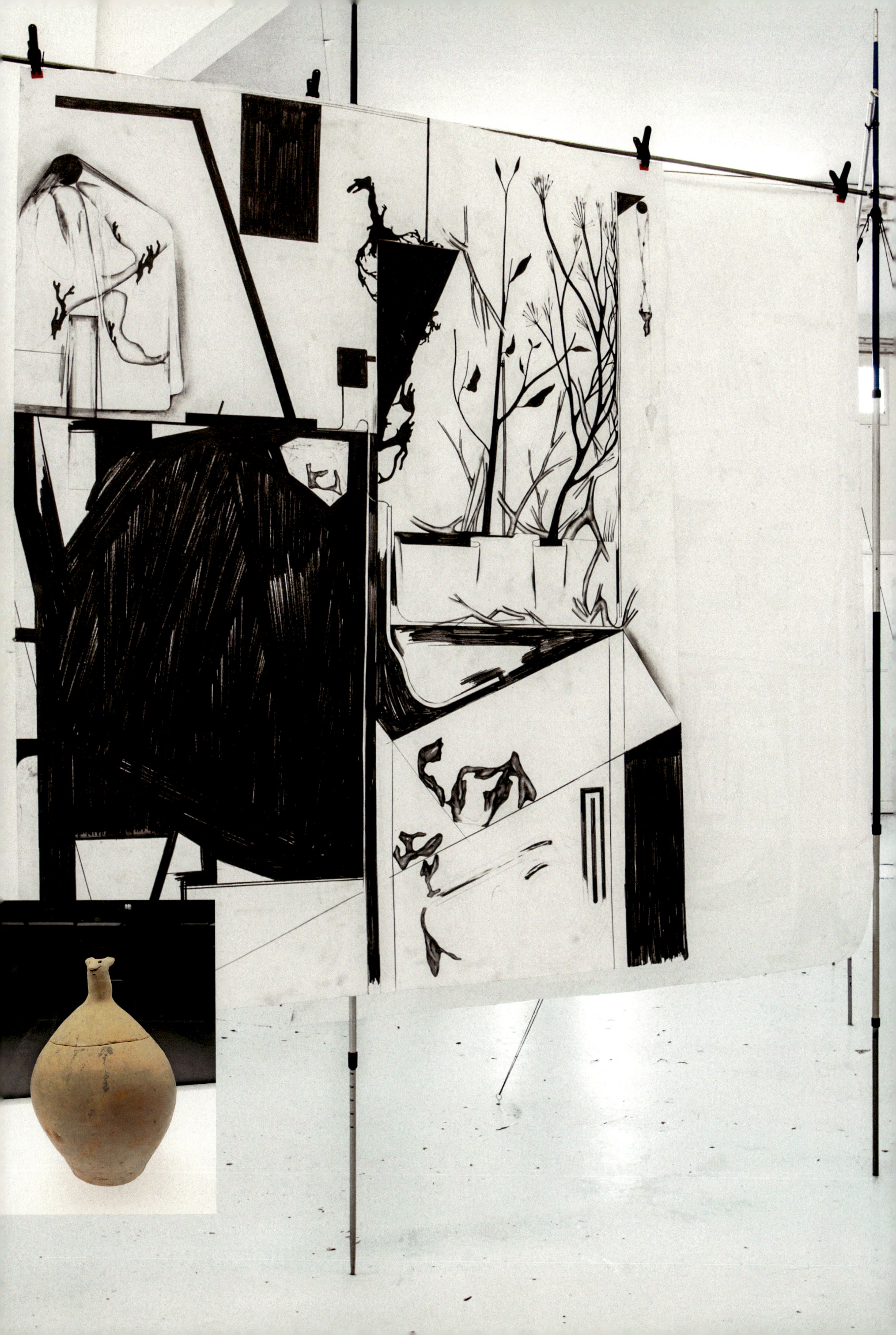

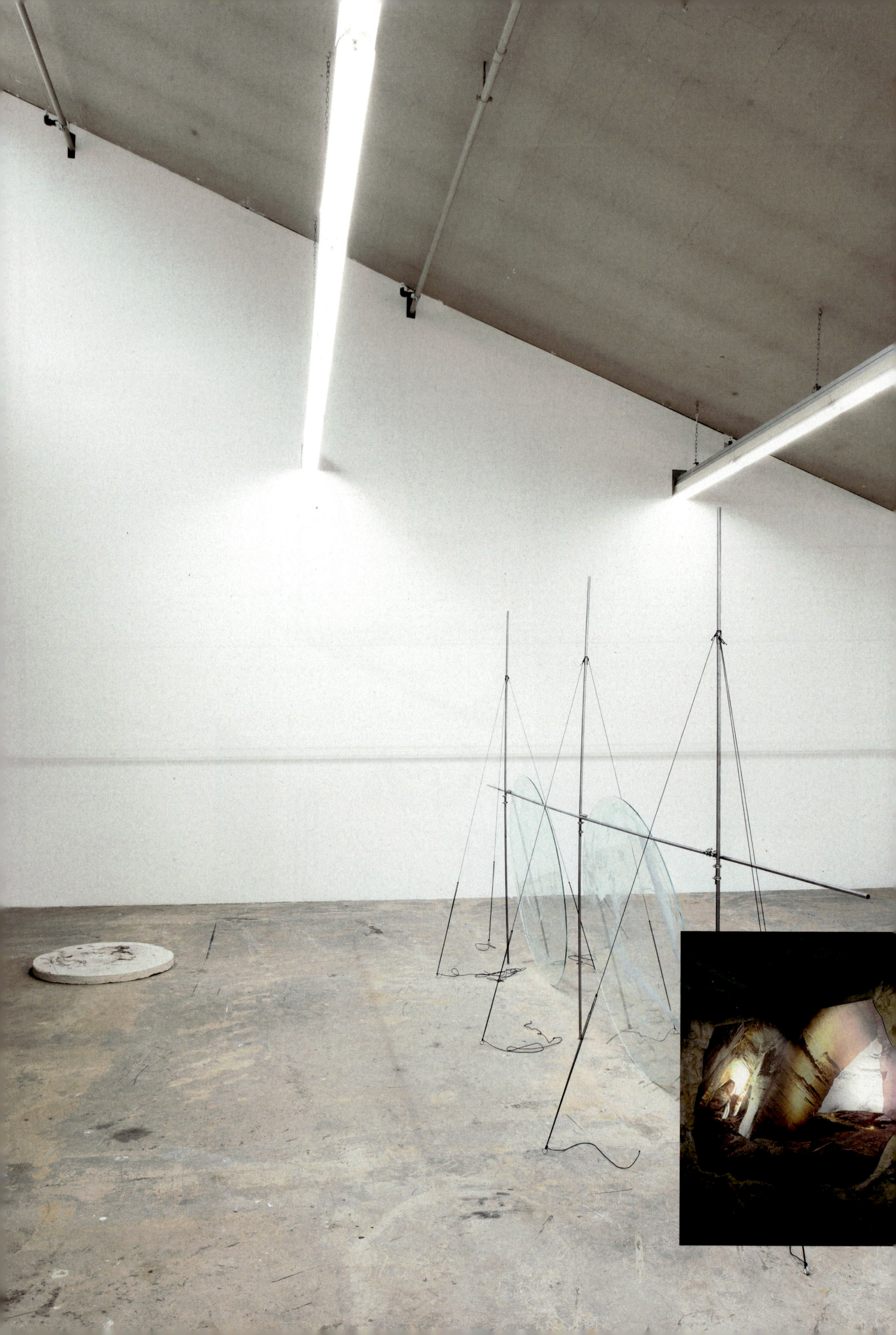

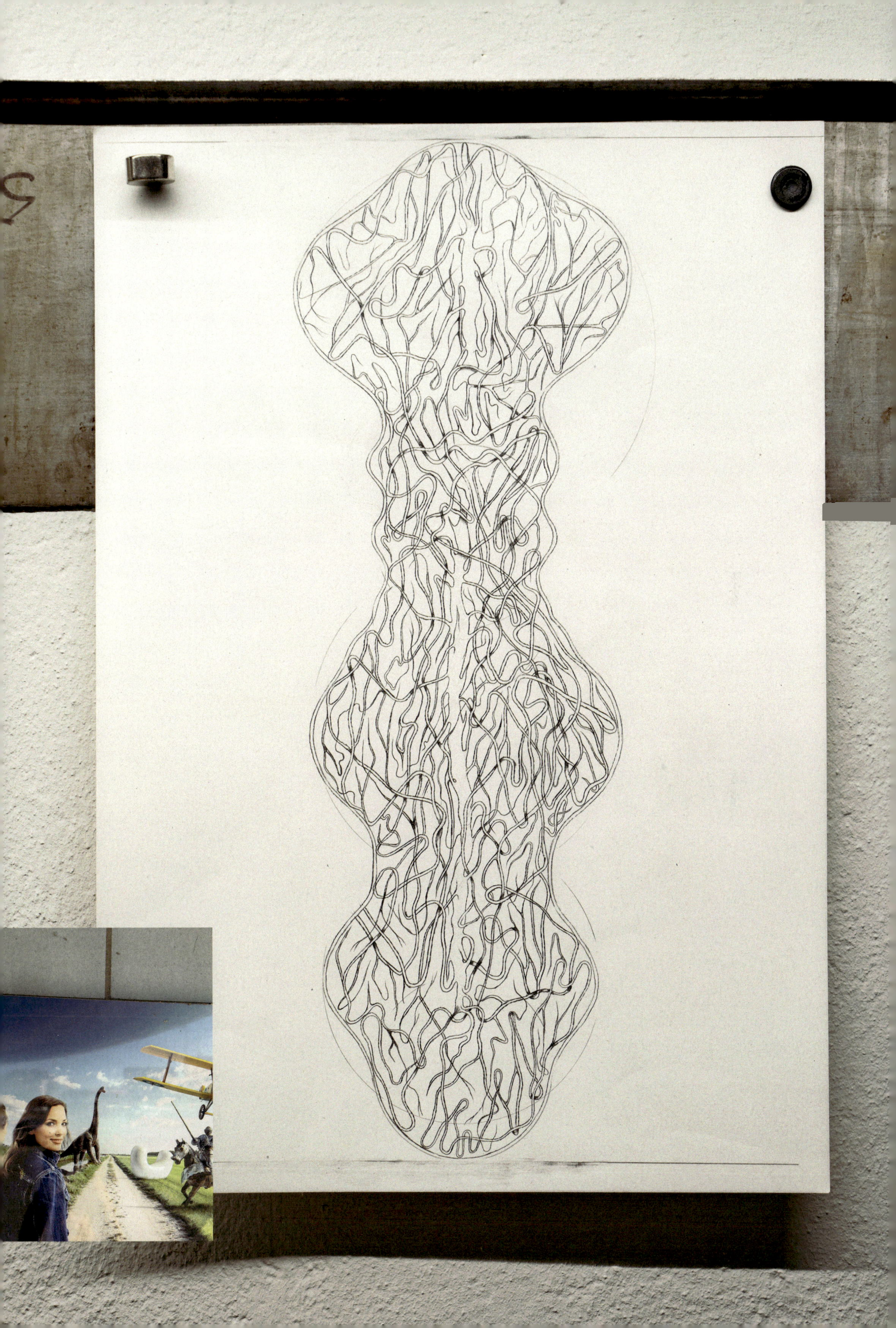

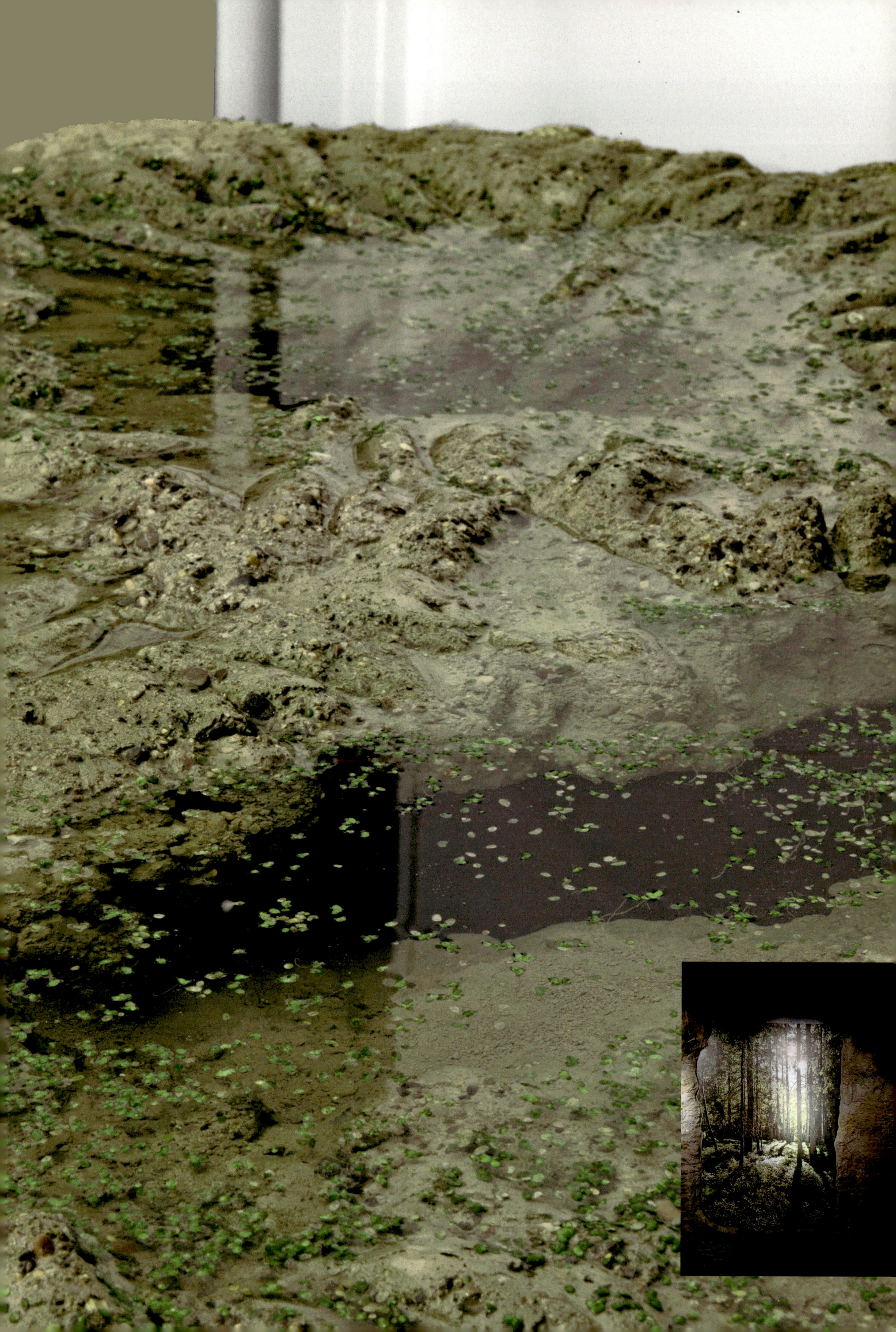

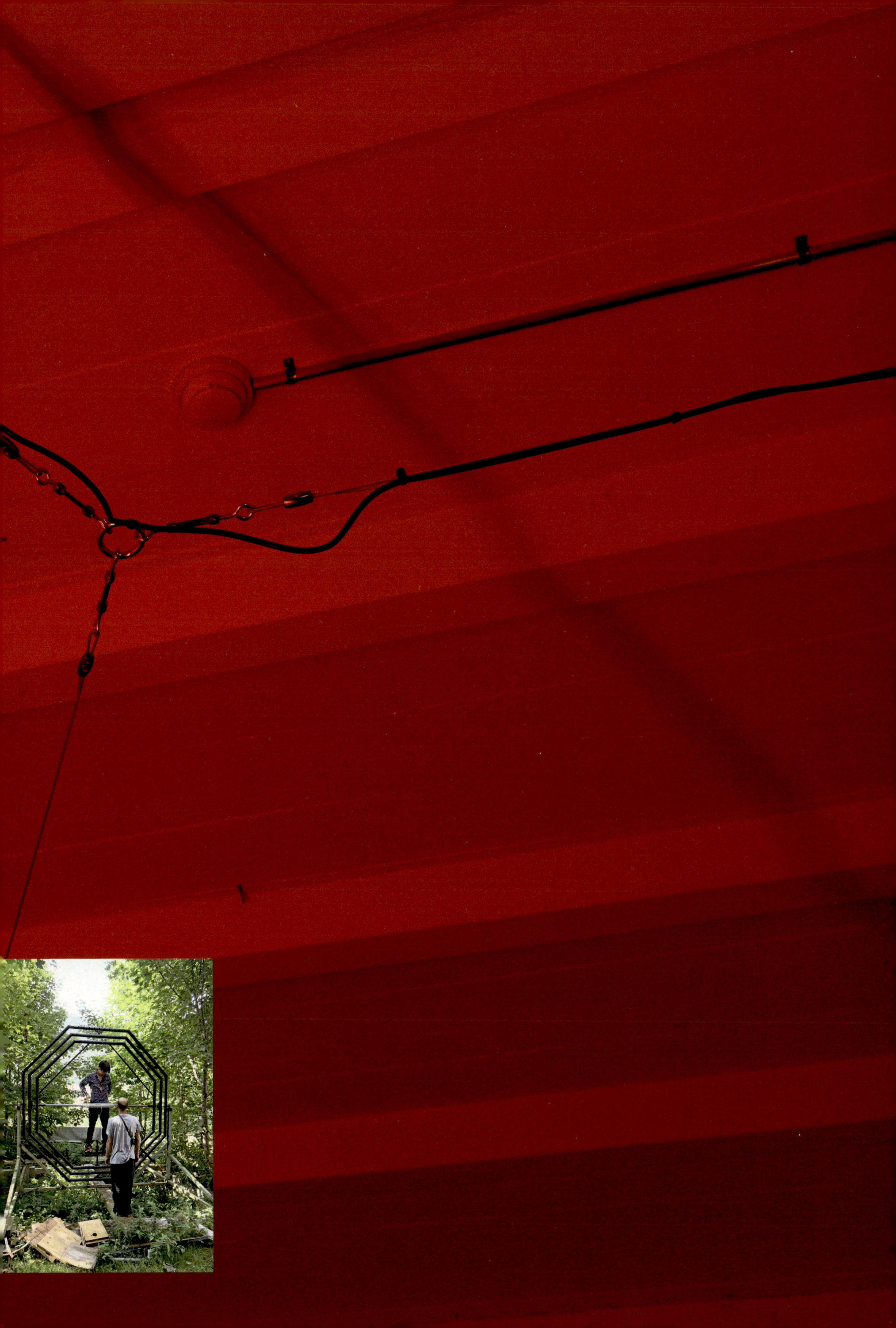

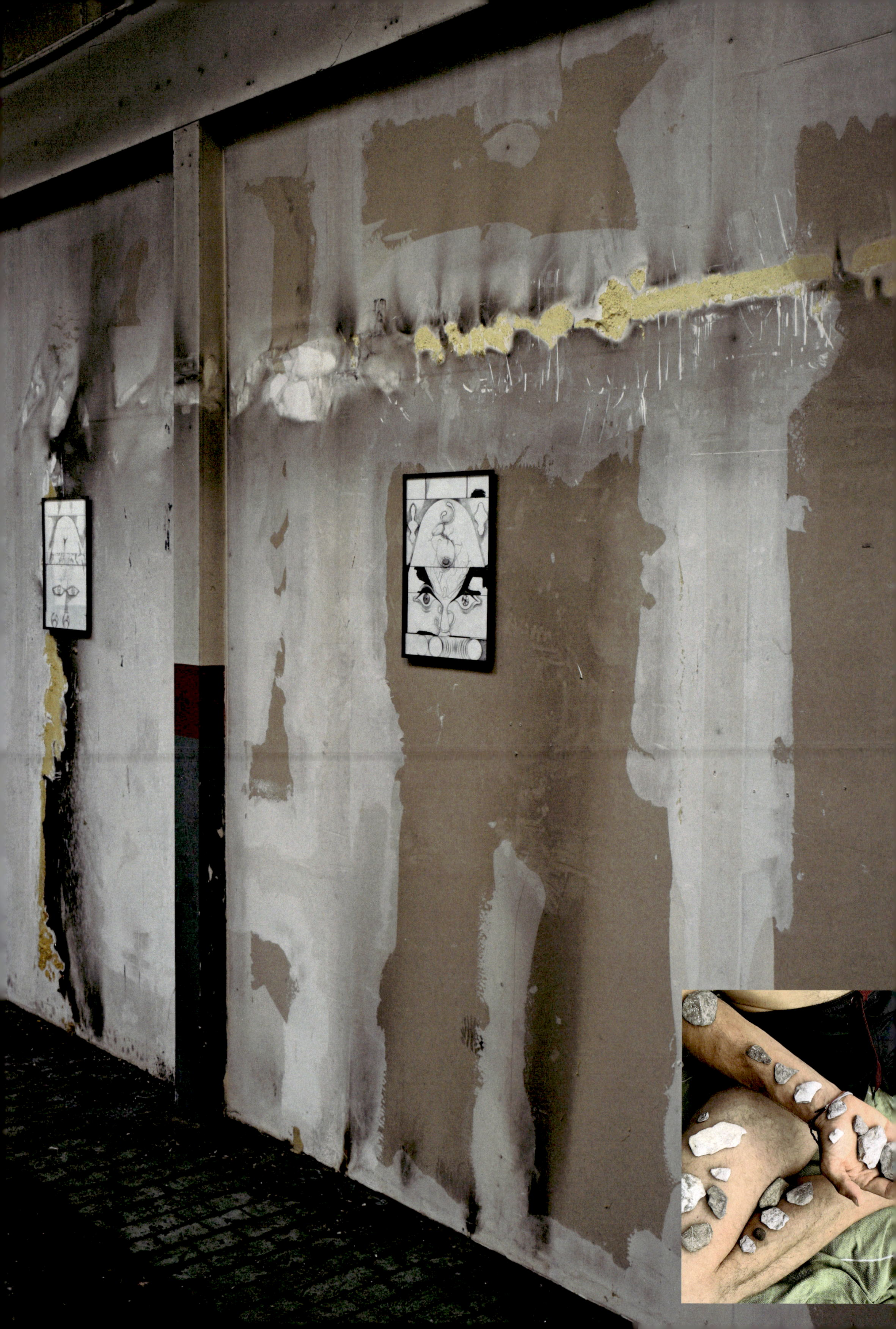

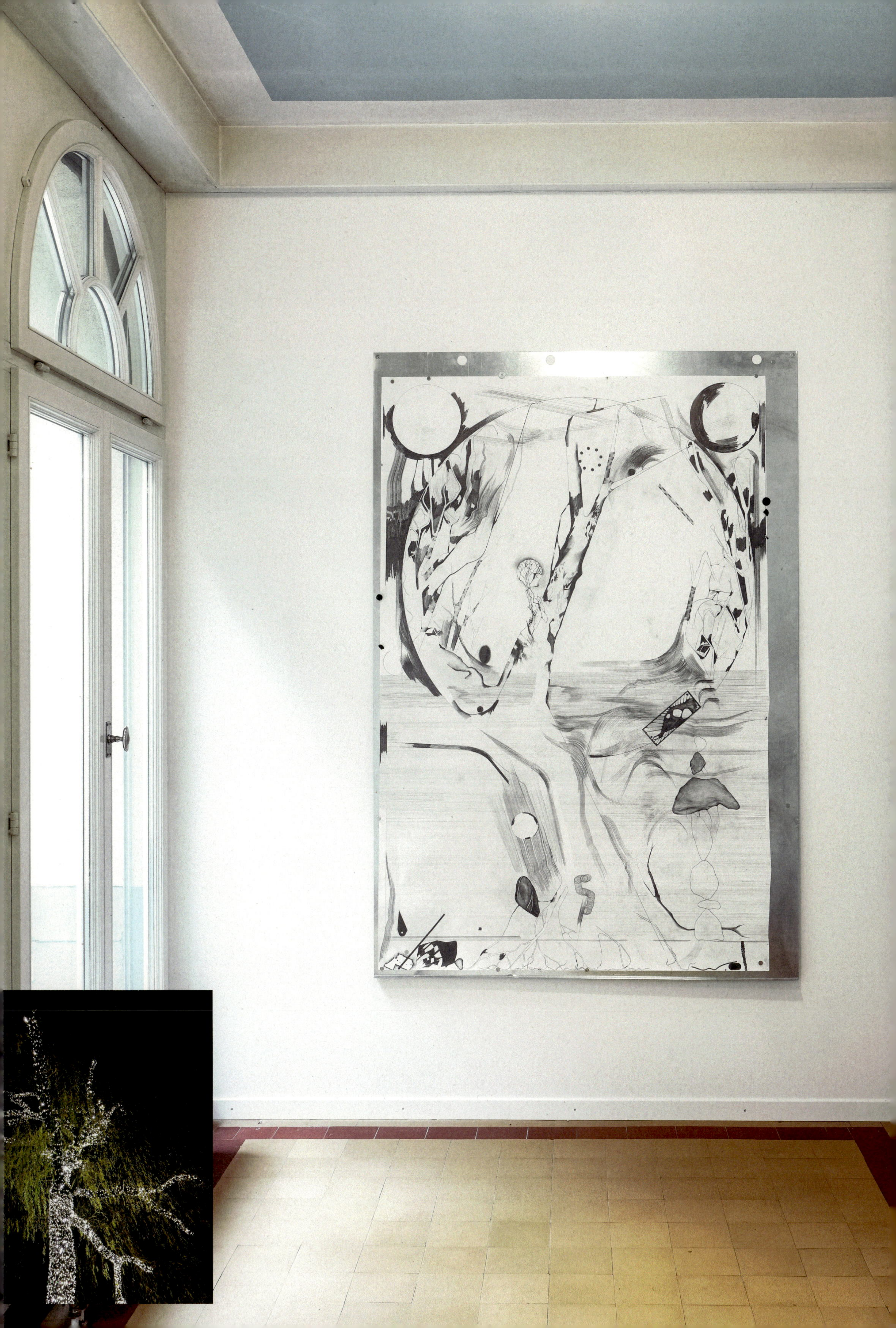

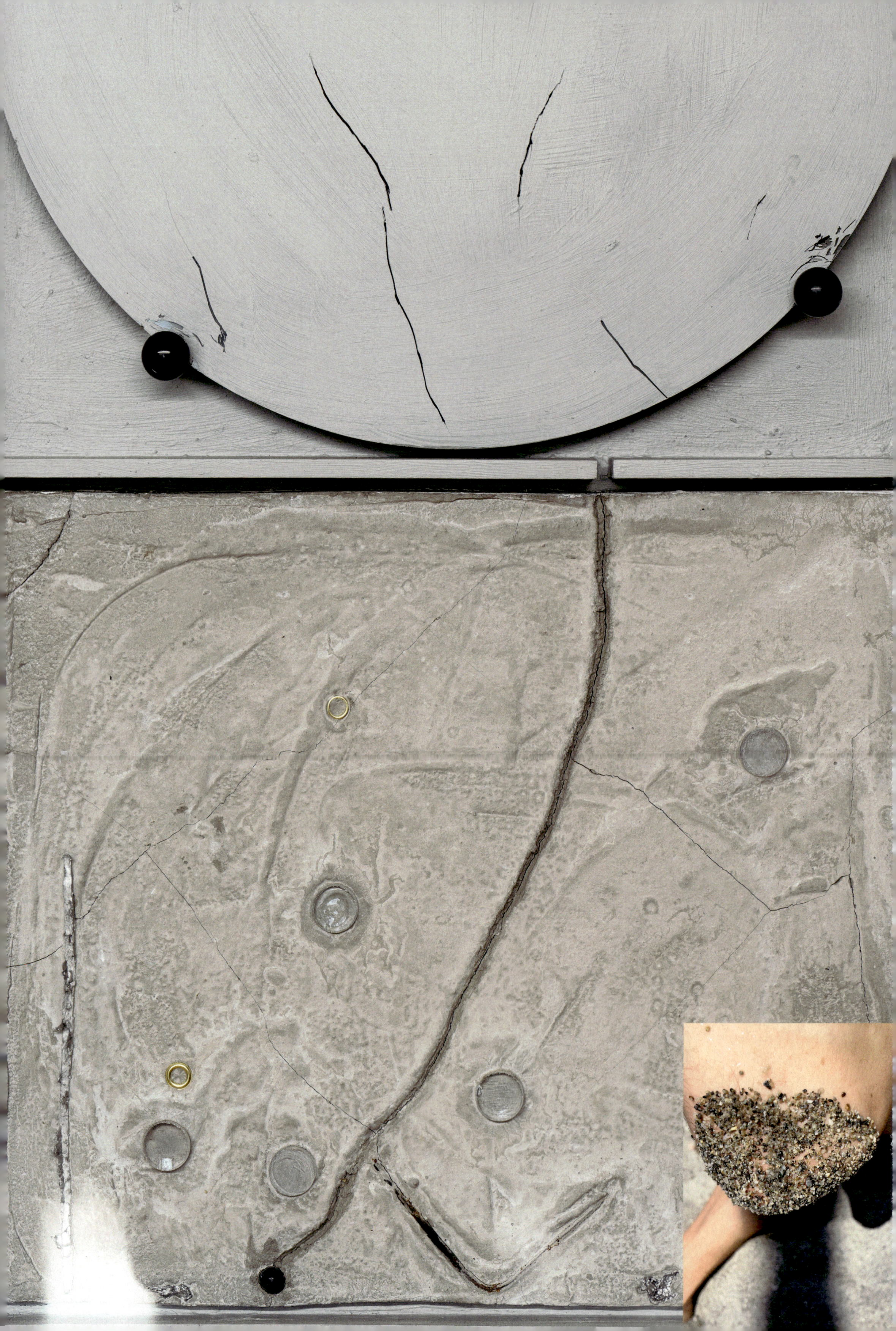